Umgang mit Angst

ECON Sachbuch

Horst-Eberhard Richter

UMGANG MIT ANGST

ECON Taschenbuch Verlag

Die Deutsche Bibliothek – CIP-Einheitsaufnahme

Richter, Horst-Eberhard:
Umgang mit Angst/Horst-Eberhard Richter
– Düsseldorf, Wien: ECON-Taschenbuch-Verl., 1993
(ETB; 26051: ECON-Sachbuch)
ISBN 3-612-26059-6
NE: GT

Lizenzausgabe
3. Auflage 1995

© 1993 by ECON Taschenbuch Verlag GmbH, Düsseldorf und Wien
© 1992 by Hoffmann und Campe Verlag, Hamburg
Umschlaggestaltung: Molesch/Niedertubbesing, Bielefeld
Druck und Bindearbeiten: Ebner Ulm
Printed in Germany
ISBN 3-612-26059-6

Inhalt

Vorwort 15

1. Kapitel
Das Angsttabu 19

Die neue Okay-Moral · Pflicht zur Unbekümmertheit · Beschwichtigungs- und Zerstreuungsindustrie · Kultur der Unbarmherzigkeit · Sind wir Nietzsches »letzte Menschen«? · Die Angst hinter dem Angsttabu

2. Kapitel
Das Verschwinden des natürlichen Todes 26

Angst verdrängt den Tod · Trauer als Krankheit · Fortschrittsmythos überfordert die Medizin · Recht auf Gesundheit? Wie sich der verbannte Tod an Leidenden und Helfern rächt

3. Kapitel
Warum wurde die Todesidee unerträglich? 33

Schwinden der sozialen und religiösen Geborgenheit in der Neuzeit · Wie aus dem erlösenden der romantisierte, schließlich der häßliche Tod wurde · Seine Medizinalisierung und allmähliche Ausgrenzung seit dem 19. Jahrhundert

4. Kapitel
Todesverdrängung und Generationenkonflikt 43

Nur obenauf zählt das Leben der egoistischen Selbstverwirklichungs-Generation · Eltern als ewig Schuldige: erst hemmende Erzieher, dann Ballast und ärgerlicher Spiegel der verleugneten Zerbrechlichkeit

5. Kapitel

Diskriminierung des Leidens 47

Angst, die sich in Haß wandelt · Krieg gegen das todbringende Böse · Militante Gesundheitsmoral · Neu auflebende Ausrottungsideologie durch Fortschritt der Gentechnik · Tötungsdelikte in Heimen und Kliniken – nur individuelles Versagen oder symptomatisch für organisierte Mitleidlosigkeit?

6. Kapitel

Und wenn man dem Tabu nicht gehorcht? 54

Verschwiegen und versteckt lähmt der Tod das Leben · Zwei Familien überwinden das Tabu und gewinnen neue Freiheit · Eine Chance für Familientherapie · Warum es Sensibilität schwer hat, in der Ellbogengesellschaft standzuhalten

7. Kapitel

Diskriminierte Angst in der Kriegsmedizin 62

Heldenmythos als Rezept gegen Todesangst und Tötungshemmung im Krieg · Kriegsneurosen als Ausdruck von Verzweiflung und unbewußtem Protest in beiden Weltkriegen · Militärärzte als »Maschinengewehre hinter der Front« (Freud) · Als Therapie getarnte elektrische Foltermethoden deutscher Psychiater

8. Kapitel

Fortbestand des ideologischen Heroismus 67

Kriegstüchtigkeit als Kriterium männlicher Gesundheit · Machismo-Ideologie deutscher und amerikanischer Psychiater · Psychiatrische Kampagne gegen verweichlichende Mütter · Kampf männlicher Verdrängung gegen weibliche Offenheit · Plädoyer für eine Revision des Leitbildes von psychosomatischer Gesundheit

9. Kapitel

Angst als Krankheit 73

Angst – im 19. Jahrhundert eine neuentdeckte Krankheit · Freud als Angstpatient · Die Angstneurose im Verteilungsstreit zwischen innerer und psychologischer Medizin · Kommt die Angst vom gestörten Herzen oder die Herzunruhe von der Angst? Psychoanalytische Angstdeutungen · Angst als neurotisches Mißverständnis · Ohnmacht der naturwissenschaftlichen Angstforschung · Was chemische »Angstlöser« können und nicht können · Unheil durch Psychochirurgie

10. Kapitel

Trennungstrauma und Trennungsangst 86

Darwins Großvater erklärt die Angst aus dem Geburtstrauma · Freud und Rank entwickeln seine Theorie weiter · Isolation (Deprivation) verhindert kindliches Urvertrauen · Lebenslängliche Nachwirkungen kindlicher Trennungsangst

11. Kapitel

Zwei klinische Beispiele 91

Von 125 angstneurotischen Patienten, am Gießener Zentrum für Psychosomatische Medizin untersucht, werden zwei geschildert: ein zehnjähriges Mädchen und eine 33jährige Frau · Vorgeschichte, Ausbruch und Verlauf ihrer Krankheiten unter Psychotherapie

12. Kapitel

Die Aussen- und die Innenseite der Angstneurose 102

Auswertung der beiden geschilderten Krankengeschichten · Das brüchige Ich der Angstkranken, Pseudo-Autonomie versus Hilflosigkeit · Unfähigkeit zu trauern · Anfälle als Notbremse und Notsignale · Weitere Beispiele

13. Kapitel

Angst und Abhängigkeit im Wandel des Geschlechterverhältnisses 107

Wie das Alleinsein gelernt werden kann · Bedeutung von »Übergangsobjekten« (Winnicott) und der verinnerlichten guten Mutter · Reisefieber, Umzugsdepression und Entwurzelungsangst als Merkmale des »oknophilen« Typs (Balint) · Erpreßbarkeit durch innere Abhängigkeit · Umverteilung der Trennungsangst zwischen Frauen und Männern: Wachsende Selbstsicherheit der Frauen entlarvt verdeckte Abhängigkeit der Männer

14. Kapitel

Flucht aus der Freiheit 117

Lockerung gesellschaftlicher Bindungen – mehr Einsamkeit, auch mehr Angst · Verschleierte Flucht in Konformismus hinter der Fassade individueller Souveränität · Selbstentmündigung im Versteck von Trends, Moden, Tabus, Dogmen, politischen Mehrheitsmeinungen · Zuflucht in Unauffälligkeit · Geburt eines neuen konformistischen Einheitstyps

15. KAPITEL

DIE ANGSTSYMBIOTISCHE LEBENSFORM 122

Konfliktvermeidung, im Nest hocken, Sanatoriums-Klima · Heile-Welt-Ideologie · Das Böse nur außerhalb · Ruf nach nervenschonenden politischen Verharmlosern und Besänftigern · Lobpreisung einer zensierten Presse, die aus einem Krieg ein unblutiges Feuerwerk machte

16. KAPITEL

FESSELUNGSANGST 125

Fesselungs-, Umklammerungs- oder Käfigangst als Gegentyp zur Trennungsangst · Ihre Urform: kindliche Angst vor der »fressenden« Mutter, sichtbar im Kampf um Autonomie · Abwehr der Umklammerung durch »philobatisches« Verhalten (Balint), durch thrills und Waghalsigkeit · R. Messner, N. Lauda und W. Bonatti als Zeugen · Die mütterliche Erde als verschlingender Moloch

17. KAPITEL

PSYCHOSOMATISCHE BEFREIUNGSKÄMPFE 136

Wirkungen erdrückender Mütter: Gefügigkeit, Rebellion, psychosomatische Verweigerungen · Eßschwierigkeiten als Protestmittel · Der selbstmörderische Freiheitskampf der Magersüchtigen

18. KAPITEL

VERSAGENSANGST 141

Der Mensch als Versager – ein neuer Begriff · Eigene oder enteignete Leistung · Quälende Schuldigkeit erstickt Lust des Vollbringens · Vorbeugende Erziehungshilfen · Wie andererseits Eltern Versagensangst fördern: durch überlastende oder pessimistische Erwartungen · Angst vor Sexualversagen · Normales Lampenfieber · Kreisförmige Selbsterneuerung von Versagensangst in der Streß-Gesellschaft

19. KAPITEL

SCHAMANGST 151

Wie kindliche Entblößungsangst entsteht · Scham und Exhibitionismus · Neurotische Schamkonflikte · Noahs Schamproblem · Klinische Beispiele · Schamangst und Wut · Errötungsfurcht · Islamische Schamkulturen · Im Westen Abbau und Pervertierung von traditionellen Schamregeln

20. KAPITEL

VERFOLGUNGSANGST 161

Verfolgungsideologie als psychologische Verhetzungswaffe · Der Mechanismus der Dämonisierung · Die Rolle der Sexualität in der Bildung pathologischer Verfolgungsängste: drei klinische Beispiele · Lues und Aids als fiktive Verfolger · Bedrohungsangst als möglicher Spiegel aller Formen von Selbsthaß

21. KAPITEL

GRUPPENDYNAMIK DER VERFOLGUNGSANGST 174

Erklärung des Ansteckungseffektes von Verfolgungsideen · Das paranoide Element als Virus, das Familien und Gruppen krankmacht · Destruktive Prozesse in Protestbewegungen, die sich unkritisch selbst idealisieren · Merkmale des »Sektensyndroms«

22. KAPITEL

DER TEUFELSKOMPLEX 182

Bleibt der Teufel unentbehrlich? · Drohen Zerfall und Chaos ohne einigenden Außenfeind? · Der Kalte Krieg hielt die Sowjetunion zusammen · Saddam – vorläufig stabilisierender neuer Weltfeind · Die Unsterblichkeit des Drachenmythos · Ausschau nach Saddams Nachfolger

23. KAPITEL

GEWISSENSANGST 191

Gewissen – angeboren oder anerzogen? · Aktuelle Tendenz zu moralischer Abstumpfung · Lächerlich gemachte Gesinnungsethik · Dennoch: viele Spuren von Schuldangst · Suche nach Absolution in Psychotherapie: zwei klinische Beispiele · Moralischer Masochismus aus unbewußtem Gewissensdruck · Menschen, die eigene Erfolge verhindern oder zerstören müssen

24. KAPITEL

VERWANDLUNG VON GEWISSENSANGST IN STRAFANGST 205

Ersatz des Gewissens durch äußere Autoritäten · Erziehung zur moralischen Entmündigung · Gefügigkeit als Tugend · Schuldiger Gehorsam: Jodl, Eichmann · Dagegen Einstein: Vorrang des Gewissens vor dem Gesetz · Pervertierende Gehirnwäsche in totalitären Gesellschaften

25. Kapitel

Gewissensangst und Erinnerungsarbeit   212

Wie die Arbeit an der Hitlerzeit-Erinnerung erst versäumt wurde, schließlich dennoch in Gang kam · Hilfe durch die Enkelgeneration · Ermutigende Ergebnisse einer eigenen Fragebogen-Untersuchung · Parallelen zwischen den Reaktionen der Westdeutschen nach 1945 und denen der Ostdeutschen nach 1989 · Die doppelte Erinnerungslast der Ostdeutschen · Erinnern hilft vorbeugen!

26. Kapitel

Fremdenangst und Fremdenhass   224

Entlarvung eines vorher versteckten Sündenbock-Bedarfs · Nach Aids-»Risikogruppen« nun Ausländer als Angst- und Haßobjekte · Eigene Untersuchung: Welche Deutschen fühlen sich von Fremden bedroht? · Psychologische Merkmale des fremdenfeindlichen Ressentiments · »Schützt die Opfer, wehret den Tätern!« · Notwendigkeit einer gewandelten Nord-Süd-Politik

27. Kapitel

Kriegsangst im Kindergarten   232

Kinderreaktionen im Golfkrieg – inszeniert, manipuliert oder echt? · Abschirmungsversuche der Eltern – oft mißglückt · Eine auswertende Diskussion mit Personal und Eltern in einem kirchlichen Kindergarten · Unterschiedliche Angstverarbeitung von Mädchen und Jungen: Mädchen eher mit den Opfern mitfühlend, Jungen eher in aggressive Spiele flüchtend (Identifizierung mit dem Aggressor) · Hilfreiche Maßnahmen der Betreuer

28. Kapitel

Kriegsangst in einer 5. Klasse   238

Protokoll einer Unterhaltung mit Schülerinnen und Schülern einer Gesamtschule während des Golfkriegs · Hauptgedanken der Kinder: Warum müssen so viele Unschuldige sterben? · Enttäuschung über die Politiker · Mutmaßungen über deren Motive · Sorge um die Umwelt · Traurigkeit, Wut, Alpträume · »Kinder müßten mehr Gehör finden!« · Wiederum drücken die Mädchen Angst und Leiden offener aus als die Jungen · Anerkennung der Unterstützung durch Eltern und Lehrer

29. Kapitel

Kriegsangst Jugendlicher 250

Überraschendes Engagement der scheinbar unpolitischen Yuppie-Generation · Eindrücke aus Diskussionen in drei Oberschulen · »Im Grunde sind wir in einer heilen Welt aufgewachsen, wo alles nur im Fernsehen stattfand, was jetzt so nah abläuft.« · Überlagerung von Angst durch Streit über Unsinn oder Sinn des Krieges · Protokoll aus einer Therapiesitzung mit einer jugendlichen Schwangeren

30. Kapitel

Die Friedensbewegung in der Auseinandersetzung zweier Ängste 259

Zwei konträre deutsche Ängste: Hier pazifistische Kriegsangst, dort Angst vor dem amerikanischen Über-Ich · Auf der einen Seite Pazifismus als Gegenreaktion gegen den gescheiterten deutschen Militarismus, auf der anderen Angst vor Abkoppelung von der die schwache deutsche Identität seit 1945 abstützenden großen Schutzmacht · Leitideen und Initiativen der Friedensbewegung · Vorauseilender Gehorsam Bonns und des Großteils der hiesigen Medien · Resümee: Nicht Kriegsangst gehört auf die Couch, sondern ihre heroisierend verklärte Verdrängung

31. Kapitel

Umgang mit kindlicher Zukunftsangst 277

Fragebogen-Untersuchungen, Schreibwettbewerbe, Malproben, »Phantasiereisen« und Interviews belegen weite internationale Verbreitung bedrückender Zukunftsvorstellungen unter Kindern und Jugendlichen: Umweltangst an erster, Kriegsangst an zweiter Stelle · Ohnmachtsgefühle, Vorwürfe an die Erwachsenen, aber auch Entschluß zu eigenem Engagement · Konsequenzen für die Schule · Aufgaben für die Eltern: Einfühlsames Zuhören, gutes Beispiel geben, an den eigenen Verdrängungen arbeiten · Auch die Ärzte sind gefordert

32. Kapitel

Weltangst 292

Erstmalig Möglichkeit der Selbstauslöschung der Menschheit – Quelle einer Angst, die auszuhalten ist, um alle Kraft zur Abwendung der Gefahr aufzubieten · Berufung auf Freud, Jonas, Anders, Schopenhauer · Beschreibung liebender, fürsorgender Angst, die zu konstruktivem Handeln nötigt · Eine eigene Studie · Weltangst: zugleich Real-, Trennungs- und Schuldangst, auch Angst vor Sinn- und Heillosigkeit, da der Ersatzglaube an die Allmacht durch Fortschritt zusammenbricht · Not tut ein gewandeltes Bewußtsein, das, einen öko-soziologischen Umbau vor Augen, nicht in einer esoterischen Sonderkultur des New Age steckenbleibt, vielmehr destruktiver Risikopolitik praktisch in den Arm zu fallen bereit ist

Es gibt kein Leben ohne Angst vor dem andern; schon weil es ohne diese Angst, die unsere Tiefe ist, kein Leben gibt; erst aus dem Nichtsein, das wir ahnen, begreifen wir für Augenblicke, daß wir leben. Man freut sich seiner Muskeln, man freut sich, daß man gehen kann, man freut sich des Lichtes, das sich in unsrem dunklen Auge spiegelt, man freut sich seiner Haut und seiner Nerven, die uns so vieles spüren lassen, man freut sich und weiß mit jedem Atemzug, daß alles, was ist, eine Gnade ist. Ohne dieses spiegelnde Wachsein, das nur aus der Angst möglich ist, wären wir verloren; wir wären nie gewesen ...

Max Frisch

Alles wahre Erleben hat ein genau kontrapunktisches Verhältnis zum Tod. Ohne dieses wäre jede Erfahrung und jedes Erlebnis wertlos. Nichts im Leben wäre schön oder wichtig gewesen, nichts wesentlich, wenn es den Tod nicht gäbe. Erst wenn man ihn vor Augen hat, wird das Leben lebenswert.

Wolfgang Hildesheimer

Vorwort

Angst ist eine Farbe unseres Lebens – ein unerschöpfliches Thema. Wie sie akzeptiert oder verleugnet, als Depression nach innen oder als Haß nach außen gewendet wird, wie sie Herz und Kreislauf erregt und das Denken beeinflußt, wie sie lähmt oder aufpeitscht, wie sie für die einen zur Geißel, für die anderen zur erpresserischen Waffe wird, hat mich über vierzig Jahre in vielfältigen psychoanalytischen und psychosomatischen Studien beschäftigt. Angst ist zugleich Gefühl wie Wahrnehmung, Erleiden wie Antrieb, Rückzug oder soziale Anteilnahme, Feigheit oder Mut – je nachdem als Verdrängung oder Annahme der Idee des Todes. Täglich wird der Umgang mit Angst auf die Probe gestellt – durch innere oder soziale Konflikte, gesundheitliche, wirtschaftliche, auch politische Bedrohungen.

Was normale oder krankhafte Angst ist, entscheiden keine objektiven Kriterien, mögen auch psychiatrische Diagnosetabellen diesen Anschein erwecken. Aber die Hunderte, die mich als Psychoanalytiker und Arzt wegen ihrer Angst aufsuchten, wußten sehr wohl, daß sie Rat oder Therapie brauchten. Mich ihren Herausforderungen stellend, mußte ich mit ihnen nach klärenden Antworten und therapeutischen Lösungen suchen, die sich zu den Erfahrungen fügten, von denen hier wesentlich erscheinende zusammengefaßt mitgeteilt werden.

Nun hatte ich über Jahrzehnte die glückliche Chance eines täglichen Austausches mit meinen Kolleginnen und Kollegen des

Gießener Universitätszentrums für Psychosomatische Medizin, mit denen ich auch eine Reihe von einschlägigen Forschungsprojekten durchführen konnte. Zu nennen ist etwa unsere fünfjährige Untersuchung an 125 Angstneurotikern (Herzneurotikern), deren Resultate Dieter Beckmann und ich 1969 in einer Monographie publiziert haben. Zu zweit entwickelten wir danach den Gießen-Test, der uns für verschiedene in diesem Band dargestellte repräsentative Erhebungen sehr hilfreich war. Dem Umgang mit Krebsangst widmete sich eine zusammen mit Alfrun von Vietinghoff-Scheel und Peter Möhring durchgeführte klinische Studie, deren Förderung wir der Bosch-Stiftung ebenso verdanken wie diejenige eines anschließenden Projekts, das sich mit der psychologischen Verarbeitung einer unheilbaren erblichen Nervenkrankheit (Chorea Huntington) in betroffenen Familien beschäftigt. Hier wirkten und wirken Marianne Jarka und Burkhard Brosig maßgeblich mit. Die Hintergründe, Erscheinungsformen und Auswirkungen von Aids-Angst genauer zu erkunden, erlaubte eine vom Bundesministerium für Jugend, Familie und Gesundheit finanzierte ausführliche Erhebung, zu der Marlene Bock, Albrecht Köhl, Monika Reimitz und Hans-Jürgen Wirth bemerkenswerte Beiträge geliefert haben. Mit Elmar Brähler, Roland Schürhoff und Hans-Jürgen Wirth konnten wir 1989 durch repräsentative Befragungen (gefördert von der Hans-Böckler-Stiftung des DGB, der Internationalen Ärzte für Frieden und soziale Verantwortung [IPPNW] und der International Foundation for the Survival and Development of Humanity) Unterlagen gewinnen, die uns interessante Einsichten in die psychologischen Zusammenhänge von Fremdenangst und Fremdenhaß, von Zukunftsangst und Erinnerungsarbeit vermittelten. Ob und wie deutsche Schuldangst verarbeitet wurde, war Thema einer unter Beteiligung von Hildegard Felder, Annegret Overbeck, Eike Wolff und Susann Heenen-Wolff gerade abgeschlossenen Interview-Studie, ermöglicht durch das Hamburger Institut für Sozialforschung. Ihnen allen – Mitarbeitern wie Institutionen – sei an dieser Stelle noch einmal gedankt.

Wie man es auch immer deuten mag, daß ich selbst in den dreißig Jahren verantwortlicher Tätigkeit an der Psychosomatischen Universitätsklinik Gießen von dem Thema Angst und Angstverarbeitung nie losgekommen bin – gelernt habe ich dabei jedenfalls sehr viel, zunächst von den Patienten (die mir die verschlüsselte Preisgabe mancher instruktiver Offenbarungen nachsehen mögen), zugleich von meinen stets hilfreichen Kolleginnen und Kollegen, denen allen ich aus Anlaß des Abschieds von meinem Amt herzlich danken möchte. Besonderen Dank schulde ich meiner Frau für viele hilfreiche Anregungen in gemeinsamem Nachdenken und nicht zuletzt Frau Ursula Hoffmann für ihre stets engagierte und kundige organisatorische und technische Unterstützung.

1. Kapitel

Das Angsttabu

In manchem erinnern die Wohlstandsbürger der westlichen Industrieländer an den »letzten Menschen«, wie ihn Nietzsche im »Zarathustra« beschrieben hat – den Menschen, der das Glück erfunden zu haben glaubt, am längsten lebt, es sich bequem macht, der achtsam einhergeht, weil Krankwerden als sündhaft gilt, der nicht mehr über Steine und Menschen stolpern will und sich mit ein wenig Gift ab und zu angenehme Träume und sich am Ende mit etwas mehr Gift ein angenehmes Sterben bereitet. Vielleicht ahnte Nietzsche bereits, daß es einst einen großen Katalog von Psychopharmaka geben würde, mit denen sich inzwischen wachsende Volksmassen vor Angst, Leiden und Verstimmungen zu schützen versuchen. In unserer modernen Wohlstandskultur herrscht eine neue Moral.

Es ist die Okay-Moral. Man will nicht mehr erschrecken, so wie man andere nicht mehr erschrecken darf. Man lächelt einander zu, so wie es auf hunderttausend Reklameplakaten und Fernsehspots nur strahlend unbekümmerte und gesunde Gesichter gibt. Sympathisch ist, wer sich als fit und munter inszenieren kann und seine Umgebung entsprechend ansteckend aufmuntert. Jeder des anderen Entertainer – das wäre der Idealzustand.

Wer offen zeigt, daß er Kummer, Schmerz oder Angst hat, sollte lieber nicht unter die Leute, besser gleich zum Lebensberater, Arzt, Psychotherapeuten oder in ein Sanatorium gehen. Natürlich soll für Kranke, Behinderte, Gebrechliche gesorgt werden. Aber man will davon möglichst wenig sehen. Was man nicht sieht, stört nicht die verleugnende Selbstsicherheit.

Die Aufrechterhaltung der Verleugnung fördert eine internationale Beschwichtigungs- und Zerstreuungsindustrie. Sie beschäftigt auf allen Ebenen Animatoren und Verdrängungshelfer. Alle lehren sie positives Denken, von den TV-Showmastern bis zu den großen politischen Kommunikatoren. Amerika ist das Vorbild. »Entertainer zu sein ist wunderbar«, schreibt N. Postman in seinem Buch: »Wir amüsieren uns zu Tode«. »In Amerika ist nämlich Gott mit denen, die das Talent und das Format haben, andere zu amüsieren, gleichgültig, ob sie das nun als Prediger, Sportler, Unternehmer, Politiker, Lehrer oder Journalisten tun.« Unübertroffene Leitfigur im Fach Politik ist immer noch jener unverwüstliche, alle Zweifel verscheuchende große Kommunikator, nicht zufällig gelernter Schauspieler, der wie kein zweiter den unaufhaltsamen Aufstieg der – von den USA geführten – Menschheit zu einzigartiger Großartigkeit zu verkünden wußte.

Offensichtlich sucht eine Mehrheit im Westen die Prediger der schönen, heilen Welt, die eine öffentliche, zudeckende Psychotherapie betreiben. Man will nur noch bestätigt, befriedigt und eingelullt werden. Der Beschwichtigungsindustrie kann kein noch so schwerwiegendes Problem lange standhalten: etwa das Elend im überbevölkerten Süden, das Schwinden des Ozonfilters, der Klimaschock, Tschernobyl, das Sterben der Meere und der Böden, die Naturzerstörung schlechthin, die Risiken der atomaren Überrüstung, der Krieg am Golf und die diversen Flüchtlingskatastrophen, von den Schwierigkeiten in Ostdeutschland und denen im übrigen europäischen Armenhaus gar nicht erst zu reden.

Alles Heil erklären die modernen Kommunikatoren für machbar, jede Sorge um die gemeinsame Zukunft für übertrieben oder von Pessimisten oder Übelwollenden erfunden. Zuversicht ist Pflicht, Angst verboten. Für die Wohlstandshälfte gehört es sich jedenfalls, sie nicht zu haben.

So lebt eine angepaßte Privilegiertenschicht in beständiger Abwehr ihrer Sorgen und Zweifel. Halt gibt ihr die offizielle Okay-Moral. Die Menschen inszenieren sich oder lassen sich inszenieren wie ein einziges Show-Ensemble. Sie tanzen wie auf einer riesigen Bühne, wo man einander ununterbrochen Fitneß, ewige Jugendfrische und künstlichen Optimismus vorlügt. Es ist ein gigantisches hysterisches Theater. Wer nur irgend kann, spielt nach den Regeln das Okay-Spiel mit. Wer es nicht schafft, ist schnell out, weg vom Fenster, ein »loser«, abgehängt von den »winners«.

Allerdings ist das Okay-Spiel alles andere als eine friedliche Angelegenheit. Es ist eine Kultur der Unbarmherzigkeit. Die im Kult der Stärke und des Angsttabus vereint sind, zehren von der Ohnmacht der Verlierer – das sind die in den Schatten verdrängten Schwachen, die Bedrückten, die Armen und die Gebrechlichen. Sie bilden das gettoisierte gesellschaftliche Unbewußte. Hier herrschen Angst, Sorge und Tod. In dieses Schattenreich entsendet die Okay-Gesellschaft psychosoziale und medizinische Dienste, Nothilfeorganisationen, Spenden, Modellprojekte. Aber eine unsichtbare Mauer hält diese Ohnmächtigen auf Distanz.

Sie bilden den ärgerlichen, unausrottbaren Widerspruch zu der herrschenden euphorischen Allianz des positiven Denkens. Was dieser dominierende Teil der westlichen Gesellschaft verdrängt, entsorgt er mit Hilfe der Schwachen und der Armen der Welt. Nur erliegt er damit, wie allmählich erkennbar, einem auf die Dauer lebensgefährlichen Selbstbetrug. Denn mit der künstlichen Angstanästhesie beraubt er sich des Alarmsignals, das vor der bald irreversiblen Schädigung der Lebensbedingungen jeden zu warnen hätte.

Die selbstmörderische »Lebenskunst« der westlichen Starken besteht ja gerade darin, sich klammheimlich an der Angst der Schwachen triumphierend zu weiden, anstatt in ihr den verdrängten Teil des eigenen Selbst zu erkennen. In einer entseelten Rivalitätskultur, in der Siege und Macht alles gelten, bestätigen die Abgehängten die Gewinner in deren fiktivem Glück. Deshalb kann z. B. im deutschen Westen eine Mehrheit ungerührt mit ansehen, was im östlichen Landesteil an Existenzangst und Verzweiflung aufgebrochen ist. Sie stabilisiert sich vielmehr im Kontrast zu den Verlierern und sträubt sich mit Händen und Füßen gegen ein psychisches und materielles Teilen wie gegen eine bedrohliche Infektion.

Existenzangst und Verzweiflung gehören zu den Unterlegenen als deren scheinbar natürliches Los. In der unbarmherzigen Konkurrenzgesellschaft ist nachgerade zum Gesetz geworden, daß die Mächtigeren ihre Sicherheit und ihren Selbstwert gegen die Sorge und gegen die Depression der Ohnmächtigen abstützen – aller Beschwörung von Solidarität, Gerechtigkeit und Partnerschaft zum Trotz. Weil die Westdeutschen oben, die Ostdeutschen jedoch nicht unten bleiben wollen, ist das Spannungsverhältnis zwischen beiden nur allzu verständlich. Immerhin könnte dieses sich dank wirtschaftlicher Besserung in wenigen Jahren so weit mildern, daß man sich stillschweigend gemeinsam dem westlichen Abwehrmechanismus verschreiben, das heißt das unterdrückte eigene psychische Elend auf die dann immer noch Abgehängten der Zweiten und Dritten Welt abspalten würde.

Das heute übliche technische Denken ist gewöhnt, die immer deutlicheren globalen Lebensprobleme in Modellrechnungen zu verwandeln – die Bevölkerungsexplosion, das Hungersterben in der armen Welthälfte, das Energieproblem, alle ökologischen Schäden, die Überschuldung usw. Man streitet sich über voraussehbare Verlaufskurven und Prozentzahlen. Aber weil man sich selbst und die anderen nicht beunruhigen will und überdies die Beschwernisse durch Opfer notwendiger ökonomischer Umwälzungen fürchtet, geht man mit Abhilfemaßnahmen nur gemächlich zu Werke.

Sind wir Nietzsches letzte Menschen? Wollen oder können wir uns nicht mehr aufregen? Trauen wir uns die notwendige Anstrengung zu einem aufwendigen Widerstand gegen die Destruktion nicht mehr zu? Oder ist da ein zynischer Egoismus im Spiel, der sagt: Laßt uns Reiche noch für uns selbst, unsere Kinder und Enkel ein Maximum an Lebenskomfort herausholen, ehe ein ohnehin schwer vermeidbares Chaos durch Milliarden-Flüchtlingsströme, globale ökologische Katastrophen und voraussehbare Kriege um die schwindenden Ressourcen hereinbrechen wird?

Wo bleibt die Angst, die zu rettender Vorsorge nötig wäre? Wo bleibt die fürsorgende, die liebende Angst, die Günther Anders anmahnt? Wo bleibt die »bewußte Anstrengung zu selbstloser Furcht«, die Hans Jonas erste Pflicht einer Ethik geschichtlicher Verantwortung nennt?

Unsere moderne technokratische Ideologie lautet: Versachlichung ist gut, Emotionalisierung ist schlecht. Überall wird es so gelehrt. Aber jetzt sieht man: Ohne einen gewaltigen Aufwand an emotionaler Energie wird die »organisierte Unverantwortlichkeit« (Beck) der Maßgeblichen in den westlichen Industriegesellschaften nicht zu stoppen sein. Es ist also gründlicher zu untersuchen: Wie kommt es in der dominierenden Schicht der Entscheidungsträger und der besser Gebildeten zu der geradezu offiziellen Unbekümmertheit und Anästhesie gegenüber den globalen Bedrohungen? Welches sind – diesmal nicht die technischen, chemischen, ökonomischen, sondern die sozialpsychologischen Voraussetzungen für die Provokation der ungeheuren Risiken, denen wir vor allem unsere Nachkommen aussetzen? Was ist mit der Angst, die als Motor für wirksame Gegenmaßnahmen zu versagen scheint?

Oder ist es etwa eine andere Angst, die sogar erst die Bedrohungen heraufbeschwört, denen wir uns aussetzen? Wird nicht zum Beispiel eine der schlimmsten Bedrohungen, nämlich die Produktion und Verbreitung von Massenvernichtungswaffen, ganz offen mit der Furcht vor aktuellen oder potentiellen Feinden begründet? Ist es nicht eine unbestimmte Angst, die den Menschen dazu treibt, mit immer riskanteren Technologien seine Machtstellung in der Welt stetig zu erhöhen und immer weniger natürliche Abhängigkeiten hinzunehmen? Sind nicht die Vorschriften optimistischer Fortschrittsgläubigkeit und das offizielle Angsttabu bereits ihrerseits Ausdruck verkappter Angst?

Solche offenkundigen oder zumindest spürbaren Widersprüchlichkeiten sorgen dafür, daß sich das Thema Angst aus der öffentlichen Diskussion immer schwerer fernhalten läßt. Zwar klingt die sichtbare hektische Beunruhigung über moderne Katastrophen wie Hiroshima, Tschernobyl, Golfkrieg, Ölpest usw. regelmäßig immer wieder ab. Aber Spuren setzen sich unbewußt fest. Frauen, Jugendliche, Kinder, allmählich auch in steigender Zahl Männer empfinden untergründig eine wachsende Unsicherheit. Es ist das dumpfe Gefühl, daß die mütterliche Erde nicht mehr ohne weiteres und für alle Zeiten Leben ernährt und schützt, daß ihre Regenerationskraft begrenzt ist, daß sie immer weniger die Gewalt verzeiht, die man ihr antut. Zugleich drängt sich ein unheimliches Selbstmißtrauen auf, ein bohrender Zweifel an der eigenen Integrität. Sind wir nicht etwa schon auf dem Abweg einer ungeheuren geistigen Korruption? Treiben wir nicht zu Lasten der Zukunft einen wahnwitzigen egoistischen Mißbrauch mit unserer technisch-ökonomischen Macht?

Angst, so tönt es manipulativ in allen Medien, sei minderwertig, schädlich, kläglich, lächerlich. Aber alle Diffamierungen und Stigmatisierungen vermögen sie nicht zu tilgen. Es ist ja auch geradezu Ausdruck einer kollektiven Neurose, eine psychische Tatsache von so enormer sozialer Bedeutung mit einem törichten Tabu zu belegen, statt sie in ihren Wurzeln und ihren Auswirkungen zu untersuchen.

Denn was wir auch immer tun, hängt mit Angst zusammen, mit Ausleben, bewußtem Vermeiden, unbewußtem Verdrängen, mit Projektion, Überkompensation oder verarbeitender Überwindung von Angst. Um unser Verhalten im Alltag, in der Familie, in Gruppen und Institutionen und schließlich als politische Wesen genauer zu verstehen, müssen wir überall mit unserer Angst rechnen, mit unserer Angst vor Isolation, vor Versagen, vor Verletzung, vor Strafe, vor unserem Gewissen und vor dem

Tod. Je hartnäckiger Angst verleugnet wird, um so eher bahnt sie sich mit Hilfe undurchschauter Mechanismen schädliche Wege. Vieles spricht dafür, daß insbesondere die in unserer Kultur zunehmend geleistete Verdrängung von Sterbeangst eng mit selbstdestruktiven Tendenzen zusammenhängt, denen wir unbewußt unterliegen.

All dies gibt Veranlassung, im folgenden zu untersuchen, wann und wie in unserem Leben überhaupt Angst entsteht, in welchen Formen sie sich ausprägt, wie sie sich im persönlichen Leben, in sozialen Beziehungen und schließlich im politischen Verhalten auswirkt, welche krankhaften, aber auch welche heilvollen Reaktionen sie auszulösen vermag.

2. KAPITEL

DAS VERSCHWINDEN DES NATÜRLICHEN TODES

Bei oberflächlicher Betrachtung hat es den Anschein, als sei Todesangst für die heutige westliche Gesellschaft kein Thema mehr. Der Freud-Schüler K. R. Eisler schreibt: »Seit dem Anfang des 19. Jahrhunderts sind die Menschen nicht mehr geneigt, über den Tod nachzudenken. Das Thema paßt nicht zu einer Gesellschaft, die durch einen gewaltigen Sprung nach vorn in Wissenschaft und Technologie geblendet ist und an den allgemeinen Fortschritt glaubt.« Wer sich ohne besonderen erkennbaren Anlaß über den eigenen Tod augenfällig ängstigt, wird zum klinischen Fall.

Einst war der Seelsorger der übliche Trostspender. Mit ihm redete man im Zusammenhang mit quälenden Todesgedanken über Gnadenverheißung und Erlösung. Heute pflegt es den Geängstigten zum Psychiater oder Psychotherapeuten zu treiben. Der wird ihm vermutlich eine depressive Reaktion attestieren und ihm ein Antidepressivum verschreiben oder ihm zu einer Psychotherapie raten. Die Krankenkasse bezahlt. Vom Psychotherapeuten dürfte der Ratsuchende zu hören bekommen, daß seine Angst gar nicht wirklich seinem irgendwann bevorstehenden Ende gelte, sondern aus irgendeiner erschreckenden Erinnerung stamme, die jetzt wieder aufgebrochen sei. Die aktuelle Todesangst beruhe also auf einer unbewußten Verwechslung. Gelinge es, den bis in die Kindheit zurückreichenden angstbesetzenden Konflikt aufzuarbeiten, dürfte die aktuelle Angst verschwinden. Vielleicht wird die Angst als Umwandlungsprodukt verpönter Haßgefühle entlarvt, etwa als unbewußte Selbstbestrafung für feindselige Impulse gegen irgendwen. Jedenfalls wird der Tod so oder so zu einem vorgeschobenen Problem. Es geht um das Dahinter, und das ist allemal harmloser, nämlich therapeutisch prinzipiell handhabbar.

Aber auch im normalen Alltag sind verschiedene Abwehrstrategien am Werk, um den Tod als Angstgrund verschwinden zu lassen. Zwar wird er auf dem Fernsehschirm laufend drastisch vorgeführt, aber ob in Dokumentationen oder Fiktionen, er bleibt ein entrückter, inszenierter Fernsehtod, eingebettet in den vorüberrauschenden Bilderstrom des Zerstreuungsvarietés, wie N. Postman das Medium nennt. Schon Kinder lernen bald, die Fernseh-Kunstwelt von der Realität abzuspalten. Man erinnere sich an die Vorliebe eines Teils der Jugend für die Horror-Videos mit den makabersten Tötungs- und Todesdarstellungen, die lediglich als prickelnder Nervenkitzel erlebt werden.

Eine andere Abwehrtechnik läßt den unvermeidlichen Tod in Statistiken vermeidbarer oder zumindest prinzipiell beeinflußbarer Ursachen verschwinden. Und wird es nicht dank der Gentechnik nicht bald möglich sein, die heute noch zu Buche schlagenden tödlichen Erbkrankheiten durch vorgeburtliche Eingriffe zu verhindern?

Ist es nun der Fortschritt, wie K. R. Eisler glaubt, der die Verdrängung des Todes bedingt, oder ist es umgekehrt die Angst vor dem sinnlos gewordenen Tod, der die Anklammerung an den Fortschritt als eine Art Ersatzreligion herbeiführt? Das wird in dem Kapitel über Weltangst noch näher zu untersuchen sein. Hier sei vorerst festgestellt, daß die neue westliche Kultur mit dem Tod einen Umgang erlernt hat, der fatalerweise an diejenigen kleinen Kinder erinnert, die beim Versteckspielen nicht entdeckt zu werden glauben, wenn sie die Augen schließen. Die Auseinandersetzung mit dem Tod ist an die Medizin zur Verhinderung oder Bekämpfung und an die Psychotherapie zur Entsorgung des Rests von unverdrängter, pathologisierter Angst delegiert. Allein diese, als krankhaft stigmatisierte, ist überhaupt als Angst anerkannt. Nicht etwa jene, die Millionen ältere Menschen das Angebot der kostenlosen Vorsorgeuntersuchungen ausschlagen läßt. Jahr für Jahr könnten Tausende von früherkanntem Gebärmutter-, Prostata-, Darm-, Magen- und Brustkrebspatienten geheilt werden, würden sie nicht vor den ihnen nahegelegten medizinischen Tests zurückscheuen – angeblich aus Versehen, Zeitmangel oder gar aus Unerschrockenheit, nur nicht aus Angst, die eigene Sterblichkeit bedenken zu müssen.

Das Bemühen der Allgemeinheit, die Todesidee vom Bewußtsein fernzuhalten, führt bis zur Tabuisierung der Trauer. Wie das geschieht, hat Philippe Ariès in seiner »Geschichte des Todes« plastisch beschrieben. »Die öffentliche Zurschaustellung der Trauer gilt als morbide, desgleichen ihr allzu beharrlicher und allzu langer privater Ausdruck. Die Tränenkrise wird zur Nervenkrise. Die Trauer ist eine Krankheit. Wer sie zeigt, legt eine Charakterschwäche an den Tag. Die Ablehnung des Todes hat sich, über die Person des Leidtragenden und den Ausdruck der Trauer hinaus, auf alles ausgedehnt, was mit dem Tode zusammenhängt und von ihm infiziert wird. Die Trauer oder das, was ihr ähnlich sieht, gilt heute geradezu als ansteckende Krankheit, die man sich im Zimmer eines Sterbenden oder Toten zuzuziehen droht, selbst wenn er einem nicht viel bedeutet ... Es gibt Orte, an denen man sich die Trauer holt wie anderswo die Grippe.«

Zur Selbstbeschwichtigung erklärt man den Tod als unnötige Panne: Wer stirbt, hat falsch oder zuviel gegessen, hat geraucht oder unmäßig getrunken, sich zuwenig bewegt oder zuviel gearbeitet, sich unnötig gegrämt, zuviel aufgeregt, nicht autogen trainiert, keine Kondome benutzt, zuwenig positiv gedacht – oder er ist Opfer falscher Medikamente, schlechter Ärzte oder eines blöden Unfalls. Der Tod darf alles sein, nur nicht unvermeidbar.

Einst galt das genaue Gegenteil. »Sein Leben lang muß man sterben lernen«, lehrte der Römer Seneca. Täglich solle man den

Tod vor Augen haben, um sich vor kleinlichen Gedanken zu bewahren, empfahl Epiktet.

Um glückselig zu sterben, muß man leben lernen.

Um glückselig zu leben, muß man sterben lernen, dichtete der Calvinist Duplessis.

In langer Tradition war das Leben vom Tod begleitet. Man dachte an ihn, bildete ihn ab, akzeptierte ihn als Bestandteil des Lebens, bis man ihn im 19. und vollends im 20. Jahrhundert ausbürgerte. Man wollte nicht länger lernen, mit der Todesidee, sondern ohne sie zu leben. Sinnvoll und legitim gilt neuerdings die sonderbare Frage: Ist denn überhaupt bewiesen, daß es eine für den wissenschaftlichen Fortschritt unüberwindbare natürliche Lebensgrenze gibt? Weiß man denn genau, ob die biologischen Alterungsprozesse sich nicht eines Tages ebenso werden entschlüsseln und beeinflussen lassen wie neuerdings die Erbsubstanz?

Immerhin schrieb selbst der vorsichtige Sigmund Freud in seinem Aufsatz über »Das Unheimliche« (1919): »Unsere Biologie hat es noch nicht entscheiden können, ob der Tod das notwendige Schicksal jedes Lebewesens oder nur ein regelmäßiger, vielleicht aber vermeidlicher Zufall innerhalb des Lebens ist.« Und der Philosoph Max Scheler zitierte in seinem Aufsatz »Tod und Fortleben« (1914/15) die Auffassung, wonach es nur als ein Mangel des Fortschritts der bisherigen Medizin anzusehen sei, »wenn nicht gar als ein moralisches Verschulden des ›Unfleißes‹ der Ärzte und Mediziner, daß Menschen immer noch sterben. Ist doch jede Maschine prinzipiell wieder reparierbar. Und es wäre hiernach nur ein schuldhafter Unglaube an menschliche Tatkraft und Kunst, den Tod als eine absolute und endgültige Welteinrichtung anzusehen.«

Zwar wird diese phantastische Erwartung an die Wissenschaft selten so direkt formuliert. Aber im Unbewußten hat sie sich längst festgesetzt und bestimmt ein Anspruchsverhalten, dem sich die Heilberufe in wachsendem Maße ausgesetzt sehen. Immer häufiger melden sich mißtrauische Patienten und Angehörige, die nach medizinischen Kunstfehlern und Fahrlässigkeiten fahnden. Gewaltig angeschwollen ist die Zahl der Schadenersatz- und Schmerzensgeldklagen, die chronisches oder tödliches Siechtum mit unrichtigen Diagnosen, unterlassenen oder schädlichen Therapiemaßnahmen begründen. Es ist, als werde allmählich ein Recht auf Gesundheit und zumindest auf eine Lebensdauer beansprucht, die dem Durchschnitt der letzten Jahresstatistik entspricht.

Der Argwohn, der das Klima in der Medizin zunehmend zu vergiften droht, ist das Werk des unsichtbaren Verfolgers, zu welchem man den Tod erklärt hat. Die Medizin und ihre Klientel müssen es ausbaden, daß sie seine Notwendigkeit nicht mehr gemeinsam annehmen können. Dieser rächt sich hierfür, daß er sich nicht mehr blicken lassen darf. Da man ihm die Aussöhnung verweigert, ihn statt dessen als puren Aggressor ächtet, spiegelt er die Aggression denen zurück, die sie auf ihn projizieren. So verwandelt sich die Medizin Schritt für Schritt in eine gewaltige Kriegsmaschine, gejagt von den Riesenerwartungen der leidensunfähigen Okay-Gesellschaft. Die Ärzte geraten in einen fatalen Zweifrontenkampf. Auf der einen Seite lauert der unbedingt zu besiegende, letztlich unüberwindbare Gegner Tod, auf der anderen Seite sehen sie sich durch eine vom Mythos des medizinischen Endsieges geblendete Gesellschaft, repräsentiert durch ihre Patienten, unter äußersten Druck gesetzt.

Wahrlich darf man der Ärzteschaft nicht vorwerfen, sie lasse es an der Perfektionierung ihrer Kampfmittel fehlen, die nach mehrheitlicher Erwartung neuerdings das Problem lösen sollen. Laufend macht sie Fortschritte in der computerisierten Kontrolle aller Organe und Funktionen, in der Schärfung chemischer und technischer Behandlungswaffen wie in der Virtuosität bei deren Anwendung. Der Einsatzort des großartigen Instrumentariums, das Feld der Schlacht, ist der Organismus. Dessen quantitativ erfaßte Daten wären – würden sie dem Patienten nicht immer unverständlicher werden – noch als Thema für eine nähere Kommunikation zwischen Arzt und Patient geeignet. Man könnte sich wenigstens noch in der gemeinsamen Dechiffrierung der Meßwerte treffen, die über die Kampflage orientieren. Aber das muß an der Inkompetenz der Kranken scheitern.

Die atmosphärische Entfremdung zwischen Ärzten und Kranken wirkt sich bis in die bürokratischen Formalien hinein aus. Bevor sich das Krankenhaus auf einen frisch Aufgenommenen hilfreich einläßt, muß er neuerdings auf immer mehr Formularen bestätigen, was er zu dulden, zu veranlassen und zu unterlassen habe und daß er über alles belehrt sei. Steht ihm eine Operation bevor, muß er lesen, was alles schiefgehen kann. Noch einmal muß er auf Fragebögen lückenlos alle Ereignisse seiner medizinischen Vorgeschichte auflisten und schließlich schriftlich versichern, keine weiteren Fragen zu haben. Denn vielleicht könnte er hinterher doch noch eine mißliche Lücke in dem von den Experten erarbeiteten Fragebogenwerk entdecken, das man ihm vorgibt.

Anstatt als Leidender und Geängstigter erst einmal mit tröstender Wärme und Ermutigung empfangen zu werden, bekommt der »Eindringling« auf solche Art schon von vornherein zu spüren, daß man sich gegen ihn als potentiellen Beschwerdeführer sichern will. All dies widerfährt ihm aber keineswegs aus Boshaftigkeit, sondern als Konsequenz aus der ansteigenden Flut kostspieliger juristischer Auseinandersetzungen. Es ist der geächtete Tod, der die Partner der medizinischen Kooperation gegeneinander ausspielt. Denn wird er verbannt, wird zugleich die Liebe ausgetrieben, die nur im gemeinsamen Bewußtsein gedeihen kann, daß der Lebenskreis aller sich immer wieder schließen muß, damit neues Leben wachsen kann.

Allerdings ist der Tod nirgends so schwer zu verdrängen wie gerade in den Anstalten, wo er sich infolge Erschöpfung der Lebenskräfte oder unheilbarer Krankheiten alltäglich sichtbar macht. Ständig übt er damit Druck aus, an ihn zu denken und über ihn zu sprechen. Es sind Schwestern und Pflegerinnen, die noch am ehesten das Tabu brechen und Leidende dort unterstützen, wo keine Tabletten, Infusionen oder Strahlen hinreichen –

indem sie die ihnen Anvertrauten als persönliche Wesen wahrnehmen, ihnen zuhören, sich in sie einfühlen, sie persönliche Anteilnahme spüren lassen. Aber sie können das Defizit des künstlichen Laborklimas und des institutionalisierten Argwohns nur partiell ausgleichen, zumal sie die sozial schwächste Minderheit innerhalb der Struktur bilden. Sie müssen selber aufpassen, nicht zu resignieren – überall durch Personalmangel überfordert, durch unregelmäßige Dienstzeiten zermürbt, unangemessen bezahlt und in ihrer psychischen Belastung meist allein gelassen. Auf den Umgang mit Sterben und Tod kaum vorbereitet, sind vor allem junge Pflegekräfte, die sich mitfühlend öffnen, eigenen Ängsten in besonderem Maße ausgeliefert. Kein Wunder, daß sich – zumal in Intensivstationen und in Abteilungen mit hochgradig pflegebedürftigen Gebrechlichen – beim Personal Gereiztheit, gruppendynamische Konflikte und psychosomatische Zusammenbrüche häufen.

Eine gewisse Abhilfe können »Balint-Gruppen« (von dem Psychoanalytiker Balint eingeführte Gesprächsgruppen mit einem erfahrenen Psychotherapeuten als Leiter) schaffen, die bei der Verarbeitung der Konflikte helfen sollen. Aber oft fehlen das Geld und sogar die Einsicht für die Einrichtung solcher Gruppen. Und selbst da, wo sie funktionieren, erreichen sie natürlich nicht die Wurzel des Übels. Sie können das helfende Personal nicht aus der Isolierung in einer Funktion befreien, der die verdrängende Okay-Gesellschaft eben nicht zufällig die angemessene Unterstützung versagt.

3. Kapitel

Warum wurde die Todesidee unerträglich?

In seiner Studie »Geschichte des Todes« hat Philippe Ariès ausführlich beschrieben, wie der Mensch den Tod, nahezu zwei Jahrtausende vertrauter Begleiter des Lebens, nach und nach verbannt hat. Fragt man indessen nach den Bedingungen dafür, warum die Todesidee seit dem Ende des Mittelalters zunehmend schwerer erträglich geworden ist, so stößt man auf mehrere Faktoren:

Der mittelalterliche Mensch kannte noch nicht die Einsamkeit der Individualität. Er lebte in einer ihm als naturgegeben erscheinenden Gesellschaftsordnung, in der er seinen festen Platz hatte. Er war eins mit seiner sozialen Rolle. Er verblieb in der Sozialschicht, in die er hineingeboren war, und im Berufsleben folgte er klaren traditionellen Regeln, ohne Erschütterung durch massive Rivalitäten. Diese feste Eingebundenheit vermittelte ein Grundgefühl von Sicherheit, einen Schutz vor der Vereinsamungsangst. Entscheidend aber war die Glaubensgewißheit, die bis zum Ausgang des Mittelalters Gemeingut war. Man war sich der Barmherzigkeit Gottes sicher, der die Seelen nach dem Tode zu sich nehmen würde. Der Tod war nur ein Übergang zu einem Fortleben in anderer Form, er bildete keine definitive Trennlinie.

In seiner mangelhaft ausgeformten Individualität glich der mittelalterliche Mensch – aus heutiger Sicht – einem erst Halberwachsenen. Er steckte in Bindungen, die ihn äußerlich und innerlich fesselten, aber ihm dafür Halt und Geborgenheit gaben. Es war keine Abhängigkeit der Unterdrückung wie in modernen Diktaturen, eher eine sich in der sozialen wie der inneren Welt abbildende Halbwachheit. Berühmt geworden ist die präzise Charakterisierung durch Jacob Burckhardt: »Im Mittelalter lagen die beiden Seiten des Bewußtseins – nach der Welt hin und nach dem Innern des Menschen selbst – wie unter einem gemeinsamen Schleier träumend oder halbwach. Der Schleier war gewoben aus Glauben, Kindesbefangenheit und Wahn, durch ihn hindurchgesehen erschienen Welt und Geschichte wundersam gefärbt, der Mensch erkannte sich nur als Rasse, Volk, Partei, Kooperation, Familie oder sonst in irgendeiner Form des allgemeinen.«

Das Ende des Mittelalters war gekennzeichnet durch soziale Umstrukturierungen, durch einen völlig neuen Individualismus und durch Erschütterung der Glaubenssicherheit. Die herrschenden Kräfte, Adel und reiche Kaufleute, weiteten ihre Macht aus, und es zerfiel die relative Solidarität der mittelalterlichen Gesellschaft. Der feste Glaube eines unbedingten Gotteskindschaftverhältnisses lockerte sich. Das Individuum trat im Gefühl erweiterter Selbständigkeit und Freiheit hervor. Aber damit war zugleich eine große Unsicherheit verbunden. An die Stelle der festen Einordnung in lebenslängliche traditionelle Rollen trat die Konkurrenz mit anderen Individuen. Und gemeinsam stand man nicht mehr unter dem unbedingten Schutz des alles lenkenden Gottes.

Mit der Freiheit wuchs die Angst. Man mußte sich eine neue Orientierung suchen. Aber wie und wo? Einerseits gebar die Unruhe einen völlig neuartigen wissenschaftlichen Erkenntnisdrang, der vorher durch den Glauben an die offenbarte Wahrheit und die Zurückhaltung unbotmäßiger Neugier eingeschränkt war. Andererseits belebte die Angst die Regression zu magischen Vorstellungen und Riten. Die Alchimisten suchten nach dem Stein der Weisen, der alle bösen Geister bannen, vor Krankheiten schützen und die Herstellung von Gold ermöglichen sollte. Der Okkultismus florierte. Uralte Dämonenmythen und Zauberlehren wurden wieder aufgegriffen. Mit Beschwörungsritualen, Wundertränken und Zauberformeln versuchte man, sich vor Übeln aller Art, vor allem vor Krankheit und Tod zu bewahren.

Es gehört zu den archaischen Mustern, tiefer Angst dadurch zu entfliehen, daß man sich konkrete Objekte sucht, die es erlauben, die Stimmung diffuser Hilflosigkeit und Verzweiflung in gerichtete Furcht zu verwandeln. Vor Gegenständen der Furcht kann man flüchten, oder man kann sie bekämpfen. So blühte in jener Zeit der Teufels- und Hexenglauben auf. Von Naturkatastrophen und Seuchen verfolgt und immer mehr an der verläßlichen Barmherzigkeit Gottes zweifelnd, machte man sich auf die Suche nach Feinden, die im Bunde mit dem Teufel solche Katastrophen und vieles andere Unheil anrichteten. Anfangs stemmte sich die Kirche gegen die Hexenverfolgung und verbot sie kurzerhand. Dann gab sie nach und gestattete eine jahrhundertelang währende Orgie von Schauprozessen der Inquisition und der Ermordung von Hunderttausenden vermeintlicher Hexen. Seinen Höhepunkt fand dieser mörderische Wahn im 14. und 15. Jahrhundert nach der verheerendsten der Pestepidemien, die in der Mitte des 14. Jahrhunderts in Europa rund 25 Millionen Opfer gefordert hatte.

Der Projektion auf Teufel und Hexen in der Außenwelt entsprach in der Innenwelt die Furcht vor dem Jüngsten Gericht. Ab dem 14. Jahrhundert vermehrten sich an Kirchenwänden und auf Altarbildern die Darstellungen des Jüngsten Gerichts mit besonderer Hervorhebung der Verdammten und der Höllenfahrt. Die Todesangst wurde, psychoanalytisch ausgedrückt, mit Hilfe der Höllenfurcht abgewehrt. Nicht zu sterben – die Tatsache an sich – war schlimm, sondern in die Verdammnis zu stürzen. Hatte der Kirchenvater Augustin einst gelehrt, es sei einzig eine göttliche Vorherbestimmung, wer dem Reich des Lichts und der Gnade zugeführt und wer der gnadenlosen Finsternis verfallen werde, so stellte die Kirche jetzt in Aussicht, daß der einzelne selbst für sein Seelenheil durch Abkehr vom Bösen, durch Bekennen und Buße sorgen könne.

Es gab nunmehr also einen *guten* und einen *bösen Tod*. Der einzelne hatte es bedingt in der Hand, sich auf den einen oder den anderen vorzubereiten. Umstritten blieb, ob für die Zuweisung zu Himmel oder Hölle der gesamte Lebenslauf gewertet werden oder ob die Entscheidung erst am Lebensende fallen würde. Schließlich setzte sich überwiegend die Auffassung durch, daß sich die Klärung erst am Sterbebett offenbaren werde: »Beim Sterbenden selbst liegt die Macht, in diesem Augenblick alles zu gewinnen oder alles zu verlieren.« Alles »hängt vom Ausgang der letzten Prüfung ab, die der Sterbende in hora mortis ablegen muß, im Zimmer, in dem er die Seele aushaucht. Seine Sache ist es, mit Hilfe seines Schutzengels und seiner Fürsprecher zu siegen – und er wird den Frieden haben – oder den Einflüsterungen der Teufel nachzugeben – und er wird verloren sein.« (Ariès)

Gegen die Furcht, an dieser Aufgabe zu versagen, hatte der Todkranke also aktiv anzugehen. So erklärt sich der lang anhaltende Brauch, den Sterbenden mit spezieller Sterbehilfeliteratur auszurüsten. Diese gab es im 17. und 18. Jahrhundert in reicher Auswahl. Aus einer Liste von 44 Titeln nenne ich nur einige: M. Lilienthal: »Nützlicher Zeitvertreib auf dem Kranken- und Sterbebette« (1768), J. H. Feustking: »Heilige Sterbenslust, oder Übung des wahren Christentums aus Betrachtung der Sterblichkeit« (1719), J. G. V. Forstmann: »Die Gestalt einer Seele, die des Todes spotten kann« (1724), E. Finen: »Heilsame Seelenarznei auf dem Kranken- und Sterbebette« (1711), G. F. Märken: »Hochtröstliche Todesgedanken und Betrachtungen« (1691), E. J. Lütken: »Hochnötige Sterbekunst« (1741), J. G. Mauschen: »Die Kunst großmütig und selig zu sterben« (1735).

Selbst Verbrechern und Mördern gab man die Chance, sich noch unmittelbar vor ihrer Hinrichtung durch Bekennen und Reue ein seliges Sterben zu erkämpfen, was man mit Vorliebe der auf dem Richtplatz versammelten Gemeinde ausführlich beschrieb. So geschah es etwa am 12. Dezember 1835 in Aichach in der öffentlichen Rede des Kuratbenefiziats Dr. Anton Lechner, die er der soeben hingerichteten Kreszentia Lechner widmete;

mit Unterstützung ihres Sohnes hatte die Delinquentin die Klosterschwester Agathe ermordet und beraubt.

»Kreszenz hat, wie wir es zuversichtlich glauben, in der Buße und im Glauben an die Gnade und Barmherzigkeit Jesu ihr Heil gefunden. Sie verabscheute ihre Sünden von ganzem Herzen, sie beichtete dieselben ohne Rückhalt... und seht, wer bekennt und eingesteht, dem ist Gott gnädig und barmherzig... Sie fing an, den Schwertstreich des Scharfrichters für eine Gnade zu betrachten, die sie nicht verdiente. Sie fing an, den Tod für ihren freundlichen Führer zum ewigen Leben zu betrachten. Oh, wie ergriff es ihr Herz, wenn wir ihr sagten: sie würde nun von uns hingeführt zur Pforte des Himmels, und während ihr selbst die Tore aufgetan würden, blieben sie uns verschlossen, wir müßten zurück, um noch länger in diesem Tal der Tränen zu pilgern... Ach, sie konnte es nicht begreifen, wie sie, die ein so unwürdiges Geschöpf wäre, vor allen anderen Menschen so hoch begnadigt würde... Gott gebe es, daß wir alle mit ihr einst im Himmel zusammenkommen.«

In solcher Form war eine verklärende Umdeutung des Todes und selbst der Todesstrafe zu dieser Zeit nur noch in einigen sehr konservativen katholischen Gegenden möglich. Das Versprechen des Überganges in ein seliges himmlisches Fortleben, Inhalt der vielen Trostbücher, verlor an Zugkraft. Dafür klammerte sich die Romantik immerhin noch eine Weile an das Bild des »*schönen Todes*« (Ariès), des sanften, schmerzlosen Einschlafens. Der Gedanke an das Danach wurde verdrängt. Nicht wohin der Tod führte, sondern wovon er befreite, trat in den Vordergrund: Man betonte die Erlösung von den Bedrängnissen und Mißhelligkeiten des Lebens, vergegenwärtigte sich alle Leiden, die Hamlet als Gründe, sich den Tod zu wünschen, aufgezählt hatte. Und eifrig las man die Beschreibung von Beobachtungen, daß vor allem junge Menschen in einem Zustand von hoffnungsvoller Erwartung oder zumindest friedlicher Gefaßtheit verschieden waren. Von »*süßer Todessehnsucht*« war die Rede, von einem mit Liebe und Poesie gemischten Tod, der zu Unrecht zu einem

Schreckbild voll Qual und Häßlichkeit entstellt worden sei. Man traf sich am Sterbebett in der Hoffnung, an einem würdevollen, friedlichen Ereignis teilzunehmen. Befreit vom Bösen und der Drohung der Hölle bedurfte der Tod scheinbar nicht mehr des Trostes, sondern wurde selbst zum Trost:

> C'est la mort qui console hélas! et qui fait vivre;
> C'est le but de vie et c'est le seul espoir
> Qui, comme un élixir, nous montre et nous envivre
> Et nous donne le cœur de marcher jusqu' au soir.
> Charles Baudelaire

> (Es ist der Tod, der tröstet, der uns lebendig macht;
> Er ist das Ziel des Lebens und die einzige Hoffnung,
> die, einem Elixier gleich, uns stimuliert
> und uns ermutigt, bis zum Abend fortzuschreiten.)

Indessen erwies sich diese romantische Idee vom schönen, tröstlichen Tod als nur sehr begrenzt tauglich, die verstärkt aufkommende Angst niederzuhalten. Die neue Hoffnung richtete sich darauf, den Tod so lange als möglich hinauszuschieben, das heißt, so alt wie möglich zu werden. In einem Brief an den Arzt Hufeland schrieb Immanuel Kant: Das Alter wolle als etwas Verdienstliches angesehen werden, »bloß weil, wenn nur keine Schande dasselbe befleckt hat, der Mann, welcher sich so lange erhalten hat, d. i. der Sterblichkeit, als dem demütigendsten Ausspruch, der über ein vernünftiges Wesen nur gefällt werden kann (›du bist Erde und sollst zur Erde werden‹), so lange hat ausweichen und gleichsam der Unsterblichkeit hat abgewinnen können, weil, sage ich, ein solcher Mann sich so lange lebend erhalten und zum Beispiel aufgestellt hat.«

Hufeland, »der Arzneikunst ordentlicher Lehrer in Jena«, hatte 1796 sein enormes Aufsehen erregendes Werk »Die Kunst, das menschliche Leben zu verlängern« veröffentlicht. Damit traf er genau den Geist der anbrechenden Zeit. Die Leute wollten nicht mehr lesen, wie man sich auf das Sterben vorbereiten, sondern wie man den Tod vermeiden könne. Kein Wunder, daß dieses Buch bis heute immer wieder aufgelegt wird. Sein Titel ist so aktuell wie je. Es findet sogar wieder vermehrt Leser, die von den Anweisungen der älteren Medizin dort Lösungen erhoffen, wo die moderne Naturwissenschaft immer noch im dunkeln tappt. Hufeland lehrte, »daß fast alle vor dem hundertsten Jahre erfolgenden Todesarten künstlich, d. h. durch Krankheiten oder Zufälle hervorgebracht sind. Und es ist gewiss, daß bei weitem der größte Teil des Menschengeschlechts eines unnatürlichen Todes stirbt.« Seine Verheißung: »Die menschliche Organisation und Lebenskraft sind im Stande, eine Dauer und Wirksamkeit von 200 Jahren auszuhalten. Die Fähigkeit, so lange zu existieren, liegt in der menschlichen Natur, absolute genommen.«

Da seinerzeit nur sechs von einhundert über sechzig Jahre alt wurden, wie er angab, erweckte sein Buch begreiflicherweise phantastische Hoffnungen. Seine Ratschläge gründeten sich auf die These, daß der Mensch über einen bestimmten Vorrat an Lebenskraft verfüge, die er schneller oder langsamer aufbrauchen könne. Eine möglichst langsame »Konsumtion« müsse das Ziel sein: »Derjenige, der in einem Tage noch einmal so viel Lebenskraft verzehrt als ein anderer, wird auch in halb so viel Zeit mit seinem Vorrat an Lebenskraft fertig sein . . .«

Man sieht: Hufeland markiert eine allmähliche Wandlung einer christlich-moralischen in eine biologische Einschüchterung. Leidenschaft in jeder Form erklärte er als lebensverkürzend, sorgsame Triebkontrolle wurde bei ihm zu einer diätetischen Tugend. Bereits von starken Aufregungen und großen Anstrengungen meinte er, sie würden vorzeitiges Sterben begünstigen. Besonders in hohem Alter sollten Schonung, viel Ruhe und langer Schlaf Lebensenergien einsparen helfen.

Für Generationen wurden diese Rezepte zu einer überzeugenden Maxime, aber nicht für einen bedeutenden Zeitgenossen: Immanuel Kant protestierte heftig. Es sei schon wunderlich, sich ein langes Leben zu wünschen, um es größtenteils zu verschlafen.

Und er fügte hinzu: »Im Alter sich zu pflegen oder pflegen zu lassen, bloß um seine Kräfte, durch die Vermeidung der Ungemächlichkeit oder überhaupt die Übertragung der Arbeit an andere, die man selbst verrichten könnte, zu schonen, so aber das Leben zu verlängern, diese Sorgfalt bewirkt gerade das Widerspiel, nämlich das frühe Altwerden und Verkürzung des Lebens.« – Übrigens wurde Kant 80, Hufeland nur 74 Jahre alt.

Für den Umgang mit Todesangst hielt Hufeland eine Art verhaltenstherapeutische Empfehlung bereit: »Man mache sich mit dem Gedanken an den Tod recht bekannt. Nur der ist in meinen Augen glücklich, der diesem unentfliehbaren Feinde so oft recht nahe und beherzt in die Augen gesehen hat, daß er ihm durch lange Gewohnheit endlich gleichgültig wird ... Wer den Tod nicht mehr fürchtet, der allein ist frei ...« Romantische Verharmlosungstendenzen dürften mitschwingen, wenn Hufeland die Vorstellung von qualvoller Todesnot als »völlig unbegründet« zurückweist. »Man lasse sich nicht durch die Zuckungen, das Röcheln, die scheinbare Todesangst irre machen, die man bei manchen Sterbenden sieht. Diese Zufälle sind nur ängstlich für den Zuschauer, nicht für den Sterbenden, der davon nichts empfindet. Es wäre eben so, als wenn man aus den fürchterlichen Zuckungen eines Epileptischen auf seine inneren Gefühle schließen wollte.«

Das Neue ist: Der Tod wird *Feind* genannt. Man kann sich nur durch Gewöhnung und antrainierte Gleichgültigkeit vor der Angst schützen, nicht länger durch Erlösungshoffnungen. Zugleich steigt das Bild des *häßlichen Todes* mit Zuckungen und Röcheln auf. In der Folge tritt dieser Aspekt immer schärfer hervor: die Widerwärtigkeit, das Abstoßende des Sterbevorganges. Der Tod »wird unschicklich, wie die biologischen Vorgänge im Menschen, wie die Ausscheidungen seines Körpers. Es ist unanständig, ihn vor der Öffentlichkeit auszubreiten. Man erträgt es nicht mehr, daß jeder Beliebige in ein Zimmer eintreten kann, das nach Urin, Schweiß, Wundbrand oder schmutzigen Bettlaken riecht ... Ein neues Bild des Todes ist im Entstehen begriffen: der gemeine und heimliche Tod, heimlich deshalb, weil er gemein und schmutzig ist.« (Ariès)

Das Sterben wird ein Problem der Entsorgung. Und diese beginnt mit der Verbringung des Sterbenskranken in das Krankenhaus als »Zwischenlager«. Dort soll er »Ruhe« haben – die in Wahrheit oft eher diejenigen suchen, die ihn dorthin schaffen. Dort ist für den Sterbenden Hygiene garantiert – unter sauberen Kitteln, weißen Kacheln und peinlicher Desinfektion. Das Sterben wird von den Emotionen befreit, so wie überall Entemotionalisierung, Versachlichung, nüchterne Vernünftigkeit erstrebt werden. Dafür wird der Kranke bis zuletzt perfekt mit Chemie und Technik versorgt und überwacht. Neuerdings wird sein Ende nicht mehr improvisatorisch vom Gesicht und den Pupillen, sondern wissenschaftlich exakt von Geräten abgelesen.

Mit der Medizinalisierung des Todes im 19. Jahrhundert ist seine ganzheitliche psychosomatische Auffassung untergegangen. Die Sterbephase, zuvor die große christliche Prüfung der Seele, Ringen zwischen Verzweiflung und Heilshoffnung, schmerzliches und erhebendes Abschiednehmen, wird zu einem einsamen Endkampf zwischen den Waffen der Medizin und tödlichen Viren, malignen Krebszellen oder verstopfenden Blutpfröpfen. Das Sterben selbst ist längst nicht mehr ein bewegendes, erhebendes Ereignis innerhalb der Gemeinschaft. Heimlich hält der Sargwagen am Hintereingang. Auch im Krankenhaus soll der Tod ein Zufall sein, nichts Normales, mit dem alle rechnen müssen. »Man stirbt versteckt, behelligt die Lebenden nicht.« (P. Härtling)

Eine achtzigjährige sterbenskranke Kollegin, mir aus der Ärzte-Friedensbewegung gut bekannt, schrieb mir aus einem süddeutschen Krankenhaus einen verzweifelten Brief: Sie liege dort mit hochgradiger Herzschwäche und Lungenstauung. Es seien sicherlich ihre letzten Lebenswochen. Mit Hilfe der Bücher von E. Kübler-Ross habe sie sich auf ihr Sterben vorbereitet. Aber jetzt fühle sie sich in der Klinik vollkommen unglücklich und verlassen:

»Nicht ein Zimmer gibt es hier, wo ich mich mit dem Pastor über meine Beerdigung unterhalten könnte. Aber die Chefärzte auf gleicher Etage mit zwei Vorzimmern und Riesen-Arbeitszimmern – diese Zimmer sind oft unbenutzt ... Ich habe versucht, mich in meiner Ohnmacht zu wehren – und bin natürlich in die Aura einer Querulierenden geraten, vermute ich. Meiner Mitpatientin mit Krebs geht es ebenso.« Sie fügte die Bitte an mich an, bei ihrem Oberarzt ein Wort für sie einzulegen.

Natürlich bin ich ihrer Bitte gern nachgekommen. Kurze Zeit später war sie tot. Diese tapfere alte Frau hatte sich noch zu wehren versucht. Aber wie viele können das?

4. Kapitel

Todesverdrängung und Generationenkonflikt

> Niemand will wissen, was ihm im Alter bevorsteht. Wir sehen es zwar aus nächster Nähe täglich, aber um uns selbst zu schonen, machen wir aus dem Altern ein Tabu: der Gezeichnete selber soll verschweigen, wie widerlich das Alter ist.
>
> Max Frisch

Die »Ausbürgerung« des Todes geschieht aus verdeckter Angst. Diese sorgt u. a. auch dafür, daß die Generationen immer mehr miteinander zerfallen. Letztlich läßt die Flucht vor dieser Angst nur noch die Lebensphase auf dem Gipfel von Stärke, Fitneß, Potenz, Leistung und Konsum als wertvoll erscheinen. Es gilt, diesen Aufstieg schnell zu schaffen und sich so lange als möglich oben zu behaupten. Wer sich dabei schwertut, sieht sich heute gern als Opfer der Eltern, die ihm den Weg nicht genügend gebahnt haben. Und schon stehen die Eltern – im Alter – wieder im Wege, mit ihren Ansprüchen, schließlich als fürsorgebedürftige Gebrechliche, die das Selbstverwirklichungsglück der Jüngeren behindern und obendrein die Verdrängung des Endes stören.

Heute wird die alte Generation praktisch schon mit der Berentung begraben. Von diesem Zeitpunkt an sind die Alten bereits »Grufties«, »out«, »weg vom Fenster«. Sie »bringen« ja nichts mehr für die amtierende Leistungsgesellschaft. Die Zeit verbindet die Generationen nicht länger, sondern trennt sie. Es ist, als lasse der Fortschritt keine die Generationen verbindende Solidarität mehr zu. So wie die neuen Produkte der technischen Revolution die alten schnell wertlos machen, so geschieht es mit ihren Erzeugern. Wo der technische Fortschritt stagniert – etwa wie in den vergangenen Jahrzehnten im deutschen Osten –, erscheinen *alle* Menschen als stehengeblieben, während bei blühendem Fortschritt die Jungen nur die *Alten* überholend stehenlassen.

Fortschritt heißt jedenfalls, daß jede neue Generation die alte besiegt; je rascher sie das tut, um so steiler geht es aufwärts.

Die jüngere Generation benimmt sich wie eine Expedition, die eiligst einen Berg erklimmen will – oder erklimmen zu müssen glaubt – und wohl oder übel ihre Vorräte mit den zurückbleibenden, nutzlos gewordenen Älteren zu teilen hat. Dabei besinnt sie sich weniger auf die von den Älteren genossene Hilfe in der Frühphase ihres Aufstiegs, statt dessen um so kritischer auf deren Fehler und Belästigungen und schließlich zusätzlich auf deren materielle und psychische Ansprüche in der Phase der Gebrechlichkeit und des Sterbens. Natürlich heißt es, sich von diesen Ansprüchen nicht unterkriegen zu lassen, um sich in dem legitimen Recht der vollen narzißtischen Selbstentfaltung nicht über Gebühr einschränken zu lassen. Dieser heimliche Trotz zählt ebenfalls zu den maßgeblichen Triebkräften der Todesausbürgerung.

Die Jüngeren verstehen es, ihre egoistische Rücksichtslosigkeit durch tausend wissenschaftliche Beweise zu rationalisieren, wonach nicht sie ihren Eltern etwas schuldig seien, sondern sich umgekehrt für alle Zeit als deren Gläubiger fühlen dürfen. Man kann sich da auf Berge einer psychologischen Literatur berufen, die in den letzten zwanzig Jahren gesammelt, geordnet und beschrieben hat, was sich die Eltern – vor allem die Mütter – an sträflichen Versäumnissen und Behinderungen in der Erziehung geleistet haben, die man ihnen als unbeglichene Rechnungen lebenslänglich zu präsentieren berechtigt sei. Wo immer man sich unwohl, geängstigt, unsicher und erfolglos fühlt, soviel weiß man neuerdings, daß die Eltern daran schuld sind. Sie hätten zärtlicher, nachsichtiger, weniger grob sein müssen, hätten Bruder oder Schwester nicht bevorzugen, sich nicht scheiden lassen und vor allem nicht so viele Schuldgefühle machen dürfen. Massen von Vierzigjährigen und noch Älteren beharren hartnäckig darauf, daß ihre Eltern ihnen einst vorenthaltene Befriedigungen nachliefern und sie für Frustrationen aus der Kindheitsphase entschädigen müßten, bevor diese eine Versöhnung verdienen.

Wie es seit den siebziger Jahren in zahlreichen Ländern dazu gekommen ist, daß die Jüngeren sich geradezu systematisch um die Rechtfertigung eines solchen Opferbewußtseins bemüht haben, ist auch noch nicht annähernd erforscht. Man kann nur sehen, daß diese Entwicklung mit der Steigerung egozentrischer Ellbogenmentalität einhergegangen ist. Und zu dieser paßt natürlich die Befreiung von Skrupeln nur zu gut. Man fühlt sich heute, wenn überhaupt, nur noch schuldig, weil einem früher Schuldgefühle gemacht worden sind. Man kann schwer lieben, weil man selber nicht geliebt worden ist. Böse ist man nur in aller Unschuld als Folge der Bestrafungen, die einem ungerecht zugefügt worden sind. Angst hat man, weil man zu streng oder zu verwöhnend erzogen worden ist. In Psychotherapien erhoffen viele vor allem eine Entlastung von Selbstzweifeln durch archäologische Rekonstruktion eines elterlichen Sündenregisters.

Als Autor, der einst selber zur Bereicherung derjenigen Literatur beigetragen hat, auf die sich die Generation der Elternopfer gern beruft, ist mir die hier beschriebene Einstellung nur zu vertraut, zumal sie mich ursprünglich selbst beherrschte, als ich Familienstrukturen zu erforschen und zu beschreiben begann. Ich habe die große Erleichterung verspürt, eigene Mängel als von außen aufgebürdete Last durchschauen und mich fortan weniger schuldig fühlen zu können. Das funktionierte bis zu der Zeit, als ich bei mir und meinen Freunden bemerkte, wie schwierig es für uns als Eltern war, unseren eigenen Kindern bessere Hilfen zu geben, als wir sie empfangen hatten. Statt dessen entdeckten wir, daß auch wir auf dem Weg waren, ungelöste innere Probleme unbewußt an unseren Kindern abzureagieren, so wie es einst eben auch unseren Eltern ergangen war. Sich dieser Schwäche zu überführen ist nicht angenehm, aber diese selbstkritische Auseinandersetzung kann den Weg zur Versöhnung bereiten.

Der Zeitgeist ist dieser Versöhnung jedoch offensichtlich nicht gerade förderlich. Was immer das Selbstwertgefühl belastet, gilt psychohygienisch als ungesund. Auf Durchsetzungsfähigkeit kommt es an, und diese soll dann auch gegenüber der Generation der Alten nicht haltmachen, deren Erziehungsfehler man ohnehin ungerechterweise – so scheint es – als Hypothek auf immer und ewig mit sich schleppen muß.

Die Kompliziertheiten der heutigen Generationenbeziehung wären ein Thema für sich. Ein Merkmal tritt indessen klar hervor: So früh und radikal sich die Jüngeren neuerdings vielfach aus der Welt der Älteren lösen, so verharren sie andererseits sehr oft auf dem fordernden Status unzufriedener Kinder, die noch von alten Eltern ein Mehrfaches an Rücksicht, Verständnis und Einfühlung erwarten, als sie selber geben. Und da werden schließlich sogar Gebrechlichkeit und Sterben wie eine unziemliche Forderung der Alten erlebt. Eigene Lieblosigkeit wird als legitime Selbstbehauptung empfunden. Deshalb ist es eben nicht nur die Angst vor der Widerspiegelung eigener Zerbrechlichkeit, die an der mitfühlenden Begleitung des Sterbens oft hindert, sondern zugleich eine trotzige pubertäre Verweigerung.

5. Kapitel

DISKRIMINIERUNG DES LEIDENS

Wenn man sich den Tod nur als etwas vorstellt, was angetan, was gemacht wird, kann man Angst in Haß verwandeln und diesen im Kampf gegen die Verursacher ausleben. Die fanatische Ideologisierung dieses Kampfes spiegelt das Ausmaß der verdrängten Angst wider. Überall wird das todbringende Böse gesucht und verfolgt: Infektionen, Gifte, maligne Gene, bösartig wuchernde Zellen, schädliche Lebensweisen. Die muntere Okay-Gesellschaft ist also beileibe nicht so locker unbeschwert, wie sie sich gibt. Im Hintergrund lauert ihr Mißtrauen mit der Bereitschaft zu regelrechten Verfolgungsvorstellungen (s. 20., 21. und 22. Kapitel). Zunehmend macht sie Front gegen diejenigen ihrer Mitglieder, die sich nicht an die offiziellen Gesundheitsvorschriften halten: Übergewichtige, Raucher, erst recht Aids-Risikogruppen. Wer freiwillig Krankheit und Sterben produziert, verursacht enorme Kosten und fällt einer Gesellschaft in den Rücken, deren Fortschrittsfeldzug zum Sieg über Leiden und Tod führen soll. Schon fühlen sich auch Mütter mißachtet, die behinderte Kinder zur Welt bringen. Ob sie sich wohl in der Schwangerschaft nicht haben hinreichend untersuchen lassen? Hätten sie nicht das Unheil verhüten können und müssen?

Jahr für Jahr steigt die Möglichkeit, kindliche Gendefekte bereits während der Schwangerschaft zu ermitteln. Sicher voraussehbar ist, daß man demnächst die Anlage für zahlreiche auch erst in späteren Lebensabschnitten ausbrechende Erbkrankheiten schon im Mutterleib feststellen können wird. Da und dort hört man, dieser großartige Fortschritt nötige zu einem weltweiten Feldzug zur Ausmerzung der erblichen Krankheiten. Mütter, die es später noch auf sich nähmen, der Gesellschaft Kinder mit krankhaften Genen zuzumuten, müßten als verantwortungslos gelten oder gar strafrechtlich wegen gewissenloser Fahrlässigkeit belangt werden. Aus Amerika werden erste Fälle bekannt, in denen Versicherungen Eltern nach der Geburt eines erbkranken Kindes ankündigen, sie würden bei einem weiteren Kind die Kosten nicht mehr übernehmen, sollte bei diesem die gleiche Krankheit ausbrechen. Auch US-Behörden haben in Einzelfällen schon Bewerber bei Stellengesuchen mit positivem Gentest abgelehnt. So ist die Befürchtung nicht mehr unrealistisch, daß durch die Gentechnik eine neue gesellschaftliche Randgruppe entsteht: erwiesene oder vermutete Träger schädlicher Gene. Wird die Wirtschaft sie noch einstellen? Und was werden sich die Versicherungen noch einfallen lassen, um kostspieliges unerwünschtes Leben zu verhindern?

Zwar stehen wir erst am Beginn dieser Möglichkeiten. Und es fehlt nicht an warnenden Stimmen. Dennoch rüsten sich die Verfechter einer Ausmerzungsideologie bereits vernehmlich zur Offensive – trotz der noch frischen Erinnerungen an den Nazi-Krieg gegen sogenanntes unwertes Leben. Es handelt sich um eine Denkform, die bereits Ende des 19. Jahrhunderts aufgekommen war und geradezu notwendigerweise in einer Gesellschaft fortlebt, die ihren Heilsglauben auf die fortschreitende kämpferische Zurückdrängung von Krankheit, Leiden, Behinderung und Tod ausgerichtet hat. Jede neue Waffe, die der Fortschritt in diesem Feldzug entdeckt oder erfindet, verlangt automatisch nach Anwendung – und wer wollte leugnen, daß die Errungenschaften der Gentechnik einen großen Sprung nach vorn in der Waffenentwicklung bedeuten?

Nach und nach tauchen jetzt ähnliche Argumente auf, wie sie um die Jahrhundertwende Psychiater, Anthropologen und Juristen hervorbrachten: Sei es nicht das vornehmste humane Ziel, die Menschheit von verhinderbarem Leid und Elend zu befreien? Sollte man etwa die Chance auslassen, Hunderttausenden eigenes quälendes Siechtum, den Angehörigen einen unzumutbaren Pflegeaufwand und schließlich den Volkswirtschaften horrende Kosten zu ersparen? Wäre es nicht geradezu unverantwortlich, die nunmehr ermöglichte »sanfte Eugenik« zu verwerfen, die mit den Nazi-Brutalitäten doch nichts mehr zu tun habe?

Das materielle Argument wird meist etwas verschämt nur an letzter Stelle genannt. Vorrangig betont wird das karitative Motiv. Würde dies aber durchschlagen, müßte es sich doch zunächst in der praktischen Hilfe für diejenigen bewähren, die zur Zeit noch mit solchen Leiden behaftet sind, an deren Wegzüchtung gedacht wird. Unter uns leben z. B. Tausende von jüngeren und älteren Menschen mit chronischen organischen Krankheiten des Nervensystems, die auf einem Gendefekt beruhen. Wer als Arzt – wie der Verfasser – auf diesem Gebiet tätig ist, muß indessen feststellen, daß es um die Versorgung dieser Gruppe äußerst schlecht bestellt ist. Die gesellschaftlichen Unterstützungsangebote für die chronisch Kranken und ihre pflegenden Angehörigen sind kümmerlich, die Zustände in den betreuenden Anstalten und Heimen oft skandalös, so daß man schon von organisierter Lieblosigkeit sprechen muß. Nicht die Patienten, deren krankhafte Erbanlage sich vielleicht erst in den dreißiger, vierziger, fünfziger Jahren bemerkbar gemacht hat, bezweifeln den Wert ihres Lebens – zumeist im Einklang mit den Angehörigen, die in der noch so aufwendigen Fürsorge für sich immer auch wertvolle Erfahrungen gemacht haben. Sondern die Befürworter des Wegzüchtens sind es, die hier nur noch ein Übel sehen, das eliminiert werden soll. Sie stellen sich als Anwälte der jetzigen oder künftigen Leidenden und ihrer Familien dar und erleben sich vielfach auch als reine Wohltäter. Zugleich ahnen sie indessen, daß sie sich zu Sprechern einer weitverbreiteten Stimmung machen. Denn in der Tat formulieren sie nur eine der Medizin und der Humangenetik aufgebürdete gesellschaftliche Grundtendenz: Leiden und unheilbare Gebrechlichkeit nicht als zum Leben wesensmäßig gehörig hinzunehmen, also auch keine natürlichen Grenzen ihrer Verhütbarkeit und Heilbarkeit zu akzeptieren, sondern sie unbeschränkt als Übel zu bekriegen und zu besiegen. Ist das Übel nicht in den Trägern unschädlich zu machen, dann werden diese selbst zur Bedrohung und müssen sich dafür genieren; oder sie müssen in noch schlimmerer Weise dafür büßen, daß sie der Okay-Gesellschaft ihre größenwahnsinnige Selbsttäuschung provozierend vorhalten.

Häufiger werden in letzter Zeit Patiententötungen durch Pflegepersonal in psychiatrischen Anstalten, Heimen und medizinischen Kliniken bekannt. Man rechnet mit einer größeren Zahl anderer Fälle, die unentdeckt bleiben. Zur eigenen Erleichterung pflegt die Öffentlichkeit darauf zu hoffen, daß bei den Täterinnen oder Tätern niedere Beweggründe, insbesondere sadistische Neigungen enthüllt werden. Solche Befunde persönlicher krimineller Energien erleichtern die Ablenkung von der Frage, ob die Schuldsuche nicht wesentlich erweitert werden müßte. Hat man sich genügend darum gekümmert, ob die betreffenden Personen für solche schweren Pflegeaufgaben menschlich geeignet waren? Hat man sie genügend betreut und überwacht oder sie nicht vielmehr in ihrer Tätigkeit weitgehend allein gelassen und mit Verantwortung überfordert? Hatten sie wirklich eine hinreichende Stütze bei den vorgesetzten Ärzten? Und liegt nicht allein schon in der personellen Unterversorgung vieler Einrichtungen für chronisch Kranke, Schwerbehinderte und gebrechliche Alte eine begünstigende Bedingung für menschliches Versagen im einen oder anderen Fall? Verweist der Mangel an qualifizierten Pflegekräften nicht schließlich auf eine Gesundheitspolitik, die speziell in den Pflegeeinrichtungen für Gebrechliche ein Klima der Resignation, aber auch der Verbitterung schafft? Läßt man das dort überforderte, weitgehend sich selbst überlassene Personal nicht fühlen, daß es für die Gesellschaft keine ernstlich wertvolle Aufgabe, eher eine Verdrängungshilfe leisten soll? Und ist dies nicht ein Nährboden für Resignation, Verbitterung, am Ende auch für Destruktivität?

Unlängst hat ein deutsches Gericht einer Krankenschwester, die in einer Klinik mehrere Patienten getötet hatte, einen strafmildernden Umstand angerechnet. Die Schwester konnte als Motiv glaubhaft machen, daß sie das Leiden einzelner Schwerkranker nicht mehr »mit ansehen« konnte. Die Strafmilderung ist ohne weiteres nachvollziehbar, keinesfalls allerdings deren psychologische Erläuterung. Da hielt man nämlich der Täterin zugute, sie sei durch *Mitleid* zu ihrem kriminellen Handeln bewogen worden. Dies war beileibe keine sprachliche Fehlleistung, sondern Ausdruck einer bereits sogar in psychiatrischen Fachkreisen üblich gewordenen Bedeutungsverdrehung des Mitleidbegriffs. Mitleid ein Tötungsmotiv?

Selbstverständlich kann *niemand* aus Mitleid töten. Denn Mitleid bedeutet nichts anderes, als im Mit-Leiden das Leiden des anderen mit zu tragen. Man nimmt mitfühlend Anteil, nimmt damit einen Teil des fremden Leidens auf sich.

Was aber geschieht in einer Täterin, die tötet, weil sie die Qual eines Patienten nicht länger innerlich mit tragen kann? Sie handelt gerade *nicht* aus Mitleid, sondern weil sie diesem nicht gewachsen ist. Die Angst, mitfühlend in einen unerträglichen Zustand hinabgezogen zu werden, schlägt um in den *destruktiven Impuls*. Die Rechtfertigung lautet dann, man habe den – ahnungslosen – Leidenden doch nur von seiner Qual erlösen wollen. In Wirklichkeit ist das eine projektive Rationalisierung: Man wollte sich selbst von dem bedrückenden Anblick erlösen.

Mancher mag denken, das sei ein Streit um Worte. Aber es geht um weit mehr. Niemals zuvor in der abendländischen Geschichte ist das Sterben so *mitleidlos* ausgegrenzt worden wie heute. Die Ausbürgerung des Todes, wie sie Ariès nennt, geschieht allerdings nicht aus Sadismus, auch nicht vorwiegend aus egoistischen Bequemlichkeitswünschen, sondern zuallererst aus einer tiefen, unbewältigten *Angst*. Unbewußt verleugnet man den Tod als unumgängliches Schicksal – und tröstet sich mit den täglichen Meldungen über zufällige Todesarten durch spezielle Krankheiten, Unfälle, Katastrophen, Morde, als widerlegten diese die kreatürliche Sterblichkeit. Um so schwerer fällt es, natürliches Sterben in der Nähe zu begleiten – eine der anspruchsvollsten menschlichen Aufgaben, der nur eine Minderheit gewachsen ist, die den Gedanken an den eigenen Tod zu ertragen gelernt hat. Wer dies nicht gelernt hat – heute die Mehrheit –, will sich möglichst der Bedrohung seiner Verdrängung nicht aussetzen, will möglichst nicht sehen, worauf auch das eigene Leben irgendwann zusteuert.

Es ist die Angst, die wahres Mitleid *verweigern* läßt. Aber dies bringt in Konflikt mit dem Bedürfnis nach moralischer Selbstachtung. Soziale Rücksichtnahme, Hilfsbereitschaft, Solidarität sind entscheidende Stützen des allgemeinen Selbstwertbewußtseins. Also drängt sich die Versuchung auf, die Mitleidsunfähigkeit rationalisierend umzudeuten. Kann man sagen, daß Mitleid eher gefährlich sei, daß es gar die Quelle von Tötungsimpulsen zu werden vermöge, erscheint die heute weitverbreitete Gefühlsverhärtung moralisch rehabilitiert: Dann wäre es ja geradezu geboten, sich vor Mitleid zu schützen, denn wie leicht könne es angeblich den Kopf verwirren und sogar schlimmeres Unheil anrichten.*

Durch den Prozeß gegen jene schuldig gewordene Schwester hatte die Öffentlichkeit einen Augenblick lang die Möglichkeit, eigenes Versagen zu bedenken, nämlich die Auslieferung gebrechlicher alter Menschen an vernachlässigte Institutionen, an physisch und vor allem psychologisch völlig überforderte Helferinnen und Helfer. Warum läßt man es aber zu, daß die so eminent wichtige humanitäre Aufgabe, Sterbende mit Sorgfalt einfühlsam zu begleiten, infolge unzumutbarer Bedingungen vielfach nicht erfüllt werden kann? Muß nicht die Antwort lauten: Weil die Gesellschaft gar nicht genauer hinsieht, was hier

---

* Dieser Fehlinterpretation leistet bedauerlicherweise K. Dörners Buch »Tödliches Mitleid«, Gütersloh (van Hoddis) 1988, Vorschub.

geschieht? Und warum sieht sie nicht genauer hin? Aus zufälliger Unachtsamkeit wohl kaum. Es ist vielmehr eindeutig ein *systematisches* Wegsehen, was nur damit erklärt werden kann, daß man nicht daran denken will, demnächst selbst Opfer dieses Mißstandes werden zu können.

Die gemeinsame Verdrängung besorgt die Abschiebung der alten Hilflosen in trostlose Verwahrungseinrichtungen mit der anscheinend dringendsten Auflage, das Elend vor allem *unsichtbar* zu machen. So ist neben den Randschichtgettos eine neue Art sozialer Brennpunkte entstanden, aus denen fast nur noch durch kriminelle Katastrophen Geräusche nach draußen dringen.

Daher könnte man fragen, ob jene Schwester in ihrer Verzweiflung nicht auf ähnliche Weise »nicht mit ansehen konnte«, was die Auftrag erteilende Gesellschaft nicht mit ansehen will – daß also ihre individuelle Gewalt nur die kriminelle Eskalation der untergründigen uneingestandenen Rücksichtslosigkeit der ausgrenzenden Gesellschaft darstellt.

6. Kapitel

Und wenn man dem Tabu nicht gehorcht?

Wird die Tatsache benannt, daß die westliche Wohlstandsgesellschaft es strukturell an gebührender Fürsorge speziell für die Schwachen, die Gebrechlichen und Sterbenskranken fehlen läßt, so rüttelt diese kritische Feststellung an dem gemeinsamen Selbstwertbewußtsein. Um dieses wirksam zu schützen, läßt man sich unter Umständen gar nicht genauer auf eine Prüfung der Behauptung und ihrer Begründung ein, sondern verwirft sie spontan. Als braves Mitglied der westlichen Wertegemeinschaft spendet man regelmäßig für Wohlfahrtsorganisationen, für vom Tod bedrohte Hungernde, für Opfer von Naturkatastrophen und läßt sich von vielerlei Not rühren. Man empfindet sich als selbstverständlichen Gegner von sozialer Rücksichtslosigkeit und Inhumanität schlechthin. Also wittert man schnell Ressentiment, Bosheit oder moralistischen Übereifer bei jedem, dessen Argumente dieses pauschale Selbstwertgefühl angreifen.

Bei genauerem Hinsehen könnte man aber erkennen, daß die Diagnose von der Ausbürgerung des Todes und von der kämpferischen Abwehr des Leidens nicht mit der Absicht von Bezichtigung verknüpft ist. Ist dieser gesellschaftliche Trend nämlich, wie hier unterstellt, Produkt eines *Verdrängungsprozesses*, dann gehört zur Vervollständigung des Bildes eben auch die Würdigung der verdrängten Kehrseite. Die Psychoanalyse glaubt wie stets an die Reversibilität von Verdrängung, also in diesem Fall an die grundsätzliche Aussöhnungsfähigkeit mit einem Bild vom Leben, das unvermeidbares Leiden und den schicksalhaften Tod einschließt. Der ganze Elan der Psychoanalyse stammt ja aus der Hoffnung und der vielfältigen Erfahrung, daß der Mensch einzeln und als Gemeinschaft weniger verdrängen muß, als er für sein Gleichgewicht nötig zu haben glaubt; und daß erweiterte Offenheit ihn zwar auch schmerz- und leidensempfänglicher, dafür aber innerlich erheblich freier und sozial in positivem Sinne handlungsfähiger macht.

Ich wage sogar zu behaupten, daß jene tötende Krankenschwester vermutlich nicht hätte schuldig werden müssen, hätte sie sich in einer psychotherapeutisch geleiteten Supervisionsgruppe mit ihrem inneren Konflikt offenbaren können. Wenn die Gutachter damit recht haben, daß diese Frau sogar mit einem besonders feinen Mitempfinden ausgestattet ist, so hätte man sie doch möglicherweise in ihrer Tragfähigkeit bestätigen und stärken können, um sie vor der Verdrängung und der gewaltträchtigen Gegenreaktion zu bewahren. Ihr hatte die Chance gefehlt, ihr Nicht-mehr-mit-ansehen-Können zu besprechen. Zumindest hätte die Supervision ihre Gefährdung ans Licht gebracht und die Empfehlung ergeben können, sie auf eine weniger belastende Station zu versetzen.

Immer wieder habe ich in Familien von unheilbar Kranken erlebt, wie der eine oder andere Angehörige zunächst lieber davongelaufen wäre oder den Patienten tot gewünscht hätte, um die Last auf der Stelle loszuwerden, und wie er später doch – mitunter mit therapeutischer Hilfe – die Kraft zu einer radikalen Umstellung aufbrachte. Er mußte nur in seinem Zutrauen unterstützt werden, das Mittragen aushalten zu können. An solchen Einzelfällen erkennt man: Gegenkräfte gegen die Ausbürgerung des Todes, gegen die Ausgrenzung der Sterbenden, gegen die Impulse des Exorzismus und der Ausmerzung liegen zur Genüge bereit. Die Aufgabe ist, sie zu ermutigen. *Aber das erfordert, an der Verdrängung zu arbeiten, anstatt sie zu verleugnen.* Zwei Beispiele seien genannt.

Zusammen mit A. von Vietinghoff-Scheel führte ich eine Familientherapie im Hause einer schwer krebskranken Frau durch. Die Mutter zweier Kinder, ehemals kurz in einem beratenden Beruf tätig, hatte Brustkrebs mit ausgedehnten Metastasen, die sich in inneren Organen und an der Haut angesiedelt hatten. Überwiesen worden war mir die Familie übrigens von einem Kollegen, der wegen einer ähnlichen Krankheit in der eigenen Familie psychotherapeutische Hilfe erfahren und sich dadurch von einem überzeugten Gegner in einen Freund der Psychosomatik gewandelt hatte.

Die Kranke wußte, wie es um sie stand, wagte aber nicht, darüber zu reden. Sie wollte weder ihre Kinder noch ihren Mann belästigen, zumal dieser neuerdings abends regelmäßig ins Wirtshaus oder zu Veranstaltungen entwich. Unwirsch beschimpfte er sie, wenn sie an ihrer Haut eine neue Metastase entdeckte und diese betastete. »Hör auf, dich mit diesem Getaste verrückt zu machen! Du mußt nicht immer an so was denken!« Dabei war er es, der die Fassung zu verlieren fürchtete. Der elfjährige Sohn hatte sich von seinen Freunden zurückgezogen. Er saß stundenlang stumm in seinem Zimmer. Einmal ließ er durchblicken, daß er in seinem Leben keinen Sinn mehr erkenne. Schon fürchteten die Eltern, er könnte sich etwas antun. Seine siebenjährige Schwester fand abends keinen Schlaf mehr. Eines Tages verkündete sie: Sie wolle nicht mehr zur Schule gehen. Sie müsse immerfort daran denken, daß auf dem Schulweg ein toter Vogel liegen könnte.

So lähmte der verschwiegene Tod Eltern wie Kinder. Der Kranken selbst machte mehr als das eigene Schicksal der Gedanke zu schaffen, was sie mit ihrem Tod den anderen aufbürdete. Mit ihrem Schweigen gedachte sie, die Belästigung zu verringern, obwohl ihr rapides Abmagern doch alles verriet.

In der Therapie, teils gemeinsam, teils gesondert mit den Eltern und den Kindern durchgeführt, ermutigten wir, das Verheimlichte auszudrücken. Den ersten großen Durchbruch bewirkte die siebenjährige Tochter: »Mutti, wenn du gestorben bist und dann im Himmel sein wirst, kannst du uns dann noch sehen?« Erst etwas verwirrt, dann spürbar entlastet, erklärte die Mutter, daß es auch vom Himmel her noch immer eine Verbindung geben werde. Fortan konnten auch die Eheleute wieder miteinander sprechen. Sie konnte ihm sagen, wenn sie Angst und Schmerzen hatte. Und er mußte ihr abends nicht mehr entfliehen. Indem er sich jetzt liebevoller um sie kümmerte, schwand auch mehr und mehr von ihrem Selbsthaß, den er in ihr durch seine Abwendung geschürt hatte.

Sie fing wieder an zu malen – eine seit der Kindheit unterdrückte Begabung – und scheute sich nicht, sich sogar immer wieder selbst in ihrer Magerkeit zu porträtieren. Sie konnte sich jetzt so annehmen, wie sie war. Der Ehemann, ohnehin mit mütterlichen Neigungen ausgestattet, bewies, daß er die Kranke in der Versorgung der Kinder gut entlasten konnte. Die Kleine wagte sich wieder zur Schule, und der Bruder wurde um einiges aufgeschlossener. Die Familie konnte aufatmen, reden und aktiv werden. An den Wochenenden unternahm man gemeinsame Autofahrten zu interessanten Plätzen, die die Kranke noch einmal sehen wollte. Sie sorgte auch noch dafür, daß ein der Familie schon bekannter, äußerst temperamentvoller Hund zu den Kindern ins Haus kam – eine Ermutigung zur Lebensfreude. Das letzte Stück ihres Lebens nutzte die Mutter und nutzten die anderen mit ihr jedenfalls voll aus. Gerade hatte man in gemeinsamer Vorfreude eine Ferienreise in die Alpen geplant, welche die Mutter noch kennenlernen wollte, als sie plötzlich starb.

Spätere Besuche zeigten uns, daß die intensiv ausgefüllte Abschiedsphase geholfen hatte, über die Trennung ohne Krise, ohne erneute Symptombildungen hinwegzukommen. Es erwies sich: Wieder eingebürgert, war der Tod dem Leben dienlich, nachdem er, zunächst verschwiegen und verbannt, es destruktiv gelähmt hatte.

Ein anderes Beispiel: Der Vertreter einer Arzneifirma lebt mit Frau und zwei halberwachsenen Töchtern zusammen. Seit Jahren siecht die Frau mit einer unheilbaren erblichen organischen Nervenkrankheit dahin. Sie ist in ihren Bewegungen behindert, läßt Gegenstände fallen und stürzt auch gelegentlich selbst hin. Ihre geistige Konzentration hat mehr und mehr nachgelassen, obwohl sie immer noch anspruchsvolle Literatur zu lesen versucht.

In der ersten familientherapeutischen Sitzung kritisieren die Töchter den Vater heftig dafür, daß er sich um die Mutter kaum mehr kümmere und ihr nur immer Vorwürfe mache, ja sie sogar gelegentlich als Verrückte bezeichne. Er wehrt sich: Sie nehme das ja gar nicht schwer, sie begreife nicht einmal mehr ihren Zustand. Die Töchter widersprechen heftig: Die Mutter gebe nur aus Angst vor ihm nicht zu, wie gekränkt sie sich manchmal durch ihn fühle.

Ich frage sie, ob sie sich vielleicht deshalb nicht wehre, weil sie sich für ihre Krankheit schäme.

Ihre Antwort: »Ich habe so geweint, als mein Mann gesagt hat, der Hitler hätte mich vergast.«

Danach reden alle aufgeregt durcheinander. Schließlich gesteht der Vater: »Natürlich habe ich das gesagt. Und ihr (zu den Töchtern gewandt) würdet kastriert werden, und dann wäre der Sache ein Ende gemacht. Und es wäre vielleicht auch gut so. Ja, ich sage ganz ehrlich, ich leide darunter so, daß ich finde ... diese Krankheit muß ausgerottet werden. Vielleicht ist mein Gedankengang zu hart ...«

Mutter und Töchter sind starr vor Entsetzen und sehen den Vater entgeistert an. Nach einer Weile wende ich mich an ihn: Nach meiner Erfahrung habe jeder, der unerbittlich das Böse oder Kranke in der Welt ausrotten wolle, selber in sich eine Ecke, die er ganz schlimm finde und weghaben wolle. Ob er vielleicht auch so etwas Schlimmes in sich sehe?

Er ist nun sichtlich in Bedrängnis und ringt nach Worten: Heute sei er vielleicht egoistisch, sei dies aber früher nicht gewesen. Sein schwerer Beruf, das Elend zu Hause, kein Ruhepol mehr, alles gehe kaputt ...

Ich frage ihn, ob er meine, daß er jetzt die Sensibilität in sich abtöte, daß er sich verhärte, darunter aber auch leide.

Darauf er: »Ich finde also ... da geht alles kaputt ... Ich bin eben hilflos ... Ich kann nicht mehr!« Da versagt ihm die Stimme. Er weint. Die Kranke legt ihre Hand auf die seinige. Den Töchtern treten Tränen in die Augen. Minuten vergehen, in denen er mit seiner durchbrechenden Verzweiflung und seinen Selbstvorwürfen ringt: Er hätte ihr immer gern im Haus geholfen, aber jetzt, da sie es nötig habe, könne er nicht mehr ...

Nach diesem Zusammenbruch fühlt er sich aber in den nächsten Wochen wesentlich entspannter und freier. Immerhin zweifelt er noch, ob er, wenn er mehr von seiner Traurigkeit und Empfindsamkeit zulasse (er nennt das anfangs Krankheit), weiterhin in seinem harten Job erfolgreich sein könne. Aber dieses Bedenken hält ihn nicht davon ab, sich so intensiv wie schon lange nicht mehr um seine Frau zu kümmern. In den nächsten Jahren, in denen ich die Familie weiterhin im Auge behalte, erlebe ich ihn als überaus einfühlsamen, verläßlichen Helfer, der seiner zunehmend schwächer werdenden Partnerin das Leben in der letzten Phase so gut als möglich erleichtert. Auch nachdem die Töchter durch Ausbildung und Beruf ihn nur noch beschränkt unterstützen können, behält er, vorzeitig in Pension gegangen, die Schwerkranke zu Hause, obwohl eine Heimeinweisung längst möglich gewesen wäre.

Die Kranke selbst, beim ersten Familieninterview noch gehemmt und schweigsam, taut in den folgenden Gesprächen mehr und mehr auf. Sie merkt, daß sie sich nicht mehr vor ihrem Mann verstecken muß, seitdem dieser vorher verdrängtes Mitgefühl offener zulassen kann, unterstützt von den Töchtern und dem Therapeuten. Ihre vorherige Schüchternheit entpuppt sich somit im nachhinein als Schutzreaktion, typisch für viele chronisch Kranke, die in Rücksicht auf die Abwehrmechanismen ihres Umfeldes nicht mehr als vollwertige Mitmenschen aufzutreten wagen.

Annähernd lassen diese beiden Fallbeispiele in Miniaturformat das gesellschaftliche Problem der Verdrängung von Leiden und Tod mit seinen psychologischen Hintergründen erkennen. In typischer Weise fühlen sich die beiden unheilbar kranken Frauen zunächst genötigt, sich in ihren Familien klein zu machen. Sie schämen sich dafür, was sie den anderen antun. Ebenso charakteristisch sind die Abwehrmechanismen der anderen. Einerseits Abschirmung oder Furcht, andererseits aggressive Ideen bis hin zur Ausrottungsphantasie. Ausgemerzt soll werden, was man nicht mehr mit ansehen kann.

Übrigens hat dieser Mann, der von Vergasung, Kastration und Ausrottung redete, an anderer Stelle direkt geäußert: »Ich müßte blind werden, dann könnte ich es ertragen.« Daß er seine sadistischen Phantasien je hätte praktisch umsetzen wollen, ist diesem Mann kaum zuzutrauen. Aber den Abwehrmechanismus, der solche Impulse hervorbringen kann, führt er überaus eindrücklich vor. Zur Vermeidung eines unerträglich scheinenden Schwäche- und Hilflosigkeitsgefühls wird die Angst in Haß verwandelt. Hemmt die Scham, diesen direkt an der Person der Kranken abzureagieren, so läßt er sich in dem allgemeinen Ausmerzungsgedanken besser verstecken und als Wohltat für die Menschheit rationalisieren.

Man sieht aber: Die Vernichtungsidee kann gänzlich verschwinden, wenn der Mut zum Trauern, zum liebenden Mitleiden unterstützt wird. Dabei haben hier die Kranke selbst und die Töchter sehr mitgeholfen, von denen die eine im kritischen Moment deutete: »Der Papa sagt so etwas wie Vergasung doch nur, weil er es nicht aushält!«

Aber dieser Pharmavertreter hat auch recht, wenn er mir entgegenhält, daß er sich zwar, wenn er sich für das Leiden seiner Frau jetzt mehr öffne, persönlich wohler und menschlicher fühle, daß eine solche Aufweichung und Empfindsamkeit indessen schlecht zu dem unerbittlich harten Konkurrenzkampf in der Wirtschaft passe. Von daher gesehen sei sein neuer Zustand eher eine Art *Krankheit* – so wörtlich von ihm formuliert.

Wer wollte wohl leugnen, daß das vorherrschende Ellbogenprinzip unserer Gesellschaft eher eine andere Art von psychischer »Gesundheit« prämiert und nicht gerade einen solchen Umgang mit Leiden und Tod fördert, wie ihn diese beiden Familien erlernt haben? Dennoch, Abstumpfung, Verleugnung, Flucht und Ausrottungsmentalität, sosehr sie auch im Zeitgeist überwiegen mögen, sind keine definitiven psychologischen Tatbestände, sondern prinzipiell wandelbare Reaktionen.

Eine Minderheit hat sich bereits aufgemacht, diesen Wandel zu fordern. Chronisch Kranke, mit dem eigenen Tod unmittelbar konfrontiert, schließen sich häufiger zu Selbsthilfegruppen zusammen, unterstützen sich gegenseitig und wehren sich gegen ihre stillschweigende Ausgrenzung. Sie begreifen, daß sie mit ihrer Isolierung den Preis für die Angstverdrängung der Mehrheit zahlen sollen. Immer mehr Krebskranke schreiben über ihre Erfahrungen und pochen darauf, daß die Auseinandersetzung mit dem Tod nicht ihre gesonderte, sondern eine gemeinsame Aufgabe sei; und daß die Bereitschaft, auf das Lebensende hinzuschauen, dem Bewußtsein der Verbundenheit in der Familie und der größeren Gemeinschaft überaus förderlich sein könne. Aber noch schreiben diese Autorinnen und Autoren gegen ein kaum zu erschütterndes Tabu an.*

---

* Besonders hilfreich finde ich von Anne-Marie Tausch »Gespräche gegen die Angst« sowie von Reinhard und Anne-Marie Tausch »Sanftes Sterben«, erschienen im Rowohlt-Verlag.

7. Kapitel

DISKRIMINIERTE ANGST IN DER KRIEGSMEDIZIN

> Das Töten gibt mir ein Gefühl der Erleichterung, denn ich ahne, daß ich mit ihm den Tod getötet habe.
>
> Eugene Ionesco

Die beiden Weltkriege rückten den Tod vorläufig verstärkt wieder in das allgemeine Bewußtsein. Bevor man ihn, wie unlängst im Golfkrieg, durch die Medienzensur unsichtbar machte, war er massenhaft öffentlich. Der Heldentod wurde moralisch geheiligt und lange Zeit, insbesondere im Ersten Weltkrieg, romantisch verklärt. Aber der Anschein, daß sich auf diese Weise die allgemeine Verdrängung der Sterblichkeit gewandelt hätte, trügt. Denn der Kriegstod ist etwas grundsätzlich anderes als der »natürliche« Tod, scheint diesen vielmehr geradezu zu widerlegen. Durch Kriegswirkung sterben Menschen nicht: Sie werden getötet. Soldaten haben Gewalt über den Tod. Sie fügen ihn zu. Oder er wird ihnen von den Gegnern angetan. So offenbart er anscheinend nicht die Schwäche, die kreatürliche Sterblichkeit des Menschen, sondern eher dessen Macht: Er hat den Tod in der Hand. In der Macht seines Willens liegt es, zu töten – oder aktiv als »Held« in den Tod zu gehen.

»Zwei Armeen, die gegeneinander kämpfen, sind eine große Armee, die sich selbst umbringt«, schrieb H. Barbusse 1917.

Der militaristischen Ideologie ist es zu keiner Zeit schwergefallen, den Kriegstod nicht als ein elendes Erleiden, sondern als Ausdruck höchster Stärke zu feiern, als Produkt männlicher Kühnheit und Todesverachtung. Wer die anderen fällt oder selber fällt – Helden sind sie alle, Sieger über den Tod. Der Mythos verleiht ihnen eine grandiose Unsterblichkeit.

Aber was machen die Armen, die es sich nicht als besondere Großartigkeit oder gar Tugend einreden können, mit dem Tod so umzugehen? Die es vor dieser Orgie der Destruktivität graust und deren Angst weder durch aggressiven »Kampfgeist« noch durch patriotische Märtyrerphantasien noch durch schlichte Abstumpfung betäubt wird?

Wenn sie sich nicht drücken konnten, entwickelten solche Soldaten in beiden Weltkriegen sogenannte »Kriegsneurosen«. Als Gründe führte Sigmund Freud (in seinem »Gutachten über die elektrische Behandlung der Kriegsneurotiker«, 1920) auf: Angst um das eigene Leben, Sträuben gegen den Auftrag, andere zu töten, dazu mitunter Auflehnung gegen unterdrückende Vorgesetzte. Das häufigste Symptom der Kriegsneurotiker im Ersten Weltkrieg war heftiges Zittern. Es bildete sich ein regelrechtes Heer von »Kriegszitterern«. Deutlicher hätten die Befallenen ihre Angst nicht ausdrücken können. Dennoch vermochten sie nicht zu sagen, was ihr Körper vermittelte. Den Militärärzten wußten sie ihr Schlottern nicht zu erklären.

Die Kriegspsychiater reagierten zwiespältig, nahmen die meisten dieser Kriegsneurotiker zwar offiziell als Patienten in ihre Obhut, erwehrten sich ihrer jedoch mit Hilfe einer Therapie, die in strengem Sinne keine solche war. Mit dem uneingestandenen Ziel, die eine Angst mit einer anderen auszutreiben, erfanden sie eine regelrechte Tortur mit schmerzhaften elektrischen Schlägen. Sie traktierten die Soldaten so lange mit faradischem Strom, bis sich die Kriegsflüchtlinge geschockt als Therapieflüchtlinge an die Front zurücktreiben ließen. Die medizinisch verbrämte Bedrohung und Bestrafung hatte bewirkt, was dann als Heilung in den Krankenblättern vermerkt wurde. Freud nannte beim Namen, was hier geschah, indem er davon sprach, den Ärzten sei so »etwas wie die Rolle von Maschinengewehren hinter der Front zugefallen«.

Ausdruck und Verarbeitung von Kriegsangst bilden ein instruktives Indiz für sozialpsychologische Veränderungen. Im Zweiten Weltkrieg wurde der Heldentod bereits leiser besungen.

Je länger der Krieg andauerte, um so mehr häuften sich Kriegsneurosen auf deutscher, aber auch auf westalliierter Seite. Doch die Angst machte sich nur noch selten in drastischem Zittern bemerkbar. Sie suchte sich eher stumme Ausdrucksformen und erzeugte psychogene Lähmungen und Schonhaltungen, Verkrampfungen und Versteifungen. Vielfach versteckte sie sich sogar noch tiefer und tarnte sich in psychosomatischen Krankheiten. Bei einer großen Gruppe traten Magenstörungen auf, was die Führung der deutschen Wehrmacht schließlich veranlaßte, diese Soldaten in sogenannten »Magenbataillonen« zusammenzufassen.

1943 klagte ein Generalarzt (zit. aus R. Valentin: Die Krankenbataillone) in einem offiziellen Bericht, »daß der größte Teil des (Magen-)Bataillons einen weichen, wehleidigen und mitleidsheischenden Eindruck machte. Diese Leute stellen ihre Krankheit mit den verschiedenen Klagen immer wieder in den Vordergrund und sind angeblich so krank, daß sie am besten u. k. gestellt werden möchten. Sie sind es auch, die in ihrer früheren Truppe unter Gesunden einen schlechten Einfluß auf ihre Kameraden ausgeübt hatten und viele mit ihren oft unbegründeten Klagen ansteckten. Sie sind gar nicht immer organisch magenkrank, sondern stellen oft kranke Persönlichkeiten im Sinne psychischer Minderwertigkeit (Neurastheniker, Psychastheniker und willensschwache Menschen) dar . . . Sie bedürfen einer festen und energischen Führung und psychischer Beeinflussung.«

Sogar die psychosomatisch versteckte Angst wurde also durchschaut. Ihre Träger wurden als Gefahr erkannt, weil sie ansteckend wirkten. In dem Bericht dieses Generalarztes ist erkennbar, wie ärztliches Verständnis in aggressive Ablehnung umschlug. Aus den Patienten wurden »psychisch Minderwertige«. Die Medizin schämte sich ihrer und riet zu energischer psychischer Beeinflussung, was hieß, daß man diese »Schwächlinge« gehörig unter Druck setzen sollte.

An energischer Beeinflussung ließ es die deutsche Kriegspsychiatrie auch im Zweiten Weltkrieg nicht fehlen. G. Elsässer, ein leitender Lazarettpsychiater, der seit 1941 1400 Kriegsneurotiker behandelte, setzte z. B. die Tradition der schmerzhaften Elektrotherapie aus dem Ersten Weltkrieg mit einer abgewandelten Methode fort. Statt faradischem Strom benutzte er galvanische Reize. Noch 1961 rühmte er nachträglich in einem von ihm verantwortlich mitbearbeiteten Sammelband, was er bei den Soldaten mit »starkem galvanischem Strom« angerichtet hatte. Im Selbstversuch hatte er herausbekommen, »daß der galvanische Strom in dieser Stärke ein höchst eindrucksvolles, den ganzen Körper aufwühlendes Erlebnis ist«. Meist reichte, wie er berichtete, eine einmalige Anwendung dieser Tortur zum »Erfolg«. Um einer Wiederholung der Quälerei zu entgehen, wollten die Soldaten schnell wieder entlassen werden. Professor Kleist, einer der führenden deutschen Psychiater jener Zeit, erprobte höchstpersönlich ebenfalls die »außerordentliche Schmerzhaftigkeit« des Verfahrens, verteidigte es aber ungeniert gegen alle Bedenken (zit. nach K. H. Roth: Die Ursprünge der Triage im Zweiten Weltkrieg: NS-Psychiater gegen Ausgebombte und Kriegsneurotiker, 1984).

So wie sich die Soldatenangst im Zweiten Weltkrieg anders als im ersten eher stumm und psychosomatisch verschlüsselt darstellte, so war das Klima im Felde im ganzen eher nüchterner geworden. Die fortschreitende Technisierung hatte die Soldaten mehr und mehr von Kämpfern in technische Handwerker verwandelt. Maschinen besorgten das Töten. Dazu bedurfte es weniger Kampfbegeisterung als Geschick in der Handhabung der Instrumente und sachlicher Konzentration.

Von aggressiven Gefühlen oder gar heroischem Enthusiasmus, wiewohl durch Propagandakampagnen unermüdlich angesprochen, war in der Deutschen Wehrmacht, je länger der Krieg dauerte, desto weniger zu spüren. Die Konfrontation mit dem Grauen wurde mit antrainierter Anästhesie und in dumpfer Ergebenheit ertragen, sofern sie nicht zu psychosomatischen Symptomen der geschilderten Art führte. Wie oft sich hinter solchen psychosomatischen Reaktionen auch ohnmächtiger politischer Widerstandswille verbarg, ist nicht abzuschätzen. Aber daß überhaupt Soldaten in ihren Krankheiten auch aktive Verweigerung ausdrückten, die ihnen unter totalitärer Kontrolle sonst unmöglich schien, steht fest und ist durch Beobachtungen belegt.

8. Kapitel

Fortbestand des ideologischen Heroismus

Es erscheint als paradoxe Reaktion, daß oft gerade auch Psychiater gesellschaftliche Vorurteile gegen die Menschen übernehmen, die in ihre Obhut gelangen. Es ist, als ob sich manche unter ihnen schämten, sich mit einer von der Mehrheit mißachteten Gruppe zu befassen. So scheuen sich diese Psychiater, für ihre Kranken Partei zu ergreifen, um nicht von der gleichen Entwertung getroffen zu werden, die diesen in bestimmten Perioden zuteil wird. Es geht ihnen um eine gefällige Anpassung. Aber teilweise spielt auch eine Rolle, daß empfindsame Naturen den Beruf des Psychiaters ergriffen haben, es später indes nicht aushalten, offen und mitfühlend an ihren geängstigten und deprimierten Patienten Anteil zu nehmen, und sich statt dessen in eine autoritäre Position retten, die sie vor emotionaler Überflutung durch ihre Klientel schützt. So betätigten sich manche Psychiater nicht nur im Krieg als »Maschinengewehre hinter der Front« – um die Formel Freuds zu benutzen –, sondern bewahrten diese Grundhaltung über den Krieg hinaus.

Im Westdeutschland der Nachkriegsjahre verbreiteten manche psychiatrische Lehrstuhlinhaber kaum anderen Geist als jenen autoritären der offiziellen Kriegspsychiatrie. Aber auch in Amerika sorgten sich prominente Psychiater besonders darum, die psychische Kriegstüchtigkeit der jungen Amerikaner künftig zu verbessern. Sie beklagten die große Zahl von im Zivilleben kerngesunden jungen Männern, die sie wegen psychischer Störungen dem Kriegsdienst hätten entziehen müssen. Als eine Schande empfanden sie es, daß 1 825 000 junge Amerikaner wegen psychiatrischer Auffälligkeiten nicht hatten Soldat werden können und daß 600 000 andere aus dem gleichen Grund aus der Armee hatten entfernt werden müssen.

In New York plädierte der namhafte Psychiater E. A. Strecker in einer Vorlesung »Psychiatrie spricht zur Demokratie« geradezu emphatisch für eine Revision des amerikanischen Erziehungssystems, insbesondere für eine Unterbindung mütterlicher Verweichlichung, um den blamablen Anteil kriegsdienstuntauglicher junger Männer drastisch zu senken. Und W. A. Menninger, eine psychiatrische Leitfigur jener Jahre, beklagte heftig, daß 14 Prozent aller amerikanischen Männer zwischen 18 und 35, bisher ohne gesundheitliche Auffälligkeiten, aus psychiatrischen Gründen ausgemustert worden seien. Auch Menninger verlangte im Resümee seines Hauptwerks »A Psychiatrist for a Troubled World« eine Fahndung nach den Ursachen dieser »Defekte« in der Struktur der amerikanischen Familie, in der Erziehung allgemein und sonstigen ursächlichen Sozialfaktoren.

Daß Strecker als Hauptquelle für psychische Militäruntüchtigkeit der jungen Amerikaner ihre Mütter ausfindig machte, ist bezeichnend. Denn woher sonst sollte die Angst vor dem Kriegsgeschäft des Tötens kommen als von den Frauen? »Their Mothers' Sons« lautet der Titel seiner Kampfschrift für eine psychologische Aufrüstung, zu erreichen durch Befreiung der Söhne von ihren beherrschenden Müttern.

Was er genau erspürt und auf seine Weise ausgelegt hat, ist ein in der Tat vorhandenes geschlechtsspezifisch polares Verhältnis zur Angst, durch lange gesellschaftliche Tradition verfestigt. Bei allen einschlägigen Untersuchungen kommt heraus, daß Frauen mehr Angst, Depressivität und psychovegetative Beschwerden zugestehen als Männer. In »Lernziel Solidarität« habe ich z. B. 1974 über zusammen mit D. Beckmann durchgeführte eigene repräsentative Erhebungen berichtet, wonach die westdeutschen Frauen sich im Vergleich zum anderen Geschlecht als ängstlicher und häufiger in der Stimmung bedrückt darstellten und überdies mehr über Nervosität, Abgespanntheit, Kreislaufbeschwerden, Schlafstörungen und andere psychosomatische Symptome klagten. Auch bei einer Kontrolluntersuchung 14 Jahre später gaben die bundesdeutschen Frauen noch immer im Geschlechtervergleich mehr Angst und Depressivität an. Aber diese Befunde besagen nicht etwa, daß die Männer in Wirklichkeit psychisch und psychosomatisch stabiler wären, sondern nur, daß sie sich als stabiler *beschreiben*. Daß ihr Selbstbild eher auf Unterdrückung und Verleugnung von Merkmalen beruht, die von den Frauen mit größerer Offenheit akzeptiert und bekannt werden, dafür gibt es viele Anhaltspunkte, die mich einst auf die Formel brachten: Das sichtbare Leiden der Frauen ist die unsichtbare Krankheit der Männer.

Im folgenden wird noch ausführlicher besprochen werden (s. 32. Kapitel), daß Frauen auch deutlich mehr als Männer über soziale Mißstände, Umweltgefahren, Atomrisiken und Kriegsgefahr besorgt sind. Die Männer fürchten nun, wie es scheint, vermehrt um die eigene Verdrängung. Und da geht es nicht nur um ihre individuelle innere Stabilität, vielmehr zugleich um die Verteidigung einer gesellschaftlichen Ideologie. Es ist eine »heroische« Lebensanschauung, die nicht nur angstfreie Kriegstüchtigkeit fordert, sondern auch außerhalb des Krieges kämpferische Härte und Unempfindlichkeit zur Bewährung in einer expansionistischen Rivalitätsgesellschaft.

Kriegstüchtigkeit zur Gesundheitsnorm und zum Erziehungsziel für junge Männer zu erklären enthält das indirekte Eingeständnis, daß der Krieg nur in besonderem Ausmaß von Prinzipien beherrscht wird, die das Leben in der modernen Industriegesellschaft insgesamt bestimmen. Es ist eine Welt des Machismo, des Stärkekults, in der diejenigen dominieren, die in der Konkurrenz um wirtschaftliche und militärische Macht die anderen niederringen, die Natur achtlos wie eine Beute ausplündernd, wenn es nur den eigenen Machtvorteilen dienlich scheint. Gerade in einer Zeit, in der Zweifel am Sinn und an der Verträglichkeit dieses bislang sakrosankten Stärkekults aufkommen, ist es unausbleiblich, daß seine unbeirrbaren Verfechter diejenigen aufs Korn nehmen, von denen sie sich in ihrer Haltung besonders bedroht fühlen. Und das sind eben die Frauen und Mütter, welche die Männer mit ihrem Defätismus und ihrer Sensibilität infizieren und verderben.

E. A. Strecker wußte diesen verderblichen Einfluß der Mütter auf ihre Söhne dramatisch zu schildern, z. B. die angeblich verheerenden Wirkungen mütterlicher Briefe an ihre Söhne im Feld: »Der typische Brief einer ›Mom‹ jammert und klagt in einem fort, entwickelt ein schwermütiges Bild von zu Hause und ist stark parfümiert mit einer kränklichen Sentimentalität, die sich als Liebe tarnt.« Ein typischer Mom-Brief habe in vielen von ihm untersuchten Fällen ausgereicht, eine Entlassung aus dem Kriegsdienst mit der Diagnose »Psychoneurose« zu bewirken.

In einer solchen Aufbauschung der Gefährlichkeit der Mütter drückt sich symptomatisch eine männliche Verunsicherung aus, die in den letzten Jahrzehnten durch die Hippie-Bewegung, den Anti-Vietnam-Protest, die New-Age-Bewegung und pazifistische Strömungen noch verstärkt worden ist. Aber in den USA und Großbritannien haben die Abenteuer von Grenada, Panama, den Falklands und zuletzt vom Golf die Normen rasch wieder zurechtgerückt. Die Helden wurden wieder zu Helden, die Sanften wieder zu Feiglingen, und die eine wie die andere Nation verschmolz wieder in triumphaler Symbiose mit ihren kriegführenden Staatslenkern und ihrer Armee.

Wenn diese amerikanisch-britischen Wellen von Kriegseuphorie die Deutschen auch nur wenig und eher zwiespältig berührten, so ist die Bonner Regierungspropaganda nach dem Golfkrieg doch deutlich ebenfalls auf psychologische Wiederaufrüstung eingeschwenkt: Antimilitarismus ist wieder weinerlich, larmoyant, weichlich, feige, drückebergerisch – kurz: unwürdig, unmännlich. Als nationale Pflicht gilt, im nächsten Wüstensturm auch den eigenen Kopf hinzuhalten – obwohl der beendete in seiner fatalen Bilanz die schlimmsten Befürchtungen noch übertroffen hat.

Wäre es nicht an der Zeit, das Leitbild von psychischer Gesundheit umzukehren und die heroische Ideologie des Machismo-Zeitalters als obsolet fallenzulassen? Ist es nicht geradezu absurd, ungestörtes Funktionieren, intakten Schlaf und guten Appetit inmitten kriegerischer Gewalt zum Kriterium für geglückte Jungen-Erziehung zu erklären? Ist nicht vielmehr intakte Sensibilität viel gesünder, die durch psychosomatische Labilisierung anzeigt, wenn Menschen Unmenschliches zugemutet wird? Sind nicht die Todesverachtung und die automatisch abrufbare Tötungsbereitschaft, wie sie der Krieg verlangt, zumal im Zeitalter der Massenvernichtungswaffen und der Städtebombardierungen eher Symptome pathologischer Gefühlskälte und moralischer Verödung?

Recht hatten die serbischen Frauen, die 1991, als die bewaffneten Auseinandersetzungen in Slowenien und Kroatien begannen, lautstark protestierten und serienweise ihre Söhne und Ehemänner aus dem Bürgerkrieg zurückholten. Recht haben die Frauen und Mütter, wenn sie die Angst rehabilitieren wollen und – nach allen Untersuchungen – eindringlicher als die Männer eine Abkehr von jenem Machtdenken wünschen, das zu Lasten sozialer und ökologischer Aufgaben immer noch eine gigantische Rüstung und unverantwortliche Rüstungsexporte in die Krisenregionen der Welt anheizt: Voraussetzungen für neue Kriege, neue Rückfälle in archaische Destruktivität.

Natürlich ist Angst ebensowenig schlechthin förderlich wie schlechthin unheilvoll. Es gibt mutige und feige, sehende und blinde, weise und törichte, gesunde und in hohem Maße krankhafte Angst. Es gibt Angst auf sehr verschiedenen Ebenen, im Licht des Bewußtseins wie im Dunkel des Unbewußten. Oberflächliche Angstfreiheit kann Flucht vor einer sehr tiefen und großen Angst sein.

Die im folgenden versuchte Erörterung einiger fundamentaler privater und politischer, individueller und kollektiver Angstformen kann nur einige Aspekte des Phänomens erfassen. Denn Angst ist mehr, als alle sie erforschenden Wissenschaften vom Menschen über sie aussagen können.

9. Kapitel

Angst als Krankheit

Solange man mit dem Tod umzugehen wußte und mit dem Gedanken an ihn lebte, sprach man von Angst nur in sehr begrenzter Bedeutung. In seiner Affektlehre erwähnte Kant beiläufig die Bangigkeit als Furcht vor einem unbestimmten Übel und die Angst vor Scham. In seinem Buch »Psyche«, Standardwerk der romantischen Psychologie, beschrieb Carl Gustav Carus unter der Rubrik Gefühlszustände aufs ausführlichste Freude, Trauer, Liebe und Haß, aber selbst unter den krankhaften Gemütszuständen tauchte Angst nicht auf. Diese, die zunehmende Verdrängung des Todes bewirkend, bahnte sich einen abgelegenen Ausweg und kam schließlich als neu entdecktes *krankhaftes Phänomen* zum Vorschein – in der Medizin.

Diese machte die Angst zu ihrem offiziellen Thema und identifizierte sie als eine körperliche Funktionsstörung. Bereits Kant erwähnte einen Arzt, der bei einem General Kleinmütigkeit und Schüchternheit auf Magensäuerung zurückführte. Menschen mit panischer Beunruhigung und quälenden Todesideen gingen zu Ärzten, die ihnen eine ursächliche Störung der Organe bescheinigten. Bahnbrechend wirkte der berühmte Internist W. Stokes, der um 1855 eine neue Krankheit bei einem Mann mittleren Alters beschrieb:

»Er bekam öfters Paroxysmen von schneller und heftiger Herzbewegung, sie war jedoch weder unregelmäßig noch intermittierend; dabei stellten sich heftige Präkordialangst und Beklemmung ein, mit einem peinlichen Gefühl herannahenden Todes. Die Respiration war beschleunigt und mühsam, und diese Anfälle kehrten so häufig und in so bedeutendem Grade wieder, daß der Kranke die Überzeugung gewann, er habe ein gefährliches Herz- und wahrscheinlich auch Aortaleiden. Seine Stimmung wurde gedrückt, und er erwartete nichts anderes, als daß er in einem dieser fürchterlichen Paroxysmen sterben würde. Die Dauer des Anfalls war unbestimmt; in der freien Zeit waren keine Symptome von einem Herzleiden vorhanden, Herzschlag und Töne waren ganz normal.« Außerdem bot der Patient phobische Symptome. Stokes versicherte jedoch: »Dieser Mann litt nicht an Einbildung; er war kräftig gebaut, hatte die Erde umsegelt und die Beschwerden der Reise ohne Nachteil ertragen.«

Nach Einstellung des vorher starken Teegenusses, den der Arzt als Krankheitsursache verdächtigte, nach Anwendung einer aromatischen Eisenmixtur und Durchführung einer ärztlich verordneten kurzen Seereise verschwanden die Symptome bald. Stokes rubrizierte diese Symptomatik unter dem Oberbegriff »Anomalien der Herzbewegung«, wozu er neben Angina pectoris u. a. auch »Herzklopfen bei jungen Leuten« und »hysterisches Herzklopfen« rechnete.

Was Stokes hier als vermeintlich neue Krankheit beschrieb, war nichts anderes als eine in Intervallen auftretende heftige Angst. Da jede stürmische Angst mit starkem Herzklopfen, mitunter auch mit Mißempfindungen in der Brust einhergeht, lag es für Stokes nahe, das Leiden spontan nach dem Organ zu benennen, an dem der Kranke seine Erregung besonders verspürte.

In seiner organischen Deutung solcher panischen Angstzustände fand Stokes zahlreiche Nachfolger bis auf den heutigen Tag. Einer der ersten war der Wiener Kliniker Oppolzer. Er beschrieb die neue Krankheit als Hyperkinesis cordis, was soviel wie übermäßige Herzbewegung heißt. In seinen 1867 veröffentlichten Vorlesungen über die Krankheiten des Herzens und der Gefäße ist zu lesen:

»Das nervöse Herzklopfen tritt stets nur anfallsweise auf. Der Paroxysmus besteht in einer Steigerung der Herzaktion, welche nicht nur von dem betreffenden Individuum als ein äußerst lästiges Gefühl von Pochen und Klopfen gefühlt, sondern auch nicht selten in objektiver Weise – manchmal sogar durch ein deutlich sichtbares, mit jeder Herzsystole erfolgendes, ziemlich beträchtliches Emporheben der Brustbedeckung – wahrgenommen wird ... Die Frequenz der Herzaktion ist gewöhnlich eine vermehrte – ... Das Gesicht der betreffenden Kranken drückt Angst und Unruhe aus, und dieselben klagen in der Tat außer dem ›Herzklopfen‹ über ein Gefühl von Beklemmung und Druck auf der Brust, über ein Zusammenschnüren des Halses und des Schlundes, über ein heftiges Klopfen im Kopfe und über Schwindel und Anwandlung zur Ohnmacht, wozu sich in der Tat auch manchmal eine wirkliche Ohnmacht gesellt ... Der Anfall des nervösen Herzklopfens dauert entweder bloß einige Minuten, oder aber er dauert länger, ja selbst einige Stunden. Derselbe hört plötzlich auf, oder die einzelnen Beschwerden nehmen allmählich in ihrer Intensität ab.«

Wenn man bei solchen Angstanfällen nun niemals eine Anomalie am Herzen fand, verwundert es schließlich doch, daß man im Krankheitsnamen an der Beschuldigung des Herzens zunächst zäh festhielt. Aber wer dieses Angstleiden kennt – Dieter Beckmann und der Verfasser haben es eingehend erforscht und ihm eine Monographie gewidmet –, weiß, daß die Ärzte hierbei den Leidenden nicht eine Deutung oktroyieren, sondern daß diese jenen zuzustimmen bereit sind. Die Patienten selbst neigen spontan dazu, ihr Herz für ihre Angst verantwortlich zu machen. Was sie erleben, ist eine sie überwältigende grauenhafte Todesangst. Aber diese lokalisieren sie im Herzen und fürchten, dieses werde versagen. Im Augenblick oder in allernächster Zukunft drohe ein tödlicher Infarkt, dessen glauben sie gewiß zu sein.

Inzwischen weiß man genau, daß diese von Stokes, Oppolzer und seitdem von vielen anderen beschriebenen Panikzustände auf keine körperliche Ursache zurückgehen, insbesondere nichts mit einer Störung am Herzen zu tun haben, daß sie vielmehr reine Angstmanifestationen sind, die mit keinen anderen körperlichen Erscheinungen als denen einhergehen, die man etwa auch bei jedem hochgradigen Lampenfieber feststellen kann: Auch dabei kommt es zu starkem Herzklopfen bis zu Herzrasen, Schwitzen, Beklemmungsgefühlen, Mundtrockenheit, gesteigerter Atmung, mitunter Zittern und Schwindelgefühlen. Aber wer Lampenfieber hat, weiß wenigstens spontan, wovor er sich fürchtet – vor der Prüfung, vor dem öffentlichen Auftritt oder dergleichen. Wer hingegen spontan und ohne unmittelbar evidentes Motiv von heftiger Angst überfallen wird, will nach einem Grund greifen, den er benennen kann. Früher hätte er vielleicht seine Angst auf böse Geister, den Teufel oder Hexen projiziert oder gefürchtet, von Gott bestraft oder verlassen zu werden. Heute projiziert er das Übel auf das Herz, denkt an die Koronararterien, an Angina pectoris und den Infarkt. Und für dieses Furchtobjekt ist einer zuständig, der mit seiner fortgeschrittenen Wissenschaft Abhilfe schaffen kann und soll: der Arzt.

Für die große Mehrheit der Ärzte ist es seit der Abspaltung der Seele vom Körpergeschehen im 19. Jahrhundert üblich, daß sie vor allen anderen Erwägungen am Herzen prüfen, was dort immer zu prüfen ist. Früher haben sie nur abgehorcht und geklopft. Heute bemühen sie EKG und eventuell sogar Herzkatheter. Finden sie, was bei diesen Angstanfällen die Regel ist, nichts Böses, können sie auf die – freilich abwegige – Hypothese verfallen, es handle sich womöglich um ein organisch *noch* nicht nachweisbares Vor- oder Frühstadium einer Herzkrankheit, das immerhin eine vorbeugende Medikation und Lebensführung nötig mache. Die Erfahrung zeigt, daß viele geängstigte Patienten dieser Deutung willig folgen und fortan ihren Puls hypochondrisch kontrollieren, um die vorausgesagte mögliche Verschlimmerung frühzeitig ermitteln zu können.

Es gibt sogar eine bedeutende schweizerische Arzneifirma, die in einer großangelegten Werbeaktion den Ärzten weismachen wollte, solche Angstattacken mit den geschilderten funktionellen

Beschwerden könnten später in Herz- oder Blutdruckkrankheiten übergehen. Dies war reiner Schwindel. Denn bei sorgfältigen Verlaufsuntersuchungen wurde ein solcher Zusammenhang widerlegt. Bei einer Nachkontrolle nach zwanzig Jahren fand man bei Patienten mit den geschilderten Angstanfällen sogar etwas seltener organische Herzkrankheiten als bei Vergleichsgruppen altersgleicher Industriearbeiter und Lebensversicherter. Auch Bluthochdruck trat nicht gehäuft auf. Das heißt: Das Herz hat nur als Ausdrucksorgan und Projektionsobjekt der Angst mit den Beschwerden zu tun, im übrigen ist es unschuldig.

Man könnte sagen, durch das magische Erleben der Angstpatienten und die Somatisierungstendenz der modernen Ärzte habe das Herz für die eigene symbolische Rehabilitierung gesorgt. Denn bis zum »Traité des passions de l'âme« von Descartes (1649) hatte das Herz als eigentlicher Sitz der Seele, als Zentrum der Innenwelt, gegolten. Das Herz war die Stätte von Liebe und Haß, das Zentrum der geistigen Person – bis Descartes die Seele ins Gehirn, in die Gehirneichel (Epiphyse) verlegte. Seitdem galt das Herz nur noch als seelenloses Pumporgan, bis es nun als die innere Autorität wiederauferstanden ist, die fern aller naturwissenschaftlichen Begründung die Sterbeangst dieser Panikpatienten wie den Lokalisationszwang der somatisch fixierten, hilflosen Ärzte beherrscht. Bezeichnend ist übrigens, daß die körperlich gesunden Angstkranken sich sehr viel häufiger vor einem Herzinfarkt fürchten als Menschen, die bereits einen Infarkt erlitten haben – Resultat einer Doktorarbeit von Bockel am Gießener Zentrum für Psychosomatische Medizin.

Wer meint, es gehöre einige Einfalt dazu, sich bei solchen anfallartigen Angstzuständen mit einem Herzkranken zu verwechseln, wird erstaunt sein zu hören, daß selbst der Begründer der Psychoanalyse, als er einige Jahre von diesem Leiden geplagt wurde, sich unbeirrbar für herzkrank hielt. Sein Biograph E. Jones berichtet, daß Freud seine Beschwerden, die »er später zweifellos als Angsthysterie« klassifiziert hätte, auf eine Herzentzündung (Myocarditis) zurückführte. Er verdächtigte seine

Freunde Fließ und Breuer, ihm die Diagnose seiner angeblichen Herzkrankheit zu verheimlichen. Wie die meisten von diesem Angstleiden geplagten Patienten glaubte Freud, daß er bald am Herzschlag sterben würde, wahrscheinlich zwischen vierzig und fünfzig: »Wenn es nicht zu nahe an vierzig ist, ist es gar nicht so schlecht.« Als er das schrieb, hatte er noch 45 Lebensjahre vor sich. Bald gab er indessen die Diagnose »Myocarditis« auf und nannte das Leiden, das er selbst kennengelernt hatte, »Angstneurose«. Ähnlich wie seine internistischen Vorgänger schilderte er die Symptome: Störungen der Herztätigkeit mit Tachycardie, »Herzklopfen«, »Herzkrampf«, kurze Arrhythmien. Weiterhin: Störungen der Atmung (nervöse Dyspnoe, asthmaartige Anfälle), Schweißausbrüche, Zittern, Heißhunger, Schwindel, Kongestionen, Parästhesien. Hinzu komme während der Anfälle oft ein Gefühl von »Schlechtwerden« oder »Unbehagen«. Die Anfälle könnten mit dem Gefühl der Lebensvernichtung, des »Schlagtreffens« oder des drohenden Wahnsinns verknüpft sein. Außerhalb der Anfälle zeige sich bei den Kranken eine »für das Bewußtsein meist latente, aber konstant lauernde Ängstlichkeit« in Form von allgemeiner Reizbarkeit, von Unheilserwartungen und speziell hypochondrischen Ideen. Auch Schwindelgefühle, Verdauungsbeschwerden, Hinfälligkeits- und Mattigkeitsgefühle, Schlafstörungen sowie phobische Symptome seien oft chronisch vorhanden, desgleichen eine »Neigung zu pessimistischer Auffassung der Dinge«.

Fortan ergab sich das Kuriosum, daß die organischen Mediziner einerseits und die Psychiater andererseits diese Angstausbrüche jeweils dem eigenen Krankheitskatalog einverleibten, die einen als funktionelle Herzkreislaufstörungen, die anderen als Angstneurose oder Angsthysterie, neuerdings als Panik-Syndrom. Psychosomatische Ärzte versuchten eine Brücke zwischen beiden Fachgebieten zu schlagen und sprachen von Herzphobie (Bräutigam) oder von Herzneurose (Verf.).

Als ich selbst eine Zeitlang für den Namen Herzneurose eintrat, also den Begriff Neurose mit dem Organ Herz verknüpfte, erwartete ich, den Organmedizinern damit eine psychologische und psychotherapeutische Sicht dieses Leidens nahelegen zu können. Nach über zwanzig Jahren ist diese meine Hoffnung erheblich geschrumpft. Noch immer überwiegt bei den meisten Ärzten die Sorge um das Herz jene um die Bedingungen der Angst. Und bei Vorträgen vor Ärzten ist es die Regel, daß in der Diskussion mindestens einer sagt: Lieber behandle ich 99 Angst- oder Herzneurotiker fälschlich wie Koronarkranke, als daß ich einen Fall von koronarer Herzkrankheit versehentlich als Neurose einstufe. So ist es keine Ausnahme, wenn sich kürzlich ein Angstpatient mit völlig gesundem Herzen nach dreijähriger Krankheitskarriere, acht Klinikaufenthalten, mehreren EKG- und Herzkatheteruntersuchungen und einem runden Dutzend verbrauchter Medikamente mit der Mitteilung bei mir vorstellte: »Der Herzinfarkt hat sich immer noch nicht bestätigt.«

Eigentlich müßte man dieses Leiden als *Sterbeangst-Krankheit* bezeichnen. Denn im Grunde ist es nichts anderes als eine ins Panische gesteigerte Erwartung des Todes. Tief im Unbewältigten symbolisiert sich im Herzen noch eine Macht, die das Ich straft, die es zu verlassen droht – es vielleicht aber auch weiter schützen und nähren könnte. Bewußt ist meist nur noch die Phantasie des aussetzenden Motors – und deshalb der Anspruch an die Disziplin, die für die Wartung und Reparatur der Maschine Organismus zuständig ist.

Im schroffen Kontrast zu den Größenphantasien der Fortschrittszivilisation und des Stärkekults traut sich das durchschnittliche moderne Ich nicht mehr zu, die Verantwortung für diese Angst zu übernehmen. Es würde sofort einer Bypass-Operation oder der Einpflanzung eines Schrittmachers zustimmen. Aber es versteht nicht einmal, daß es die *eigene* Angst ist und nichts Fremdes, was ihm vom Körper angetan wird. Es sieht keine Verbindung zu inneren Erinnerungen, Träumen, Phantasien. Nur das EKG wüßte, worum es sich handelt und was zu tun wäre. Aber was ist, wenn auch dieses nichts hergibt? Hat sich dann der Infarkt immer noch nicht bestätigt?

Nach wie vor liefert der größte Teil derjenigen, die ihre Angst als Krankheit erleben, das Leiden jedenfalls bei der Organmedizin ab. Im Verteilungsstreit zwischen innerer und psychologischer Medizin ist jene vorläufig Sieger geblieben. In diesem Fall war auch Freud, der im übrigen der Organmedizin eine ganze Reihe von Krankheiten entreißen und für den Anwendungsbereich der psychoanalytischen Therapie erobern konnte, zunächst nicht erfolgreich. Vielleicht hemmte ihn die Erinnerung, daß er ja seine eigenen Angstzustände zunächst auf das Herz projiziert hatte. So zählte er die Angstneurose, als Form der Neurasthenie, auch nicht zu den Psychoneurosen im engeren Sinne, sondern suchte für sie eine naturwissenschaftliche Erklärung. Zwar liege es ihm fern, so schrieb er noch 1925 in seiner »Selbstdarstellung«, die Existenz des psychischen Konflikts zu leugnen, doch glaube er, »daß die Symptome dieser Kranken ... als direkte toxische Folgen des Sexualchemismus aufgefaßt werden müssen«. Er dachte vor allem an Coitus interruptus, frustrane sexuelle Erregungen und angestauten Triebdruck durch sexuelle Enthaltung.

Wohl gab er 1925 zu, daß es ihm in den vergangenen dreißig Jahren an speziellen psychoanalytischen Erfahrungen mit dieser Störung gefehlt habe, um seine frühere Theorie zu überprüfen, und daß der Sachverhalt komplizierter sei, aber zu einer Revision kam es nicht mehr. Er blieb dabei, die Angstneurose als eine Aktualneurose zu benennen, deren psychische Symptome unmittelbarer Ausdruck biochemischer Körpervorgänge seien.

Aber abgesehen von dieser unglücklich vereinfachenden Erklärung der Angstneurose hat Freud wie kein zweiter in den letzten hundert Jahren dazu beigetragen, die psychologischen Bedingungen und Verarbeitungsmechanismen von Angst zu klären. Erst durch ihn haben wir zu verstehen gelernt, welche Angstformen sich in den unterschiedlichen Phasen der psychischen Entwicklung herausbilden und mit welchen unbewußten Abwehrmechanismen Angst zu beherrschen versucht wird.

Allerdings verdankte er seine Einsichten einer neuen Strömung, die in den gehobenen bürgerlichen Schichten begann und dort vornehmlich Frauen erfaßte. Als Ersatz für den Halt, den die Kirche durch ihren raschen Autoritätsschwund nicht mehr bieten konnte, suchten sensible Menschen zur Erlösung von inneren Spannungen und Konflikten eine Art säkularisierter Beichte. Es waren, wie wir aus Freuds Krankengeschichten entnehmen können, besonders differenzierte Personen, vor allem Frauen, die ihre psychischen Probleme in Form von ausdrucksvollen (hysterischen) Symptomen zur analytischen Entschlüsselung förmlich anboten. Darunter hatten einige das Glück, auf neugierige, besonders einfühlungs- und phantasiebegabte Psychiater zu treffen, die dieses Angebot annahmen. Freud als der scharfsinnigste unter ihnen erkannte, daß hier ein Zugang zu einem weitverbreiteten neuen Unglücklichsein zu erschließen war, das nicht mehr nach Heil, dafür nach therapeutischer Heilung suchte.*

Zeittypisch waren es vor allem die von der Kirche einst geschürten, aber nicht mehr aufgefangenen Sexualängste, die im Unbewußten rumorten und sich nun als klinische Phänomene organisierten, um sich eine legitime Hilfe durch eine psychologische Medizin zu verdienen. Was Freud nunmehr entdeckte, hätte sich hundert Jahre vorher noch nicht entdecken lassen. Seine große Leistung bestand darin, daß er die chiffrierten, unbewußten Botschaften des neuen Patient/innen-Typs verstand, daß er sie auf wissenschaftliche Begriffe brachte und ihnen mit dem diskreten sokratischen Gespräch der Psychoanalyse eine Form der Bearbeitung anbot, die bis heute als die gründlichste und tiefgreifendste Variante von Psychotherapie anzusehen ist.

Allerdings hat Freud, wie bereits Erich Fromm in »Die Furcht vor der Freiheit« kritisch anmerkte, zusammen mit der modernen Psychiatrie wesentlich dazu beigetragen, den problematischen Begriff der *»normalen« Persönlichkeit* einzuführen, die nie

---

* Nach O. Rank hat Freud gelegentlich die Bemerkung gemacht, daß die Psychoanalyse eigentlich von der ersten Patientin erfunden worden sei, die Breuer im Jahr 1881 behandelte und deren Krankengeschichte (Anna O.) viele Jahre später in den »Studien über Hysterie« veröffentlicht wurde.

zuviel Angst hat, nie zu wütend oder zu traurig ist. Viele Psychiater und auch Psychoanalytiker »benutzen Worte wie ›kindisch‹ oder ›neurotisch‹ zur abschätzigen Beurteilung von Wesenszügen oder Persönlichkeitstypen, die nicht in das herkömmliche Bild von ›normalen‹ Menschen hineinpassen«.

Der moderne normale Mensch darf eben nur noch normale, das heißt ein bißchen, Angst haben. Mehr Angst ist neurotisch und verlangt nach Tabletten oder Psychotherapie. Steigert sie sich zur regelrechten Todesangst, wird zuerst der Verdacht überprüft, ob die Todesidee nicht nur eine krankhafte Erfindung des Betroffenen ist. Denn sieht ein Neurotiker entsetzt den Tod vor Augen, erfährt er in der Psychoanalyse vermutlich, daß er nur die Wiederholung eines Kindheitskonflikts erlebe, der ursprünglich etwa mit der Furcht verquickt war, von der Mutter verlassen oder vom Vater mit Kastration bestraft zu werden. Vielleicht hatte eine ablehnende Mutter dafür gesorgt, daß in ihrem Kind Aggressionen bald in schweren Selbsthaß umschlugen. Und vielleicht steckt der Erwachsene jetzt in einem aggressiven Konflikt, der diesen alten Selbsthaß wiederbelebt und sich in Todesangst widerspiegelt. Vielleicht wird die Destruktivität schließlich sogar auf die Atombombe oder auf das Aids-Virus projiziert usw. So lassen sich viele Spuren verfolgen, die alle auf das eine Ziel gerichtet sind, den Tod der Todesangst als bloße neurotische Phantasie zu entlarven und damit zu relativieren.

Gewiß hat die Psychoanalyse mit dem Nachweis recht, daß kindliche Erfahrungen alle späteren Erlebnismuster mit färben. So wird auch im folgenden anhand von Beispielen erläutert werden, wie kindliche Entbehrungen, Enttäuschungen, Schocks den Weg zu krankhaften Angstformen bahnen können. Aber die Hoffnung der Gesellschaft, die Verleugnung des Todes mit Hilfe der Psychoanalyse dadurch absichern zu lassen, daß diese in der Todesangst nichts als unverarbeitete Trennungs-, Kastrations-, Trieb- oder Überich-Angst nachweisen könnte, muß ebenso scheitern wie jene andere Hoffnung, alle Angst auf korrigierbare organische Fehlregulationen zurückzuführen.

Durch den unmittelbaren Bezug zum Tod, dem unsere Gesellschaft den Rücken zukehrt, ist Angst das heikelste aller Forschungsthemen. Wer sie untersucht, soll sie einerseits verharmlosen, andererseits pathologisieren. Auf jeden Fall soll er sie vom Tod isolieren. Der Psychoanalytiker geht immerhin noch nahe an sie heran, läßt sie sich ausleben, fühlt sich in sie ein, versucht sie zu verstehen, wenn auch hoffend, sie durch Entschlüsselung eines hintergründigen Konflikts als neurotisches Mißverständnis zu erhellen und aufzulösen.

Zu dieser Nähe mögen sich die meisten modernen sogenannten Angstforscher keinesfalls entschließen. Einigen von ihnen ist die Einordnung der diversen Angstvarianten in Diagnosekataloge am dringlichsten, in denen sie episodische, anfallsartige, panische, generalisierte, mit Depression gemischte oder reine, primäre oder sekundäre, soziale oder einfache Ängste auflisten – und sich unaufhörlich über Benennungen und Abgrenzungen streiten sowie darüber, welchen der beiden internationalen Diagnose-Schlüssel man vorziehen solle. Hat man die Angst erst einmal sauber in Diagnose-Kästchen sortiert, kann man sie zählen und statistisch verrechnen: 14 Prozent, so eine Münchener Studie, haben mindestens irgendwann im Leben eine Angststörung, über fünf Prozent eine Platzangst, über zwei Prozent eine Panikstörung usw. Aber woher weiß man das? Natürlich aus Befragungen. Aber was ist mit denen, die aus Angst, sich als ängstlich zu verraten, keine Angst ankreuzen? Haben etwa Frauen mehr Angst, nur weil sie diese häufiger ankreuzen, oder haben sie umgekehrt weniger Angst als Männer, denen lediglich das Zugestehen derselben schwerer fällt?

Benennen, einteilen, quantifizieren – jeder sieht, daß man damit nicht die Angst, nicht einmal ihre Außenseite erfaßt, daß diese sogenannte Angstforschung vielmehr zwar akademisch anerkannt sein mag, aber lediglich ein methodisches Aufbereiten eines Nichtwissens, eines Nicht-wissen-Wollens darstellt. Das wissenschaftliche Anschleichen an die Angst ähnelt dem Umgang mit einer gefährlichen Substanz, von der man eigentlich nur herausbekommen will, wie man sie am elegantesten loswerden kann. Was die Okay-Gesellschaft sucht, ist eine perfekte Angst-Entsorgungsstrategie, notfalls mit Trainingsmethoden, besser – weil bequemer – mit Chemie oder Chirurgie. Anxiolytika, chemische Angstlöser, sind die Antwort der Pharmaindustrie. Aber ach, keiner dieser »Angstlöser« mindert nur die Angst. Alle wirken allgemein dämpfend, abstumpfend. Sie hemmen genauso freudige Erregung, Zorn, Liebesleidenschaft. Immerhin wurden bereits in der alten Bundesrepublik jährlich mehr als eine Milliarde, in Österreich 70 Millionen Beruhigungspillen geschluckt (K. Langbein, H. P. Martin, P. Sichrovsky, H. Weiss). Indessen mag manchen die allgemeine Abstumpfungswirkung gar nicht so unwillkommen sein. Viele andere warten jedoch immer noch vergeblich auf das Zaubermittel, das sie ausschließlich von ihrer Angst, nicht aber zugleich von ihrer Frische und Lebendigkeit befreit – als sei die Angst ein isolierter Defekt wie die Überproduktion einer Drüse und nicht in die Ganzheit des Lebens integriert.

Was die Chemie nicht geschafft hat und nicht schaffen kann, haben eine Zeitlang die Hirnchirurgen probiert. Stolz priesen sich einige als »Psychochirurgen« an und zerstörten gezielt Nervengewebe im Gehirn, das man als zuständig für Angst, Schmerz und Zwangserscheinungen ermittelt hatte. Mit dem Nobelpreis feierte man schon 1949 den Pionier der »Leukotomie«, den Portugiesen Antonio Moniz, in dessen Nachfolge sich Hunderte von Chirurgen in Europa und in den USA über die Gehirne von Angst- und Schmerzgeplagten hermachten. Man konnte damit Ängste austreiben, aber um welchen Preis?

Der Züricher Psychiater Stoll nannte als Begleitwirkungen: Verminderung der affektiven Spannung, matt-flach-apathische Euphorie, Kritiklosigkeit, Distanzlosigkeit, Abbau geistiger Interessen, Abbau altruistischer Verhaltensweisen, Abnahme der Erlebnisfähigkeit, des religiösen Gefühls, Verlust des Planens und der Voraussicht. Wie die Begeisterung für diese Methode bald in Entsetzen umschlug, habe ich in unmittelbarer Nachbarschaft einer Neurochirurgischen Klinik persönlich miterlebt.*

Inzwischen ist die Medizin von dieser Art »Psychochirurgie« kuriert, aber immer noch nicht von ihrem Traum, irgendwo und irgendwie die Angst als abgrenzbaren Fehler in der Maschine Organismus aufspüren und eliminieren zu können. Wie kann man diese Ignoranz anders erklären als aus der Angst, die Angst als unmittelbaren Bestandteil der Menschlichkeit zu begreifen? – Man kann überschwemmender Angst sehr wohl psychotherapeutisch beikommen, aber nur, wenn man sie grundsätzlich als Farbe des sterblichen Lebens, als oft sinnvollen Ausdruck innerer Konflikte oder auch als wichtiges Signal für konkrete Bedrohungen anerkennt.

---

* Siehe Schilderung in »Die Chance des Gewissens«, Verlag Hoffmann und Campe, 1986

10. Kapitel

Trennungstrauma und Trennungsangst

Schon dem Großvater Charles Darwins, Erasmus Darwin, ist der Gedanke gekommen, daß der Vorläufer aller späteren Angst das aufwühlende Erlebnis des Geburtsvorganges sei. In seiner »Zoonomia« (Bd. 1, 148) schrieb er:

»Die ersten starken Empfindungen, die nach der Geburt auf das Junge eindringen, entstehen durch die Atemnot mit Beklemmung der Brust und durch den plötzlichen Übergang aus einer Temperatur von über 37 Grad in unser kaltes Klima. Das Junge zittert, das heißt, es setzt nacheinander alle Muskeln in Bewegung, um sich von dem Druck auf seine Brust zu befreien, und es beginnt, mit kurzen, schnellen Atemzügen Luft zu schöpfen. Gleichzeitig zieht die Kälte seine gerötete Haut zusammen, so daß sie langsam erblaßt; der Blasen- und Darminhalt wird entleert, und aus dem Erleben dieser ersten unlustvollen Sensationen entsteht der Angstaffekt, der nichts anderes ist als die Erwartung unlustvoller Sensationen. Diese frühzeitige Kombination von Bewegungen und Empfindungen erhält sich durch das ganze spätere Leben; durch den Angstaffekt wird Kälte und Blässe der Haut, Zittern, Beschleunigung der Atemtätigkeit und Entleerung von Blase und Darm bewirkt; und diese Erscheinungen werden so zum natürlichen, universellen Ausdrucksmittel für diesen Affekt.«

Ohne Kenntnis dieses Vorläufers stellte Freud in den »Neuen Vorlesungen« die Behauptung auf, daß alle späteren Angstbedingungen »die Situation der ursprünglichen Geburtsangst wiederholen, die ja auch eine Trennung von der Mutter bedeutete«. Allerdings legte Freud dem physiologischen Schock weniger Bedeutung bei als dem psychologischen Trauma, nämlich dem Verlust der Geborgenheit und des absoluten Schutzes im Körper der Mutter. Sein Schüler Otto Rank wagte sogar alle späteren Neurosen vom »Trauma der Geburt« – Titel seines Hauptwerks – abzuleiten. Aber darin folgte ihm der vorsichtige Freud nicht.

Dennoch ist der Geburtsvorgang, der das Kind aus der Einheit mit der Mutter herausreißt und einer irreversiblen Isolation aussetzt, die Urform aller späteren Trennungsszenen, die mehr oder weniger starke Angst auslösen können. Von großer Bedeutung ist, ob das Kind in der frühesten Phase durch zuverlässige Zuwendung und Fütterung einer liebevollen Mutter ein Sicherheitsgefühl entwickelt, das E. H. Erikson als »Urvertrauen« bezeichnet hat. Es erlebt dann nach Auflösung der *physischen* Symbiose im mütterlichen Uterus eine kompensierende *soziale* Symbiose. Es wird gewiegt, wenn es unruhig wird, und an der Brust gesättigt. Aber hier zeigt sich bereits, daß das Schicksal der kindlichen Angst von Anfang an von der Mutter mitbestimmt wird.

Angst ist also, auch wenn sie im Innern des Einzelwesens aufsteigt, stets auch ein psychosoziales Phänomen. Schon in der Stillphase kann man beobachten, daß eine nervöse Mutter beunruhigend auf das Kind wirkt. Das Kind wird sich mit der Mutter gut fühlen, wenn auch diese sich mit ihm gut fühlt. Das *Urvertrauen* ist eine Eigenschaft der *beiderseitigen Beziehung*.

Seine Unreife und Hilflosigkeit macht das Kleinkind so extrem abhängig von einer schützenden Person, daß es sogar im Falle einer guten Vertrauensbildung in Panik geraten kann, wenn es sich plötzlich verlassen glaubt. Im dunklen Zimmer allein gelassen, wird es unter Umständen von Angst überwältigt, die oft ebenso rasch in dem Moment weicht, in dem die Mutter zur Tür hereinkommt. Schon das Vernehmen der mütterlichen Stimme in der Nähe beruhigt häufig schlagartig. In der zweiten Hälfte des ersten Jahres lernt das Kind, Personen zu unterscheiden und reagiert mitunter erschreckt, wenn es anstelle der Mutter plötzlich eine fremde Person vorfindet. Abrupter Verlust der Mutter ohne geeigneten Ersatz kann zu nachhaltigen Trauerreaktionen führen, die sich verhüten lassen, wenn die mütterliche Rolle von einer anderen verläßlichen Person übernommen wird.

Mit ernsthaften Schädigungen ist zu rechnen, wenn das Kind eine regelrechte »Deprivation« erleidet, das heißt, einer persönlichen, Geborgenheit vermittelnden Betreuung weitgehend beraubt wird. J. Bowlby hat solche Fälle im Rahmen einer von der Weltgesundheitsorganisation veranlaßten Erhebung gründlich studiert:

»Partielle Deprivation hat meist akute Angst, übertriebenes Liebesverlangen, ausgeprägte Rachegefühle und, aus diesem letzteren resultierend, Schuldbewußtsein und Depressionen zur Folge ... Vollständige Deprivation ... hat noch viel schwerwiegendere Folgen für die Persönlichkeitsentwicklung und kann unter Umständen dazu führen, daß jegliche Kontaktfähigkeit verkümmert.«

Längere Isolation bewirkt, daß das Kleinkind seine Kontaktsehnsucht verdrängt, weil es den Schmerz der fortwährenden Enttäuschung nicht aushält. Diese Resignation wird leicht als Selbstgenügsamkeit verkannt. Dem Anschein nach kann das Kind »sehr gut für sich sein«, während es sich in Wirklichkeit nur aus der Erfahrung der Entbehrung heraus verschlossen hat. Es schützt sich durch seinen inneren Rückzug vor der Verzweiflung vergeblichen Hoffens. Nach Beendigung einer Trennungsphase dauert es oft eine Weile, bis das Kind auftaut. Hat es sich aber wieder innerlich aufgeschlossen, weicht es dann, von Angst getrieben, vielfach kaum noch von der Seite der Mutter. Der Trennungsschock hat die innere Sicherheit des Kindes zutiefst erschüttert.

Aber auch ohne physische Trennung entwickeln Kinder gesteigerte Isolationsangst bei Müttern, bei denen sie eine innere Ablehnung spüren. Vielleicht hat die Mutter die Schwangerschaft nicht gewollt. Oder der Partner hat sie im Stich gelassen, oder sie steckt mit diesem in einem so massiven Konflikt, daß sie für das Kind kaum Energien frei hat. Oder sie nimmt an dem Kind irgendein Merkmal wahr, das sie befremdet oder abstößt. Das Kind erinnert sie an jemand, den sie nicht ausstehen kann, oder auch an einen Fehler, den sie bei sich selbst haßt. Wie auch immer – das Kind spürt: Ich bin nicht wirklich willkommen, oder ich bin nicht so, wie ich sein sollte. Und fortan ist es unsicher, ob das Band zur Mutter hält. Es strengt sich dann vielleicht besonders an, der Mutter zu gefallen – durch Willfährigkeit, Unterdrückung von Trotz, Leistungseifer. Ständig sitzt ihm die Angst im Nacken, mißliebig und fallengelassen zu werden.

Solche Angst begleitet nicht selten lebenslänglich Menschen, die in späteren Freundschaften und Ehen kaum jemals glauben können, einen Partner außer durch ungewöhnliche Anpassungsbemühungen festhalten zu können. Die Tragik solcher Entwicklungen liegt darin, daß die Angst die Liebe kaputtmacht. Man kann einen Partner nicht wirklich lieben, wenn man für die Sicherung der Verbindung zu viele Opfer bringen zu müssen glaubt. Es stauen sich notwendigerweise Haßgefühle an. Diese aber verschärfen das Problem zusätzlich. Denn sie drohen die Trennung zu provozieren, die man nicht überleben zu können meint. Führt diese Spannung nicht unmittelbar zu einem Angstdurchbruch, so vielfach zu momentanen, aber schnell wieder in sich zusammenbrechenden Zornaufwallungen. Dem Protest muß auf der Stelle die Unterwerfung folgen, weil eine andauernde Verstimmung unerträglich wäre.

In den späteren Beziehungsmustern bleibt jedenfalls eine traumatische Trennungsangst, wie sie in der Kindheit erworben wurde, oft unbewußt erhalten. Die Betreffenden mögen im übrigen viele Ziele im Leben erreichen, geachtet, bestaunt oder bewundert werden – in einer »Ecke« bleiben sie kleine Kinder mit dem Schreckbild hilfloser tödlicher Vereinsamung vor Augen. Und wie in früherer Zeit phantasieren sie Vereinsamung immer noch als Von-der-Mutter-im-Stich-gelassen-Werden und Sterben-Müssen. Diese Phantasie macht sich jeweils quälend bemerkbar, wenn Impulse aufsteigen, sich gegen den unentbehrlichen Partner zu wehren. Wird die Wut übermächtig, kann sie unmittelbar in Angst umschlagen, und es kommt zum Typ der geschilderten Anfälle mit beklemmendem Herzrasen und der Erwartung des tödlichen Herzschlags.

Wir sagen, die Angstneurotiker leben in beständiger Trennungsambivalenz. Sie stecken in einer mitunter verleugneten, meist aber sichtbar demonstrierten anklammernden Abhängigkeit, die sie einerseits in ihrer Freiheit bedroht, andererseits aber – wie sie glauben – am Leben erhält. Jedenfalls ist die Angstneurose eine *ins Extrem gesteigerte Form von Trennungsangst*. Stets reicht ihre individuelle Entstehungsgeschichte bis in die frühe Kindheit zurück – auch wenn die Anfälle meist erst viel später einsetzen. Für die Patienten steht fest: Wenn ich von meinem beschützenden Partner verlassen werde, muß ich sterben. Unbewußt haben diese Menschen ständig den Tod vor Augen. Ebenso bleiben sie geradezu magisch fixiert an die Idee: Ich muß immer einen anderen bei mir haben, der mir hilft, wenn ich mich ihm gehorsam unterwerfe. Und dann ist da noch eine dritte Idee, von der sie beherrscht werden: Ich muß sehr vorsichtig sein und mich schonen, damit mein Herz nicht aussetzt. Das Herz wird psychologisch zu einer Art tyrannischer Instanz: Man fühlt sich von ihm bedroht; das Herz wird es »übelnehmen«, wenn man es ärgert. Man darf es nicht herausfordern durch ehrgeizige Anstrengungen, Ausschweifungen usf. Das Bild des Herzens trägt meist deutlich die Züge der verinnerlichten Mutter.

11. Kapitel

Zwei klinische Beispiele

Am Gießener Zentrum für Psychosomatische Medizin haben wir die Angstneurose an 125 Patienten genau studiert. Zu uns kamen Menschen, bei denen wir zunächst nicht recht verstanden, was ihr Leiden ausgelöst hatte. Bei anderen erkannten wir sehr deutlich psychologische Zusammenhänge. Aber allmählich fanden wir heraus, daß die bei den einen leicht durchschaubaren angstauslösenden Mechanismen auch bei vielen anderen, wenn auch verschleiert, eine Rolle spielten. Hier seien zwei besonders instruktive Beispiele vorgeführt. Das erste betrifft ein fast zehnjähriges Mädchen, das andere eine 33jährige Frau. Es wird sich zeigen, daß bei der erwachsenen Frau nahezu die gleichen auslösenden Momente und Reaktionsformen wirksam sind wie bei dem Kind.* Es ist ein Charakteristikum der Angstneurose, daß sie in allen späteren Lebensaltern ein sehr frühes Szenario wiederbelebt: ein heilloses Chaos von Ambivalenz, Wut, Schuldgefühlen, Todesideen und Hilfeschrei.

Unangemeldet erscheinen beide Eltern mit ihrer neundreivierteljährigen Tochter Bettina am Samstag mittag in unserer Klinik. Der Vater, Bäckermeister aus einem kleinen ländlichen Ort, hält das zitternde blasse Mädchen an der Hand. Seit zwei Wochen sei

---

* In ausführlicherer Form ist die Krankengeschichte des Kindes in dem vom Verfasser gemeinsam mit D. Beckmann publizierten Buch »Herzneurose«, Stuttgart/New York (Thieme-Verlag), 3. Aufl. 1986, beschrieben.

Bettina krank. Man sei mit ihr erst beim Hausarzt, dann bei einem Homöopathen und schließlich in einer Kinderklinik gewesen. Nichts habe bisher geholfen. Man wisse jetzt nicht mehr weiter.

Allmählich schält sich folgende Vorgeschichte heraus: Bettina hatte vor 14 Tagen abends ihre Tante besucht, die im gleichen Ort wohnte. Sie hatte ihr einen entliehenen Eimer zurückgebracht. Anstatt sich zu freuen, hatte die Tante geschimpft, weil Bettina keine Strümpfe und Schuhe, sondern nur »Holzschläpper« getragen hatte: »Wenn du keine Strümpfe anziehst, wirst du noch krank werden!« Bettina hatte sich geärgert. (Diese Details waren vorher mit den Eltern noch nie besprochen worden und ergaben sich erst nach und nach aus den Erzählungen Bettinas.) Am nächsten Morgen gab es große Aufregung. Als Bettina aufwachte, hörte sie von der weinenden Mutter, daß man die Tante gerade tot aufgefunden habe. Sie müsse einen Herzschlag erlitten haben. Ihre Tür sei verschlossen gewesen. Man habe die Tür aufbrechen müssen. Vielleicht hätte man ja der Tante noch helfen können, wenn jemand in der Nähe gewesen wäre. Aber niemand habe einen Hilferuf gehört. Als die Mutter bemerkte, daß Bettina zugehört hatte, wandte sie sich dieser zu und versuchte in sie zu dringen: »War denn gestern abend etwas mit der Tante? Du warst doch da. War sie denn krank?«

Bettina weinte nicht, als sie die erschreckende Geschichte hörte. Man konnte ihr auch tagsüber nicht anmerken, daß etwas Besonderes in ihr vorging. Aber als sie abends ins Bett gebracht worden war, sprang sie nach zehn Minuten wieder auf und schrie. »Ich muß zum Doktor, mir wird so schlecht. Mein Herz tut mir so weh, das klopft so!« Der Vater berichtet: »Ich habe selbst gespürt, wie das Herz bei ihr gerast hat. Bevor meine Frau das Auto fertig machen konnte, lief Bettina schon im Nachthemd los, zu unserem Hausarzt im Dorf. Sie war nicht zu halten...«

Das Kind klammerte sich zitternd an den Hausarzt. Der gab ihr einen Schlafsaft. Zu Hause fing aber die Angst gleich wieder an. Der Hausarzt, wiederum bemüht, verabreichte nun ein weiteres sedierendes Mittel. Als die Angst nicht wich, nahm er sie kurzerhand mit nach Hause. Er ließ sie die nächsten beiden Nächte bei sich schlafen, weil er hoffte, dem Mädchen durch seine ständige Anwesenheit die Angst nehmen zu können. Außerdem gab er ein Psychopharmakon. Aber in der dritten Nacht rief er um Mitternacht bei Bettinas Eltern an: »Ich werde mit ihr nicht mehr fertig!« ... Das Mädchen verlangte, unbedingt ins Krankenhaus gebracht zu werden. Der Vater lud sie in sein Auto und war mit ihr schon auf dem Weg in die Stadt zur Klinik, da schlief sie im Auto ein. Daraufhin kehrte der Vater um und fuhr das schlafende Kind nach Hause. Schließlich hatte der Hausarzt ja erklärt, es sei keine organische Krankheit.

Während der folgenden Tage besserte sich nichts, Bettina war nicht zu bewegen, in die Schule zu gehen. Sie konnte zu Hause nicht einen Augenblick allein sein und folgte der Mutter auf Schritt und Tritt. Abends steigerte sich regelmäßig ihre Ängstlichkeit. Herzklopfen und große Unruhe überfielen sie. Und Abend für Abend wiederholte man das Autoexperiment: Man versprach Bettina, sie in die Klinik zu bringen. Im fahrenden Auto schlief sie regelmäßig ein, wurde anschließend wieder heimgebracht und von den Eltern vorsichtig ins Bett getragen. Auch tagsüber nahm sie der Vater gelegentlich in seinem Lastwagen mit, weil sie darin schlafen konnte.

Die Eltern verloren allmählich die Geduld. Vater und Mutter schlugen das Kind und schrien es an. Danach wurde alles nur noch schlimmer. »Nie habe ich von ihr einen Kuß bekommen«, berichtet die Mutter. »Jetzt sagt sie: Wenn du mich mit in die Klinik nimmst, bekommst du einen Kuß!« Sie ist auch zärtlich mit der Mutter, damit diese sie zu Hause nicht allein läßt. Denn sie hat panische Furcht, es könnte ihr in einem Moment etwas zustoßen, in dem ihr niemand helfen könnte.

Nachdem der Hausarzt mit ihr nicht weiterkam, versuchten es die Eltern mit einem Homöopathen. Dieser verordnete angeblich Opiumkügelchen – ohne jeden Effekt. Endlich wurde Bettina doch in der Kinderklinik vorgestellt. Aber dort nahm man sie nicht auf. Man untersuchte sie gründlich körperlich und fertigte auch eine Röntgenaufnahme des Schädels an. Alle organischen Befunde waren in Ordnung. Man beruhigte die Eltern und empfahl eine Vorstellung in unserer Gießener Klinik.

Bettina sei schon als Säugling schwierig gewesen, berichtet die Mutter. Die Hebamme habe ihr die Nase zuhalten und die Brust in den Mund stopfen müssen, um sie zum Saugen zu zwingen. Dagegen habe die zwei Jahre jüngere Schwester Susi von Anfang an gut gesaugt und wunderbar gegessen. Bettina hingegen sei noch heute eine schlechte Esserin. Sie sei trotzig, enorm eigenwillig, ehrgeizig. Sie habe »viel mehr Schläge gebraucht« als die Schwester. Auch sei sie oft langsam und liederlich, »genau wie meine Schwiegermutter! Ich habe immer Angst, sie wird genau wie meine Schwiegermutter. Ich sage ihr oft, ich will nicht, daß du so wie die Oma Anna wirst!«

Also wird ganz deutlich: Bettinas »schlechte Eigenschaften« sollen dem Arzt verständlich machen, daß die Mutter nichts dafür kann, wenn sie das Kind nicht so recht mag. So verrät sie unbewußt gleich viel von der Struktur der Mutter-Kind-Beziehung, von der sie mit Recht ahnt, daß diese für das Verständnis der neurotischen Entwicklung und der akuten Panik des Kindes bedeutungsvoll ist.

Der Vater hält sich sehr zurück. Er ist zwar auch besorgt, aber doch verhältnismäßig ruhig und klar. Er ist es, der die Krankengeschichte kurz und sachlich berichtet.

Bettina selbst ist ein schmächtiges, blasses Mädchen. Ihre Hände sind in fortwährender Unruhe. Meist hält sie den Kopf in einer verkrampften, schiefen Stellung. Nur selten blickt sie den Arzt für einen Augenblick an. Sie erzählt die Umstände der Begegnung mit der Tante am Abend vor deren Tode, wovon sie noch nie vorher etwas gesagt hatte. Dann lobt sie sich selbst: Sie male gern, von ihr seien schon Sachen in der Schule ausgestellt worden. Auch im Turnen habe sie eine Eins. Anschließend schimpft sie auf ihre Schwester Susi; die sei frech. Eine Freundin bezeichne Susi als »Luder«. Die Schwester lasse sich nicht einmal bei den Schularbeiten helfen, auch wenn sie nicht damit fertig werde.

Bettina baut schließlich mit einem Testbaukasten ein Haus mit offenem Eingang, davor einen Prinzen und eine Prinzessin mit einer Tochter. Das Haus und die Familie läßt sie durch einen Wachhund bewachen. Schließlich baut sie noch eine Art Höhle mit einem Wolf darin, den eine Schlange, die sie aus Knetmasse fertigt, von außen bedroht. (Später stellt sich heraus, daß die Mutter an einer ausgesprochenen Schlangenfurcht leidet.) Während sie anfangs fahrig und verwirrt mit den Bausteinen hantiert und das gebaute Haus dabei auch einmal umwirft, wird sie allmählich etwas ruhiger.

Der Psychotherapeut gibt Bettina eine Deutung: »Ich glaube, du hast Angst, daß du genauso sterben mußt wie die Tante, und deshalb willst du abends die Augen nicht zumachen und einschlafen. Du glaubst, du würdest nicht wieder aufwachen.«

Daraufhin erzählt sie wie zur Bestätigung, daß ihr Herz oft so stark klopfe und daß ihr ganz schlecht dabei werde. Der Therapeut hat den Eindruck, daß Bettina ihm allmählich zutraut, daß er sie verstehe. Bisher hatten ihr ja alle die Angst nur bagatellisierend auszureden versucht. Jetzt sieht sie, daß jemand die Ernsthaftigkeit ihrer Todesbefürchtungen respektiert. Und es mag sie auch erleichtern, daß man die ihr unbewußte Identifizierung mit der Tante anspricht. Denn schon jetzt kann man vermuten, daß das außerordentlich aggressionsbereite Mädchen in sich unbewußt einen magischen Zusammenhang hergestellt hat zwischen ihrer Wut auf die undankbare, schimpfende Tante und deren Tod. Nicht nur ihre Wut mußte ihr große Schuldgefühle bereiten, sondern obendrein ihre Unterlassung, die tödliche Krankheit der Tante wahrzunehmen und Hilfe zu holen. Diesen Vorwurf hatte sie ja doch der drängenden Frage der Mutter entnehmen müssen, ob sie denn nicht, als letzte Besucherin der Tante, deren Krankheit habe feststellen können.

Der Therapeut verordnet ein Beruhigungsmittel und rät, Bettina nicht mehr herumzufahren, ihr überhaupt nichts mehr vorzumachen. Je mehr das Kind die Tricks der Eltern durchschaue, um so mehr werde sie daran zweifeln, daß die Eltern verläßlich seien und sie auch schützen könnten. Außerdem werde die Wut des Kindes dadurch neu angefacht und die Angst automatisch verstärkt.

Am übernächsten Tag erscheint die Familie zum verabredeten Termin, und die Eltern berichten zufrieden von einer Besserung des Zustandes. Bettina habe immerhin leidlich geschlafen und tagsüber schon wieder mit anderen Kindern gespielt. Sie wirkt lange nicht mehr so verstört, die Gesichtszüge sind entspannter. Sie knetet erneut eine Schlange, dann noch mehrere andere hinzu, Kreuzottern, Ringelnattern, Blindschleichen, dazu ein Männchen. Diesem legt sie eine Schlange um die Schulter, und zwar eine Kreuzotter. Es handle sich um einen Schlangenbeschwörer im Zirkus. Man kann interpretieren: Die Schlangen, entsprechend der mütterlichen Schlangenfurcht der gefährlichste, giftigste Feind, werden durch Bemächtigung unschädlich gemacht. Entsprechend ihrer Gewohnheit, Ängste kontraphobisch zu bewältigen, versucht Bettina das, was man in der Psychoanalyse eine »Identifikation mit dem Aggressor« nennt. Sie spielt mit dem Symbol der Vernichtungsmacht, deren Opfer sie eigentlich zu werden fürchtet. Zugleich kann man darin auch einen Rivalitätstriumph über die Mutter sehen: Sie möchte allmächtiger Herr über die Schlangen sein, vor denen die Mutter in wehrloser Angst flieht.

Die angestauten intensiven Aggressionen, die hier schon sichtbar werden, kommen beim nächsten Besuch in der Klinik vehement zum Vorschein: Bei der Begrüßung zieht sie aus einem mitgebrachten Köfferchen blitzschnell einen großen Spielzeugrevolver heraus, zielt auf den Therapeuten und drückt mehrmals ab. Der Arzt spielt den Erschreckten und hebt die Arme hoch. Sie kann sich vor Jubel darüber kaum fassen. Nach längerem erregten Lachen wird sie recht locker. Sie will malen und stellt Blumen auf einer Wiese unter einem Sonnenhimmel dar. Dann baut sie aus Bauklötzen ein Dorf und wünscht, daß dieses bis zum nächsten Besuch stehenbleiben solle. In einem kurzen gemeinsamen Gespräch mit der Mutter widerspricht Bettina deren Äußerungen mehrmals heftig und blickt sie feindselig an. Es stellt sich heraus, daß es mit dem Schlafen schon wesentlich besser klappt. Aber zur Schule geht Bettina noch nicht. Die Durchbrüche wilder Aggressionen setzen sich zu Hause fort. Das Mädchen droht, mit Schuhen zu werfen, wenn man ihr nicht zu Willen ist. Besonders trotzig begegnet sie der Mutter, nachdem ihre Ängste sich gemildert haben und sie die Anwesenheit der Mutter nicht mehr nötig hat. Dafür schließt sie sich eng an den Vater an. Sie will nicht die Mutter, sondern nur den Vater im Auto begleiten.

Bezeichnend ist, daß die Mutter in dem gleichen Maße, in dem Bettinas Symptomatik schwindet, ihre Klagen über das Benehmen der Tochter verstärkt. Sie schwärmt von den Vorzügen der Schwester Susi und hebt davon die mannigfachen Schwierigkeiten ab, die ihr Bettina bereite. Unversehens appelliert sie nicht mehr an den Arzt, der ihr krankes Kind kurieren solle, sondern an einen Bundesgenossen, der den schlechten Charakter der Tochter reparieren und ihre Enttäuschung über Bettinas Ungezogenheit teilen möge. Das gespannte Verhältnis zwischen Mutter und Tochter tritt sehr kraß hervor, und man kann jetzt besser verstehen, woher einerseits der Aggressionsdruck, andererseits die damit gekoppelte große Angstbereitschaft stammen, die unter dem Einfluß der traumatischen Begebenheit mit der Tante zur Symptombildung geführt hatten.

Drei Wochen nach der ersten Behandlung ist Bettina so weit geheilt, daß sie nicht nur wieder zur Schule gehen, sondern auch an einer Kinderverschickung in ein Landheim teilnehmen kann. Die Trennung von den Eltern gelingt ohne Schwierigkeiten. Am Verschickungsort bietet sie keine Auffälligkeiten. Die Eltern wünschen eine Beendigung der Behandlung, da sie das Mädchen als gesund empfinden und obendrein die langen Fahrtstrecken zur Gießener Klinik vermeiden möchten.

Die Psychologie kindlicher Angstneurosen liegt oft, wie im vorliegenden Fall, offen zutage. Erwachsenen Angstneurotikern ist ihre Störung anfangs meist, wie gesagt, ein dunkles Rätsel. Aber immer gibt es Spuren, die das scheinbar Unverständliche erhellen. So im folgenden Fall:

Die 33jährige Ruth, Angestellte in einer Chemiefirma, wird von ihrem Hausarzt in der Psychosomatischen Klinik vorgestellt. Mit leiser Stimme und geweiteten, sorgenvollen Augen schildert die Frau ihre Not. Vor ein paar Tagen, sie saß am Steuer ihres Autos, wurde ihr plötzlich schlecht. Ihr Herz raste, und sie glaubte, keine Luft mehr zu bekommen. Ihr wurde schwindlig, Schweiß brach aus, und sie mußte die Fahrt sofort unterbrechen. Als sie, allmählich erholt, bei ihrem Hausarzt landete, konnte dieser an ihren Organen, insbesondere am Herzen, nichts Auffälliges entdecken. Auch eine gründlichere Untersuchung am folgenden Tag brachte keine körperliche Erklärung.

Nun sitzt sie hier, offensichtlich besorgt, daß sie dem Therapeuten ihre Verfassung nicht gut verständlich machen könne. Die Furcht, der panische Angstzustand könne sich wiederholen, steckt noch tief in ihr. Aber es ergeht ihr wie vielen Leidensgenossinnen und -genossen, daß sie sich gegen den Verdacht rechtfertigen zu müssen glaubt, sie dramatisiere eine banale Unpäßlichkeit.

»Ist denn Ihrem Angstanfall irgend etwas vorausgegangen, eine Aufregung, ein Ärger oder dergleichen?«

Nein, sie könne sich auf nichts dergleichen besinnen. Sie schildert den anscheinend normalen Ablauf der letzten Tage. Schließlich fällt ihr doch ein zwar schon etwas länger zurückliegendes Erlebnis ein, dessen Bilder sie nicht loswerden konnte: An einem Vormittag war die Nachricht gekommen, man habe ihren Onkel plötzlich tot in seiner Wohnung gefunden. Sie war mit ihrem Mann sofort dorthin geeilt, wo der Tote immer noch auf dem Fußboden lag, so wie er anscheinend hingestürzt war. Von einem Herzanfall war die Rede, obwohl der Onkel als kerngesund gegolten und bis zuletzt eifrig Sport getrieben hatte.

Dieses Erlebnis fügt sich, wie sich zeigt, als letztes Glied zu einer langen Kette früherer belastender Erfahrungen. Als Kind hatte man sie in ein Heim gegeben, weil die alleinstehende, chronisch kranke Mutter mit fünf Kindern nicht fertig wurde. Erst in späteren Sitzungen kann sie etwas über ihr damaliges Leiden sagen: »Damals habe ich gelernt, bloß kein Gefühl zeigen, sonst kriegen dich die anderen unter! Das ist wie so 'n Schutzschild, das habe ich heute auch noch.« Mit zehn Jahren lag sie ein Jahr lang wegen einer schweren Infektionskrankheit in der Klinik. Nur einmal im Monat durfte die Mutter zu Besuch kommen. Als junges Mädchen träumte sie davon, irgendwann in ein armes Land zu gehen, um dort den Menschen zu helfen. Aber diese Pläne zerschlugen sich. Nach einer gescheiterten ersten Beziehung ist sie nun mit einem beruflich sehr tüchtigen Geschäftsmann verheiratet. Der erfüllt ihr zwar viele Wünsche, nur den einen nicht: sich Zeit für gemeinsame Gespräche zu nehmen. Sie hat viel auf dem Herzen, was sie mit ihm austauschen möchte. Aber er wehrt immer ab, und schon gar nicht möchte er mit Problemen behelligt werden. Oft steigt in ihr deswegen Wut hoch, und sie verschließt sich dann auch selbst vor ihm, ohne daß beide es fertigbringen, diese Spannungen zu lösen.

So waren sie auch nicht imstande, eine dramatische Tragödie gemeinsam zu verarbeiten: Ruth war – mit zwiespältigen Gefühlen – schwanger geworden. Erst allmählich fand sie sich mit diesem Zustand ab. Schließlich freute sie sich doch sehr, als ihre kleine Tochter gesund zur Welt kam. Diese war erst wenige Monate alt, als Ruth mit ihr eines Tages ein befreundetes Ehepaar besuchte. Dort fütterte und versorgte sie die Kleine und legte sie dann zum Schlafen in einen ruhigen Raum. Nach einer Weile, sie hatte mit dem Ehepaar nebenan Kaffee getrunken, sah die Freundin nach dem Kind. Ein Aufschrei. Das Mädchen atmete nicht mehr – es war tot. Ruth konnte sich nicht von der Stelle rühren. Der rasch herbeigeholte Ehemann schaffte die Kleine noch eiligst ins Krankenhaus. Dort konnte niemand das Unglück erklären – keine Krankheit, keine Verletzung. Die innere Verkrampfung der

Mutter hielt noch lange an. Sie war nicht fähig, an der Beerdigung teilzunehmen. Sie konnte auch nicht weinen. »Ich war geistig wie weg.«

Ein Jahr später bekam sie eine weitere Tochter. Sie setzte es durch, daß am Körper des Kindes ein Alarmgerät befestigt wurde, das beim Aussetzen der Atmung ein Pfeifsignal aussenden sollte. Unzählige Fehlalarme trieben die Mutter nachts aus dem Bett. Aber diese Tochter blieb gesund und entwickelte sich zu einem Ausbund von Fröhlichkeit und Impulsivität. Da sei nur eine einzige Schwäche, bemerkt die Mutter: »Sie will mich immer bei sich haben und schreit, wenn ich sie irgendwo allein lasse.« Es kommt dann jedoch heraus, daß die Mutter selbst das Kind nicht aus den Augen läßt und diese symbiotische Anklammerung fördert. Ihre eigene Angst spiegelt das Kind nur wider.

»Ich muß oft noch abends an ihrem Bett stehen und horchen, ob sie noch atmet!« Ruth weiß, daß sie mit dem Tod der ersten Tochter »noch lange nicht fertig« ist. Aber mit ihrem Mann hat sie nie darüber gründlich sprechen können. Nur einmal hat er, als sie ihn kritisierte, ihr vorgeworfen: »Vielleicht hätte das damals nicht passieren müssen, wenn du aufgepaßt hättest.« Sie hat nichts erwidern können, aber diese Worte nie vergessen.

In den folgenden Wochen hat sie noch mehrere kleinere Angstzustände. Der Psychotherapeut bietet ihr an, ihn jederzeit anrufen zu können, wenn ihr danach zumute sei. Er weiß, daß eine solche Kontaktaufnahme oft schon genügt, um Angstneurotiker zu beruhigen. Eines Abends ruft sie tatsächlich an: Sie wage nicht, ins Bett zu gehen. Sie fürchte, im Schlaf plötzlich das Atmen zu vergessen. In der letzten Nacht sei sie mit einem großen Schreck aufgewacht. Sie habe sehr deutlich gemerkt, daß sie plötzlich nicht mehr geatmet habe.

In den nächsten Sitzungen kann ihr bewußt gemacht werden, daß sie sich unbewußt für den Tod der kleinen Tochter bestrafen will: indem sie auf die gleiche Weise wie diese sterben zu müssen glaube. Dabei löst sich etwas von ihrer Spannung, obwohl sie es nach wie vor schwer hat, an ihre abgespaltenen Gefühle heranzukommen. Die Mauer, die ihr Ich schon früh gegen ihre tieferen emotionalen Regungen errichtet hat, erlaubt ihr noch immer nicht, sich die belastenden Erinnerungen voll anzueignen. Deshalb bricht das Verdrängte in chaotischer, entfremdeter Form durch. Aber Schritt für Schritt erweitert die Patientin ihr Selbstverständnis, und es erleichtert sie, sich endlich aussprechen zu können.

Wenn sie doch auch mit ihrem Ehemann besser reden könnte! Aber dieser weicht nach wie vor aus. Einmal bekommt sie noch einen Angstanfall, als er, statt mit ihr und der Tochter spazierenzugehen, zu einem Bekannten fährt. Daß sich in dem anschließenden Anfall die zurückgehaltene Wut entlädt, ist ihr nun bereits spontan begreiflich. Aber zu groß ist die Furcht, den Partner zu verlieren, als daß sie eine offene Auseinandersetzung riskieren würde.

Zu einer solchen kommt es dann aber in einer gemeinsamen Therapiesitzung mit dem Ehemann. Dieser nimmt nach der Beratung mehr Rücksicht auf die Patientin. Deren Symptome mildern sich während der Therapie, in der sie aufgeschlossen mitarbeitet, zusehends. Schließlich ist Ruth einverstanden, die Behandlung zu beenden. Aber unmittelbar nach der abschließenden Sitzung reagiert sie mit einem Angstzustand, der es erforderlich macht, das Problem der Trennung vom Psychotherapeuten noch einmal zu bearbeiten.

12. Kapitel

Die Aussen- und die Innenseite der Angstneurose

An Bettina und Ruth mit ihren besonders kraß ausgeprägten Angstneurosen läßt sich ein bemerkenswerter Zusammenhang deutlich machen: nämlich der Hintergrund eines vermeintlichen Widerspruches. Sowohl das Mädchen wie die Frau erscheinen ursprünglich keinesfalls als schwächliche, unselbständige Persönlichkeiten. Sie wirken nach außen gar nicht besonders zart oder gefühlslabil. Nach Schilderung der Mutter war Bettina schon früh bis zur Widerborstigkeit trotzig und eigensinnig. Und von Ruth ist zu hören, daß sie sich sehr bald gegen ihre Gefühle verschlossen hat, um nicht untergekriegt zu werden. Beide haben sich eine vordergründige Autonomie erkämpft, aber sich auch erkämpfen *müssen*. Denn Bettina stieß auf die ganz offensichtliche Ablehnung einer Mutter, die an ihr von vornherein nur unangenehme Eigenschaften entdeckte. Ruth widerum erfuhr frühe Vereinsamung erst im Haushalt der durch die Vielzahl der Kinder und ihre Krankheit überforderten Mutter, dann in Heim und Krankenhaus.

Zurückgestoßen die eine, allein gelassen die andere, wären beide untergegangen, hätten sie nicht gelernt, ihre Wünsche nach Gehalten- und Geliebtwerden zu unterdrücken. Sie konnten nur überleben, indem sie sich verschlossen und sich auf den einzigen Halt verließen, der ihnen geblieben war – auf sich selbst. Sichnicht-unterkriegen-Lassen war das Hauptziel zum Überleben, ein vorzeitiges Ringen um autonome Abschirmung das Mittel.

Das mochte als erstaunliche Widerstandsfähigkeit und Selbstsicherheit imponieren, mehr aggressiv gefärbt bei Bettina, mehr depressiv getönt bei Ruth. Aber diese demonstrierte Sicherheit, die scheinbare Ich-Stärke täuschte. Im Gegensatz zu dem Anschein einer Reifungsbeschleunigung hatte die massive Verdrängung eine Stagnation auf einem frühen, archaischen Niveau bewirkt. Als dann der Ich-Schutz zusammenbricht, wird plötzlich klar: Auch die 33jährige ist wie die Zehnjährige noch ein Kind, das in Hilflosigkeit zu sterben fürchtet, wenn es nicht von einer großen schützenden Person – Mutter oder Stellvertreter – gehalten wird. Die Ich-Grenzen drohen sich aufzulösen. Was ist drinnen, was ist draußen? Haben eigene Gedanken die Macht, andere umzubringen? Muß man mit sterben, wenn ein anderer stirbt? Es ist ein typisches Schwanken zwischen narzißtischer Allmacht und narzißtischer Ohnmacht, wie es auf der Stufe magischer Kleinkindphantasien bekannt ist.

Wie viele andere Angstneurotiker können sich Bettina und Ruth mit der eigenen Aggressivität nicht wirklich versöhnen. Nachdem sie früh ihre passiven Gefühle unterdrückt haben – Gehalten-werden-Wollen, Hingabesehnsucht, Leiden, Trauer –, fehlt ihnen die *Gegenkraft* zur Bändigung von Destruktivität und Selbsthaß.

Der Tod wird zum Symbol der reinen Destruktivität, wenn man den Schrecken nicht durch Trauer mildern kann. Trauern ist eine Form von Mitleiden, das unaufgearbeitete Spannungen mit dem Verstorbenen dämpft. Das Beweinen löst und erleichtert. Aber diese Hilfe steht Angstneurotikern nicht zur Verfügung. Bettina kann nicht weinen, als die Tante stirbt. Und Ruth vermag nichts von ihren Leiden und ihrer Verzweiflung auszudrücken, als ihr das tote Kind gebracht wird. Beiden steht nur der Mechanismus der Identifizierung zur Verfügung. Ihr brüchiges Ich kann keine echte Trauer, auch keine Schuldgefühle zulassen, statt dessen bestrafen sich beide Frauen durch identifikatorische Übernahme der Symptomatik. Sie ahmen das Sterben ihrer Vorbilder genau nach.

Offene Aggressivität, wie sie sich Bettina leistet, kommt bei erwachsenen Angstneurotikern nur noch ansatzweise ans Licht. Sie wird regelmäßig durch die Furcht vor innerer Auflösung gestoppt oder – projektiv – als absolut zerstörerisch phantasiert. Und oft erscheint ein Angstanfall wie eine Notbremse, als einziges Mittel, um eine Katastrophe zu verhindern, zugleich als Notsignal, um wie in der frühen Kindheit durch eine große Elternfigur beschwichtigt zu werden.

Schon die Andeutung von Trennungskonflikten, die chaotische Aggression entbinden könnten, vermögen die Symptome auszulösen. So etwa die Weigerung von Ruths Ehemann, Ruth auf dem Spaziergang zu begleiten.

Hier einige andere Beispiele von banal erscheinenden Situationen, die als *Trennungsdrohung* erlebt und zum Anlaß von angstneurotischen Anfällen wurden:

Ein 13jähriger hat eine sehr dominierende, überbesorgte Mutter. Er erlebt seinen ersten Anfall, als er mit einem Freund zusammen eine längere Radtour unternehmen will, die ihm die Mutter eindringlich auszureden versucht. Mit 24 Jahren bekommt er dann eine weitere Serie von angstneurotischen Anfällen in dem Augenblick, als ihn der Anlaß einer Prüfung vom Elternhaus entfernt.

Eine zwanzigjährige Krankenschwester besucht im Weihnachtsurlaub ihre Eltern. Der Besuch klingt in einer Mißstimmung aus, die nicht bereinigt wird. Nach ihrer Abreise wartet die junge Frau zunächst vergeblich auf Post von der Mutter, die sonst regelmäßig geschrieben hatte. Da kommt es zum ersten schweren Angstanfall.

Ein dreißigjähriger Mann muß sich vorübergehend von seiner Frau trennen, weil diese einen Kuraufenthalt antritt. Er fürchtet, von ihr betrogen und verlassen zu werden. Diese Besorgnisse steigern sich von Tag zu Tag, als er anfangs keine Nachrichten von ihr aus dem Kurort erhält. Da bricht die Krankheit aus.

Ein anderer dreißigjähriger verheirateter Patient gerät in einen Untreuekonflikt. Obwohl er innerlich sehr stark an seine Frau gebunden ist, die er eher in einer Art Mutterrolle erlebt, nähert er sich einer anderen Partnerin. In akuter Versuchung, seine Frau zu betrügen, erkrankt er an einer Angstneurose.

Eine 29jährige, intensiv mutterfixierte Angestellte litt schon lange an milden Ängsten, sobald sie einmal in einer anderen Umgebung an fremde Menschen geriet. Nach einem Unfall muß sie im Krankenhaus fest liegen. Hier bricht nun die Krankheit voll aus. Die junge Frau muß immerfort daran denken, daß ihre Eltern, vor allem ihre Mutter, weit fort sind und ihr nicht helfen könnten, »wenn etwas passieren würde«. Gegenüber der bevormundenden Mutter bestehen erhebliche Spannungen.

Noch ein Wort zur Therapie. Die besondere Empfindlichkeit der Angstneurotiker für Trennungskonflikte macht verständlich, daß sie einen Arzt oder eine Ärztin benötigen, die sie als absolut verläßlich erleben können. Diese müssen es geduldig aushalten, daß die Patienten sie in ihrer Not immer wieder bedrängen, an der Diagnose zweifeln und zeitweilig in Hypochondrie zurückfallen. Allein die Erfahrung, daß man ihnen einen festen, vertrauenswürdigen Halt bietet, mindert meist bald die panische Unruhe der Geängstigten. Aber hinzu kommen sollte eine psychotherapeutische Bearbeitung ihrer angestauten Konfliktspannung, eventuell unter Einbeziehung der mitverwickelten Angehörigen. Zum Abfangen akuter Erregungsanfälle mögen ein oder zwei Beruhigungspillen eine ergänzende Hilfe bieten, aber daraus sollte keine Dauermedikation werden.

Angstneurosen können sich um so eher chronisch festsetzen, je mehr die Patienten durch wiederholte überflüssige Diagnoseprozeduren, organische Verdachtsdiagnosen sowie Herz- und Kreislaufmedikamente in ihren hypochondrischen Neigungen bestärkt werden. Aber viele Kranke sprechen auf eine rechtzeitige Psychotherapie gut an. So fühlten sich beispielsweise von 28 Angstneurotikern, die wir an unserer Gießener Psychosomatischen Klinik behandelt hatten, nach drei Jahren 23 deutlich gebessert.

Angstneurotiker neigen dazu, größere Anstrengungen oder aufregende Anlässe zu meiden. Nicht wenige scheuen sich vor Beförderungen aus Sorge, allein der Zuwachs an Verantwortung könnte sie wieder kränker machen. Es beherrscht sie der magische Glaube, der Himmel oder irgendeine Instanz drohe sie prompt zu bestrafen, würden sie höher hinaus wollen oder gar ihre Interessen kämpferisch vertreten. Aber das genaue Gegenteil lehrt unsere langjährige therapeutische Erfahrung: Je mehr sich Angstneurotiker sozial zurückziehen und alle Risiken scheuen, um so fester pflegt ihre Störung zu haften. Dagegen verbessern diejenigen bald ihre Aussichten, die sich Schritt um Schritt steigende Belastungen zumuten – und feststellen, daß solcher Mut sich nicht nur nicht rächt, sondern ihnen allmählich mehr innere wie äußere Freiheit verschafft. Deshalb ist Psychotherapie dann am erfolgreichsten, wenn sie mit dem Analysieren beharrliches Anspornen verbindet.

13. Kapitel

Angst und Abhängigkeit im Wandel des Geschlechterverhältnisses

Bei den Angstneurotikern wird die Beziehung zwischen Trennung und Tod dramatisch deutlich. Aber sie schimmert auch in den massenhaft verbreiteten Trennungsängsten durch, denen wir täglich in der Umgebung – oder in der Selbsterfahrung begegnen. Igor Caruso schrieb: »Das Problem der Trennung ist das Problem des Todes zwischen Lebenden ... Die Trennung ist der Einbruch des Todes in das menschliche Bewußtsein – nicht ›bildlich‹, sondern konkret und buchstäblich.« Er meinte die Trennung zwischen einander nahestehenden Menschen.

Aber viele beunruhigt bereits eine Veränderung ihrer vertrauten Umgebung. Sie können sich von liebgewordenen Gegenständen nicht lösen. Sie »hängen« an ihrer Wohnung, an den Bäumen ihrer Straße, am Glockenschlag ihrer Kirche, an gewohnten Geräuschen, Gerüchen. Ihr Umfeld ist wie ein schützender Mantel. Es besteht aus tausend Haltepunkten, die ihnen Sicherheit geben. Deshalb macht sie bereits eine Reise in ein unbekanntes Gebiet nervös. Das »Reisefieber« ist eine Variante von Trennungsangst. »Partir c'est mourir un peu«, lautet ein französisches Sprichwort. Obwohl man keine greifbare Gefahr vor sich sieht, steigt ein Gefühl von Unbehagen oder Unheimlichkeit hoch, als gehe man ein hohes Risiko ein.

Auch der Umzug in eine andere Stadt kann mehr verunsichern, als rational zu erklären ist. Die Psychiatrie kennt die sogenannte »*Umzugsdepression*«. Sie befällt Menschen, die einen

Umzug wie eine gefährliche Entwurzelung erleben und sich am fremden Ort zunächst wie vereinsamte, hilflose Kinder fühlen.

Es gibt ein entspannendes, beruhigendes »Zu-Hause-Gefühl« – im eigenen Bett, in den eigenen vier Wänden, im eigenen Dorf –, das für viele eine Bedingung ist, daß sie gut schlafen können und sich auch sonst wohl befinden. Das Gesamt dieses Umfelds symbolisiert eine verläßliche Mütterlichkeit.

In dieser Abhängigkeit setzt sich das frühe Bedürfnis des Kleinkindes nach »Übergangsobjekten« fort. Schon der Säugling von einem halben Jahr oder einem Jahr eignet sich ein Tuch, ein Stück Stoff oder einen anderen Gegenstand an, der ihm einen gewissen Ersatz für die mütterliche Brust verschafft. Er hilft dem Kind, das Alleinsein ohne den ständigen symbiotischen Halt an der Mutter zu ertragen. Das Tuch, später vielleicht ein oder mehrere Stofftiere werden als Beschützer erlebt. Und es ist wichtig, daß sie insbesondere beim Einschlafen dabei sind, wenn man den Körper der Mutter nicht fühlen kann. Der Psychoanalytiker Winnicott hat diese Bedeutung von *»Übergangsobjekten«* instruktiv beschrieben.

Der gesunde Entwicklungsweg wird nun so dargestellt, daß ein Kind eine »gute Mutter« oder andere gute Beschützerfiguren nach und nach verinnerlicht und dadurch seine Abhängigkeit von der Nähe der Mutter oder anderer die Mutter symbolisch ersetzenden Objekte abbauen kann. Das heißt bei Winnicott: »Allmählich wird die ich-stützende Umwelt introjiziert und in die Persönlichkeit des Individuums eingebaut, so daß eine Fähigkeit zustande kommt, wirklich allein zu sein.«

Ist diese günstige Veränderung eingetreten, verfügt der Mensch zeitlebens über ein inneres Abbild der guten Mutter oder anderer guter Objekte, die im Falle von Trennungserfahrungen oder anderer Enttäuschungen eine psychologische Schutzfunktion ausüben. Das Ich wird gleichsam von innen her gehalten, bestätigt und getröstet. Dieser innere Selbstschutz kann im optimalen Fall psychische Zusammenbrüche selbst in extremen Belastungssituationen verhindern.

Aber diese perfekte Widerstandskraft wird selten erreicht. Die Folge ist die geschilderte Überempfindlichkeit gegen alle Veränderungen einer psychologisch stützenden Umgebung. Der Analytiker Balint hat einen psychologischen Typ beschrieben, der sich nur sicher fühlt, wenn er sich ständig an vertrauten Objekten festhalten kann. Er nennt diesen Typ *oknophil*, abgeleitet von dem griechischen Wort ὀκνέω. »Der Oknophile lebt von Objekt zu Objekt und bemißt seine Aufenthalte in leeren Räumen so kurz als möglich. Furcht entsteht durch Verlassen der Objekte und wird besänftigt durch Wiedervereinigung mit ihnen.«

Das Geborgenheitsbedürfnis oknophiler Menschen kann so weit reichen, daß sie sich nie von ihren Eltern lösen und auch eine Zweierbeziehung dann nicht aufgeben können, wenn sie sich darin überaus unglücklich fühlen. Sie spüren, daß es für sie z. B. wichtig wäre, mehr Abstand von Eltern zu gewinnen, die sie als bedrückend empfinden. Oder sie erleben die Fortsetzung einer Partnerschaft als für sie schädlich und einengend. Aber sie können sich nicht frei machen, weil sie das Alleinsein fürchten.

Deshalb hat es uns nicht verwundert, daß die von uns besonders erforschten Angstneurotiker im Vergleich zu allen anderen, die in unserem Gießener Zentrum Rat suchen, in sämtlichen Altersgruppen seltener ledig sind. Die Isolationsangst führt zu häufigerer Heirat und zum Festhalten am Partner – oft trotz sehr belastender Eheschwierigkeiten.

Allerdings kann es oknophilen Menschen auch passieren, daß ihr Partner ihre Anklammerung nicht aushält. Etwa wenn dieser eher für Angst eines entgegengesetzten Typs anfällig ist, der später noch genauer zu erörtern sein wird. Das ist die *Angst vor Einengung oder Umklammerung*. Dann kommt es zu einem recht häufig zu beobachtenden Konfliktmuster: Der eine Teil hungert ständig nach Nähe und möchte mehr von dem anderen haben, hören, fühlen. Der andere wiederum entzieht sich, fürchtet den Verlust von Freiheit und kann enges Zusammensein nur immer kurze Zeit ertragen. Zwei mögen einander anfangs noch so attraktiv und liebenswert finden – diese Beziehungsstruktur kann ihre Partnerschaft auf die Dauer kaputtmachen. Denn jeder neigt unbewußt dazu, die eigene Angst auf eine Weise zu mindern, welche die Angst des anderen verschärft. Je dichter der oknophile Teil den anderen an sich heranzieht oder ihm hinterherläuft, um so mehr zieht sich der andere zurück, sich unerträglich bedrängt und gefesselt fühlend. Je weiter er sich indessen entfernt, um so höher steigt die Isolationsangst des Partners. Jeder bittet verzweifelt um Verständnis für die eigenen Symbiose- bzw. Distanzbedürfnisse. Leicht kann sich der Konflikt zu einem Kampf mit irrationalen Vorwürfen steigern: Beide erklären sich als Opfer eines unanständigen Partnerverhaltens: Du läßt mich im Stich, klagt der eine. Du willst mich auffressen, klagt der andere. »Wenn du mich wirklich lieben würdest, würdest du gern häufiger bei mir sein, mehr mit mir reden, mehr mit mir gemeinsam machen!« – »Wenn du mich wirklich lieben würdest, würdest du mich nicht ewig anbinden wollen, sondern mir das Stück Freiheit gönnen, das ich zum Atmen brauche.«

In immer neuen Varianten pflegt sich dieser quälende Dialog dahinzuschleppen. »Du bist kindisch«, schimpft der flüchtende, »du bist gemein und lieblos«, der oknophile Teil. Jeder findet den eigenen Anspruch legitim, den des anderen egoistisch, rücksichtslos und ungerechtfertigt. Beider Notwehr aus Angst verwandelt sich in den Augen der Gegenseite zu Terror.

Haben sie sich einen Rest Hoffnung zur Rettung der Beziehung bewahrt, wenden sich die Partner vielleicht noch an einen Psychotherapeuten, so der Ingenieur Ludwig K. (45) und seine Frau Ursula (39), ehemals Sekretärin, jetzt Hausfrau. Beide werden mir von einem Kollegen überwiesen, der mit meiner Methode einer »Zwei-Wochen-Paartherapie«* vertraut ist.

---

* Es handelt sich um eine gemeinsame analytische Therapie von Paaren in täglichen zweistündigen Sitzungen über zehn bis 13 Doppelstunden, beschrieben in dem von mir gemeinsam mit H.-J. Wirth verfaßten Aufsatz: Sieben Jahre Erfahrung mit der analytischen Zwei-Wochen-Paartherapie, Familiendynamik 3, 1978.

Beide leben seit zwölf Jahren zusammen, sind neun Jahre verheiratet und haben Sohn und Tochter. Ursula ist die oknophil Klammernde, er der Flüchtende mit der Angst vor Gefangenschaft. Schon die erste Darstellung des Problems macht die Verstrickung klar:

Er: Ich will und kann so nicht weiter. Ich fühle mich so, als ob sie mir dauernd auf die Füße tritt. Sie mißtraut mir. Sie konzentriert sich hundertprozentig auf mich. Schon mein Beruf ist ihr fast zuviel.

Sie: Ich empfinde meinen Mann inzwischen als lieblos, gleichgültig. Er ist so verschlossen. (Dann zu ihm gewandt:) Du sprichst nicht mit mir. Man muß dich zehnmal fragen, ehe du was sagst, und ich sag' dir alles. Richtig ist, daß ich auch eifersüchtig bin.

Er: Ich habe allmählich die Nase voll, bin sturer geworden. Ich brauche Zeit für mich, auch mal Einsamkeit. Gelegentlich angeln, allein Musik hören.

Sie: Ich habe kaum noch Selbstvertrauen, sitze zu Hause mit den beiden Kindern. Habe das Gefühl, immer hinter ihm herzulaufen. Er muß mich kleinmachen. Ich habe keine Kontakte. Mir fehlt bei ihm Wärme und Sicherheit.

Er: Ich bin bei ihr ständig darauf eingestellt, mich wehren zu müssen.

Sie: Dabei scheint es mir, daß ich es bin, der immer angekrochen kommen muß, wenn Krach war. Wenn er von Liebe spricht, meint er Sex. Liebe hat er nie richtig gelernt, auch als Kind nicht bekommen. Aber ich brauche das.

Er: Ich komme mir so vor, daß ich schon fast impotent bin, du schimpfst soviel mit mir, weist mich ja auch ab.

Sie: Wenn du nur alle sechs Wochen zu mir kommst, dann will ich auch nicht mehr ...

Während des Gesprächs lehnt er sich weit mit dem Kopf zurück und streckt wiederholt abwehrend eine Hand gegen sie aus, als bedränge sie ihn körperlich. Sie hingegen sackt immer mehr zusammen und zuckt ratlos mit den Schultern.

Natürlich wäre ihre Not weniger schlimm, hätte sie sich mehr um eigene Freundschaften gekümmert und mit dem Beruf nicht voreilig endgültig Schluß gemacht. So vermehrt die soziale Abhängigkeit ihre oknophile Angst – lange Zeit ein typisches Frauenschicksal. Vergeblich greift sie nach dem Mann, der sich aufgrund seiner zwanghaften Struktur gegen ihre Zumutungen verzweifelt verteidigt, weil sie seine Gefühlsabwehr bedrohen.

Wie üblich erwartet jeder Teil vom Therapeuten zunächst Beistand in dem Bemühen, den Partner zu ändern. Das hieße, der Therapeut sollte ihr helfen, ihn näher an sie heranzuholen, dagegen ihm beizustehen, sich vor ihrem Klammern zu schützen. Erst als beide nach zwei Vorgesprächen ein Stück weit einsehen, daß sie auch an sich selbst arbeiten müssen, um an der verfahrenen Situation etwas zu ändern, biete ich ihnen eine Therapie an.

Nach einigen analytischen Sitzungen brechen die erstarrten Positionen zusammen. Konfrontiert mit der Video-Aufzeichnung der dritten Sitzung, sind beide über das eigene Benehmen entsetzt und geben Signale, den Partner jetzt besser verstehen zu können.

Sie: Es ist ja entsetzlich, wie beleidigt ich mich gebe. Aus dieser Rolle muß ich unbedingt rauskommen!
Er: Meine Physiognomie ist ja noch starrer, als ich dachte. Und dann sind da diese unruhigen Abwehrbewegungen mit meiner Hand. Ich sehe aus wie ohne Gefühl und ohne Gemüt.

Im Verlauf der Therapie begreifen sie ihr wechselseitiges Mißverständnis, wobei er glaubt, von ihr gefressen zu werden, während sie ihn bereits endgültig davonlaufen sieht. Er kann sie überzeugen, daß sie mit keiner anderen Frau konkurrieren muß. Ihr verschaffen die täglichen intensiven Gespräche deutliche Entlastung. Während ihr sein beruflicher Ehrgeiz bisher eher zuwider war, unterstützt sie ihren Mann jetzt geradezu leidenschaftlich bei einer aussichtsreichen Bewerbung, die, wie sich später zeigt, Erfolg hat. Gegen Ende der Therapie ist ihr klargeworden: Ich darf von meinem Mann nicht mehr soviel erwarten. Ich muß das, was ich brauche, mehr aus mir selbst holen. Mein Problem ist, selbständiger zu werden.

Auch er taut ein wenig auf. Sexualität macht ihnen wieder Freude. Beide planen, demnächst in seiner Freizeit mehr gemeinsam zu unternehmen. Vielleicht wollen sie auch in eine Wohngemeinschaft ziehen. Die momentane Befreiung aus dem festgefahrenen Konflikt stimmt beide hoffnungsvoll. Aber natürlich bleibt offen, ob sie die erkannte Chance, sich wechselseitig zu unterstützen, statt einander zu ängstigen, dauerhaft werden nützen können.

Daß der eine Partner die größere Isolationsangst des anderen sogar zu *Erpressungszwecken* ausnützt, ist eine benachbarte Konfliktform. Der eine zieht sich zurück, verstummt oder legt betonte Kühle an den Tag, um den Partner weichzumachen. Es ist eine Fortsetzung der Technik des Liebesentzugs, die Mütter zur Einschüchterung von Kindern benützen. Der abhängigere Teil der Zweierbeziehung wird immer mehr von Angst überflutet, bis er es am Ende nicht mehr aushalten kann und »zu Kreuze kriecht«. Aber gelegentlich unterschätzt der »Erpresser« die Abhängigkeit des Partners und erlebt, daß dieser ihm nicht mit Versöhnungsbitten hinterherläuft, sondern mit hartnäckigem Trotz die eigene Angst in Schach halten kann. Das böse Spiel, wer die Angst länger aushält, findet dann nicht so bald ein Ende und kann zu schwerem Zerwürfnis ausarten.

Ähnlich wie im Fall von Ludwig und Ursula lautete das klassische Muster dieses Dramas: Der Mann hat es in der Hand, die Frau durch Liebesentzug weichzumachen. Die Frau hat mehr Angst und muß nachgeben, wenn der Mann sie zappeln läßt. Aber die Verhältnisse ändern sich. In den Paarberatungen und Paartherapien in unserer Psychosomatischen Klinik erleben wir neuerdings häufiger einen anderen Ablauf: Frauen wehren sich gegen Männer, die zwar Dominanz beanspruchen, aber in der Partnerschaft zu wenig geben. Obwohl im Vergleich zu den stärker verdrängenden Männern eher gefühlsbetont reagierend, ziehen die Frauen sich enttäuscht zurück und verschließen sich nach und nach auch sexuell, die Männer, deren vorher unterdrückte Abhängigkeit nun erst ans Licht kommt, in panische Verunsicherung treibend. So wächst auch der Anteil der Frauen, die sich aus unbefriedigenden Partnerschaften lösen wollen. Und in Paartherapien haben wir es zur Zeit häufiger mit dem Wunsch von Männern zu tun, ihre sich abgrenzenden Partnerinnen in einer konflikthaften Beziehung festzuhalten.

Verständlicher wird diese Entwicklung bei einem Blick auf die durchschnittlichen Persönlichkeitsprofile westdeutscher Frauen und Männer im Vergleich 1989 zu 1975. Die Befunde stammen aus zwei repräsentativen Erhebungen, die mit Hilfe unseres Gießen-Tests (Beckmann, Brähler u. Verf.) durchgeführt worden sind. Eine ausführliche Darstellung der Untersuchung und der Resultate findet sich in »Russen und Deutsche« (1990 herausgegeben vom Verfasser bei Hoffmann und Campe).

Zur Deutung der Ergebnisse sei im voraus bemerkt, daß Männer weniger leicht als Frauen Eigenschaften zugeben, die dem klassischen Männlichkeitsstereotyp widersprechen. Antworten auf psychologischen Fragebögen lassen nie sicher erkennen, ob die Befragten genau ankreuzen, wie sie sich sehen oder wie sie sich sehen möchten.

Vergleicht man, wie die jungen westdeutschen Frauen und Männer (18 bis 25 Jahre) sich 1975 porträtiert haben und wie sie sich neuerdings (1989) beschreiben, so fällt unter anderem auf:
– daß die Frauen erheblich an Eigensinn zugelegt haben und darin die Männer gegen 1975 erheblich übertreffen.
– Waren sie 1975 noch bereit, sich mehr Anstrengungen als die Männer zuzumuten, beanspruchen sie neuerdings ein gleiches Maß an Bequemlichkeit.
– Auch übertreffen sie die Männer nicht mehr, wie noch 14 Jahre vorher, mit dem Hang zu Selbstvorwürfen.

- Fühlten sie sich 1975 noch nachgiebiger und anpassungswilliger, wollen sie inzwischen eher lenken als gelenkt werden. In ihren Dominanzansprüchen stehen sie den Männern kaum noch nach.
- Der Konkurrenzehrgeiz ist bei beiden Geschlechtern, bei den Frauen jedoch stärker, in den letzten 14 Jahren gewachsen.

Bei einem Vergleich von Frauen und Männern aller Altersgruppen zwischen 18 und 60 Jahren 1989 gegen 1975 sieht man, daß von zwanzig psychologischen Geschlechtsunterschieden in unserem Test nur noch zwölf übriggeblieben sind. Immer noch beschreiben sich die Frauen stärker gefühlsbetont. Sie stellen sich als liebesfähiger, mitfühlender, allerdings auch stimmungslabiler dar. Sie geben zwar nach wie vor mehr Ängstlichkeit als die Männer an, aber deutlich weniger als ihre Geschlechtsgenossinnen von vor 14 Jahren.

Addiert man diese Befunde zu unseren klinischen analytischen Erfahrungen, wird eine dramatische Verschiebung erkennbar:

Früher stellten die Frauen ihre überlegene Gefühlskraft den Männern in der Weise zur Verfügung, daß diese sich ihrer zur Entschädigung für die eigene verdrängungsbedingte emotionale Verarmung bedienen konnten. Was die Männer unterdrückten, vermochten sie gewissermaßen bei den Frauen abzurufen: Offenheit, Hingabe, Fürsorglichkeit, Liebe, auch Leidensfähigkeit. Sie konnten, ohne sich selbst zu entblößen, an dieser lebendigen Emotionalität partizipieren in dem Bewußtsein der Macht, über den weiblichen Service jederzeit verfügen zu können. Die Frau war ihr Besitz. Sie stand ihnen wie eine lebendige psychologische Apotheke zu Diensten, um sie kompensatorisch mit dem Teil des Lebens zu wärmen und zu füttern, den sie, die Männer, in sich selbst als bedrohliche Schwäche abwerteten.

Jetzt aber sind die Frauen in dieser Weise nur noch seltener manipulierbar. Sie erleben ihre Gefühlskraft als eigenes Potential, als eigene Stärke, nicht mehr als Labsal für den idealisierten Partner. Sie weigern sich, das Gefühlsvakuum verdrängender Männer auszufüllen, und schützen sich vor einseitigen Service-

Funktionen, um nicht die Einbuße an Selbstsicherheit und sozialer Selbständigkeit zu erleiden, die ihre Mütter letztlich in eine bedrückende Unfreiheit hineintrieb. Die psychologische Selbstbefreiung der Frauen und ihre soziale Aktivierung in Beruf und anderen gesellschaftlichen Aktivitäten hängen eng miteinander zusammen. Die Frauen vervollständigen sich damit als Individuen – die Männer damit freilich bedrohend, die, um die eigene Stabilität zu retten, in sich selbst wiederbeleben müssen, was die Frauen ihnen gewissermaßen entführen. Die Männer müssen wagen, ihre in der Verdrängung verarmte Gefühlsseite zu wecken und ihren emotionalen Analphabetismus zu überwinden.

Ducunt fata voluntem, nolentem trahunt, was etwa heißt: Wenn sich die Männer nicht freiwillig mit verändern, werden sie dazu gezwungen; sonst bleiben sie auf der Strecke, unfähig zu dem neuen, allein tragfähigen Typ von Partnerschaft, unfähig aber auch – das wird später noch ausführlich zu behandeln sein – zu einer notwendigen ganzheitlicheren Lebensauffassung.

Sicher ist, daß Männer vielfach ein Maß an Unabhängigkeit und Souveränität vortäuschen, das dem wahren Charakter ihrer Bindung an die Frau widerspricht. So ist es keine Seltenheit, daß vorher sehr selbstsicher, auch gegenüber ihrer Frau, auftrumpfende Männer nach deren Tod vollständig zusammenbrechen, während manche Frauen, die neben ihrem Mann nur ein abhängiges Schattendasein zu führen schienen, nach dem betrauerten Verlust des Partners zu aller Überraschung ihr Leben kraftvoll und zielstrebig in die Hand nehmen. Eine britische Studie an 4486 Männern ergab, daß ihre Sterblichkeit in den ersten sechs Monaten nach dem Tod ihrer Frau um 40 Prozent höher lag als die zu erwartende Sterblichkeit verheirateter Männer gleichen Alters. Ungewöhnlich viele Witwer waren in dieser Zeit am Herzinfarkt oder anderen degenerativen Herzschäden gestorben, was den Autor der Studie, C. M. Parkes, an die alte medizinische Lehre erinnert, daß Gram das Herz brechen kann.

14. Kapitel

FLUCHT AUS DER FREIHEIT

Über den modernen westlichen Menschen urteilt E. Fromm: »Er wird unabhängiger, er verläßt sich mehr auf sich selbst und wird kritischer; er wird andererseits auch isolierter, einsamer und stärker von Angst erfüllt.« Erkämpfte bürgerliche Freiheiten bieten dem einzelnen einen erweiterten Spielraum. Aber dieser macht auch unsicher. Ein Gefühl der Verlorenheit kann zur Flucht aus der Vereinzelung führen. E. Fromm hat in seinem Buch »Die Furcht vor der Freiheit« eine Reihe typischer Fluchtmechanismen beschrieben.

Dazu rechnet er *masochistische* und *sadistische* Bestrebungen. Beide zielen darauf ab, daß der Mensch die Unabhängigkeit seines Selbst aufgibt und mit einem anderen verschmilzt, um auf diese Weise die Kraft zu erwerben, die dem eigenen Selbst fehlt. Der *Masochist* empfindet die Mängel, Konflikte, Risiken und Zweifel seines vereinsamten Selbst so unerträglich, daß er sich herabsetzt und ganz klein macht. Aber zugleich versucht er, Teil eines größeren und mächtigeren Ganzen außerhalb des eigenen Selbst zu werden und an dessen Stärke teilzuhaben. Er verschmilzt mit dieser Macht, von der er sich beherrschen läßt, und teilt ihr die Verantwortung zu, derer er sich entledigt. Ebensowenig kann der *Sadist* – nach Fromm – auf eigenen Füßen stehen: »Der Sadist braucht sein Objekt genauso notwendig, wie der Masochist seines braucht. Der Unterschied ist nur, daß der Sadist nicht dadurch Sicherheit zu gewinnen sucht, daß er sich verschlingen läßt, sondern dadurch, daß er einen anderen verschlingt. In beiden Fällen geht die Integrität des individuellen Selbst verloren.« (S. 118) Fromm meint, der Masochist verliere sich in dem Träger der Macht, während der Sadist den Partner zu einem Teil des eigenen Selbst mache.

In Wirklichkeit ist es aber doch wohl so, daß der Masochist wie der Sadist sich im einen Falle passiv, im anderen Falle aktiv des Partners bedient, um die eigene Unsicherheit und Vereinzelung zu überwinden. Richtig ist indessen, wie bereits Freud erkannt hat, daß sadistische und masochistische Strebungen eng miteinander verquickt und nicht streng zu trennen sind, so daß man bei sadomasochistisch verklammerten Partnerschaften nie sagen kann, der eine verkörpere nur die eine, der Partner nur die andere Tendenz.

Zur Zeit wird viel von einem *Aufstand des Individualismus* gegen Nivellierung und Anonymisierung in Massensystemen geredet. Tatsächlich gibt es vermehrt Versuche einzelner, sich stärker abzugrenzen, dauerhafte Zweierbindungen in Frage zu stellen und durch spezielle Interessen, Hobbys, Gewohnheiten ein individuelles Anderssein herauszustellen. Aber bei genauerem Hinsehen werden solche individualistischen Ausbrüche in der Mehrzahl schnell wieder eingefangen. Der Single ist als Lebensform längst standardisiert. Der Ego-Trip wird zum Trend, und schon ist er wieder eine Massenmode. Man will sich origineller kleiden – aber die überall prangenden Etiketten verraten, daß man sich der Partei von Boss, Lacoste, Adidas, Puma verschrieben hat. Selbst die junge alternative Avantgarde hat ihre Uniform: Man steigt als »Citybarbarella« aufs Rad. Vorschrift: »hohe Wildlederstiefel (abgewetzt), schwarze Nylons und superkurze Hot pants unter der schweren Büffellederjacke« – die Männer in legeren Rot-, Grau- oder Schwarzkombinationen aus Leder und Leinen (laut Ph. André, taz v. 6. 7. 91). Von zerschlissenen Lederjacken, eben noch Statussymbol, muß jeder wissen, daß sie schon wieder mega-out sind. Man will sich durch einen frechen Autoaufkleber unterscheiden – und erblickt bald den gleichen an tausend anderen Autos. Viele scheinbar neue Einfälle sind längst vorgedacht und vermarktet. Und – genaugenommen will die große Mehrheit der Möchtegern-Individualisten mit dem eigenen Ego nur so weit abstechen, als es das In-Sein nicht gefährdet. *In* oder *out*, gar *mega-out*, das sind nach wie vor die entscheidenden Orientierungspunkte.

Der ansteigende deutsche Konkurrenzegoismus, durch unsere repräsentativen psychologischen Vergleichsuntersuchungen nachgewiesen, ist nicht als Entwicklung zu stärkerer individueller Differenzierung zu lesen. Er besagt zunächst nur mehr Sinn für kämpferische Selbstdurchsetzung in der Rivalität. Aber gerade da kommt nur voran, wer »in« ist, wer im Trend liegt, wer gefragt ist. Dies setzt wiederum Anpassung voraus, Gespür für Bedarf, Nutzung des Rückenwindes durch geneigte Helfer, Sympathisanten, Käufer. Wer siegen will, muß erst einmal mitrennen und die Spielregeln des kapitalistischen Wettbewerbs verinnerlichen, um sie elegant zu beherrschen. Und da siegen heute viele, die sich als Individualisten verkleiden, in Wahrheit ihr Selbst früh wegtaktiert haben und sich mit virtuoser Flexibilität stets den Mächten oder Leuten nützlich zu machen wußten, deren Gunst ihnen Karriere verhieß. Zum Erfolg gelangen sie nicht durch die Stärke ihres Selbst, sondern – oft jedenfalls – durch das Opfer von Scham, Skrupeln, sozialen Rücksichten, das heißt durch bedachten Opportunismus.

Die mitrennende Mehrheit fürchtet ohnehin von vornherein eher den Absturz, als daß sie sich großartige Siege zutraut. Nur nicht abgehängt werden ist ihr Leitgedanke. Am liebsten wären diese Menschen zu jeder Zeit angeseilt, um nicht isoliert und ohnmächtig zurückzubleiben. Sie schließen lauter überflüssige Versicherungen ab – magische Talismane, die ihnen alle Risiken abnehmen sollen. Das Vertrauen, das ihnen in das eigene Selbst fehlt, verschenken sie an Autoritäten, die ihnen jedweden Schutz versprechen – gegen äußere Bedrohungen wie gegen eigene Dummheiten und Fahrlässigkeiten. Je unsicherer sie selbst sind, um so eher klammern sie sich, wenn sie politische Mandatsträger wählen sollen, an die großen Beschwichtiger, Verharmloser und Schönfärber; an die angeblichen Alleswisser und Alleskönner. Die ehrlichen Zweifler, die realistischen, vorsichtigen Prognostiker, die ihnen womöglich noch bedeutende Mitverantwortung für die Bewältigung der gemeinsamen Probleme abfordern, haben bei ihnen keine Chance. Alles lassen sie sich einreden, wenn es nur ihre Angst momentan betäubt. Dafür müßten sie sich im nachhinein – sofern sie dazu den Mut aufbrächten – ihrer freiwilligen Selbstentmündigung schämen. Aber eher werden sie sich zur Schonung ihrer ohnehin brüchigen Selbstachtung als reine, schuldlose Opfer böser Betrügerei sehen wollen.

Die astronomischen Werbeetats der Wirtschaft belegen an sich bereits die psychische Manipulierbarkeit der meisten. Wenn man schon nicht so schön, reich und erfolgreich sein kann wie die Helden der Werbespots, so hat man in der Phantasie doch etwas Gemeinsames mit ihnen, wenn man die von ihnen gepriesenen (selten auch benutzten) Artikel kauft. Sozialpsychologische Untersuchungen zeigen: Viele unterwerfen sich automatisch, von ihrem ursprünglichen Standpunkt abweichend, einer Auffassung, die ihnen als Mehrheitsmeinung – nach angeblicher Umfrage – suggeriert wird. Um sich im Schoß der Mehrheit sicher zu fühlen, scheuen sie alle Auffälligkeiten. So verstehen wir heute »unauffällig« bereits häufig als »normal« oder »in Ordnung«, während der »Auffällige« als stigmatisiert erscheint. »Keine psychischen Auffälligkeiten«, heißt die psychiatrische Umschreibung von Gesundheit.

So bringt die sogenannte Kultur des Individualismus nicht mehr Individualität geschweige denn mehr Originalität hervor, sondern lediglich unbefangeneren, unbeschwerteren Egoismus. Was sich als Zuwachs an Freiheit darstellt, ist eher eine Absage an Werte der Verbindlichkeit: Man bindet sich weniger fest an Menschen, Vorsätze und Überzeugungen. Dafür unterwirft man sich um so eifriger der neuen Norm marktgerechter Gefälligkeit, übt sich in Flexibilität und Verwandlungsfähigkeit, um sich überall, wo es opportun ist, optimal anbieten und verkaufen zu können.

Sonst ist man schnell »weg«, »sieht alt aus«; »den kannst du vergessen«.

Die Trennungsangst hat nur die Ebene gewechselt. Sie zerstreut sich in hundert flüchtigen, unpersönlichen, oberflächlichen Abhängigkeiten und hinterläßt als sogenannten Individualisten einen neuen qualligen, superelastischen Mehrzweckmenschen, der es immer weniger merkt, wenn er andere und nicht zuletzt sich selbst verrät. Da ist dann am Ende kein Durchkommen mehr für Unangepaßte, für Eigensinnige, für schöpferische Sonderlinge, und da braucht man sich nicht mehr sehr darüber zu wundern, daß Wissenschaft und Kunst Riesenscharen von eifrigen Schülertypen, ideenlosen Herumprobierern, fleißigen Rechnern, Epigonen und willigen Handwerkern, aber immer seltener kantige Persönlichkeiten mit wichtigen neuen Fragestellungen oder originellen künstlerischen Ideen zu präsentieren haben.

15. Kapitel

DIE ANGSTSYMBIOTISCHE LEBENSFORM

Unter dem Namen »Sanatoriums-Familie« habe ich in meinem Buch »Patient Familie« die Lebensform von Familien beschrieben, die vom Prinzip der Angstvermeidung geleitet werden. Häufig ist es ein latent oder manifest angstneurotisches Mitglied, das, um sich selbst leidlich stabil zu halten, der ganzen Familie eine Art Schonklima verordnet. Es kann die Mutter, aber auch der Vater sein – jedenfalls ein Teil, der es nicht verträgt, wenn Streit ist, wenn es laut zugeht, wenn die Harmonie gestört wird. Es heißt dann: Ihr macht mich nervös, fertig, kaputt, denkt an mein Herz! Verstöße gegen das Friedlichkeitsgebot provozieren kein Donnerwetter, dafür beschwörendes Klagen. Und dagegen sich zu wehren ist, weil es Schuldgefühle verursacht, viel schwieriger als gegen offenen Angriff.

Wehe dem, der durch irgendeine unbedachte Provokation die gefährdete Person in eine Angstattacke hineintreibt. Er muß sich als Unmensch fühlen und künftig doppelt lieb sein, um sein Vergehen zu sühnen. Alle müssen wie in einem Nest beieinander hocken. Von jedem, der sich von zu Hause entfernt, muß man jederzeit wissen, wo er und wie lange er weg ist. Oknophilie prägt ein symbiotisches Zusammenleben, das meist dazu führt, daß die Kinder länger als üblich zu Hause festgehalten werden und sich oft erst nach dramatischen Ablösungskämpfen unter nachhaltigen, oft lebenslänglich haftenden Schuldgefühlen als Jugendliche frei machen können.

So wie man interne Reibereien, wenn irgend möglich, zu vermeiden trachtet, bemüht man sich um konfliktfreie Anpassung nach außen. Man ist nett und umgänglich und duckt sich lieber, wenn man auf Widerstand stößt, als daß man sich wehrt, und hält sich, wo immer es geht, aus Kontroversen heraus. Die Kinder lernen, draußen jederzeit gefällig zu sein, nicht anzuecken und immer vorsichtig auf sich aufzupassen. Denn zu dem Bösen, vor dem es sich immerfort zu schützen gilt, gehört nicht nur die Aggressivität der Menschen, sondern nicht minder das Übel möglicher Unfälle und Krankheiten. Häufig mischen sich in die allgemeine Ängstlichkeit konkrete phobische Befürchtungen: vor dem Dunklen, vor Hunden, Gedränge bei Menschenansammlungen usw.

Am liebsten möchte man nichts von schlimmen Ereignissen hören, von Überfällen, Attentaten, blutigen Katastrophen aller Art. Im Fernsehen erfreut man sich an harmloser Unterhaltung, meidet angstmachende Dokumentationen von Krawallen oder drastischen Umweltschäden.

Die Welt soll heil sein. Was man nicht weiß, macht einen nicht heiß. Am Familientisch redet man über harmlose Themen, kaum über Politik – und wenn, dann darüber, wie man die Welt besser gegen alle Arten von Übeltätern und Unruhestiftern schützen könnte. Von selbst versteht sich, daß man sich zuallererst Ruhe und Ordnung wünscht und allemal konservativen Lösungsrezepten zuneigt. Dringen gelegentlich Informationen über bedrohliche politische, militärische oder ökologische Gefahren durch den psychologischen Schutzfilter, hält man sich schnell an die Verharmloser und ärgert sich nur über die Warner, ohne deren Schwarzmalerei alle in Ruhe und Frieden leben könnten. Bei genauerem Hinsehen erkennt man die Ausdehnung eines weiten Netzwerkes solcher kleinen »Sanatorien«, bestimmt durch gemeinsame Vermeidungsstrategien zur Bändigung erhöhter Angstbereitschaft.

In schwächerer Ausprägung ist dies wahrscheinlich sogar eine der häufigsten Lebensformen in unserer Gesellschaft. Dabei geht dann die Einengung des Erlebnishorizontes nicht so weit, daß man nichts mehr von Katastrophen wissen und keine Krimis sehen will. Aber das Böse muß draußen bleiben. Und strengere Gesetze und mehr Polizei sollen her, um die Übel der sonst heilen Welt auszumerzen. Und härter soll gegen alle Arten von Protestlern und Demonstranten vorgegangen werden, die den Frieden nur stören, den sie angeblich schützen wollen.

Im Golfkrieg hat man auf die Massen dieser Empfindlichen in bemerkenswerter Weise Rücksicht genommen. Man wollte sie nicht noch einmal, wie im Vietnamkrieg, mit den Bildern blutender, verstümmelter, getöteter Opfer erschrecken. Also erlaubte die amerikanische Regierung nur den Blick auf Flugzeuge, Schiffe, Panzer, Raketen – und auf technische Zielpunkte, anvisiert wie in Videospielen. Nur ein einziges menschliches Feindbild wurde von der Propaganda freigegeben, so daß es schien, als gälten ihm, Saddam Hussein allein, die Hunderttausende abgeschossener Granaten und Bomben und als würde er – und nicht Millionen Zivilpersonen, Frauen und Kinder – von der Zerstörung der Wasser- und Stromversorgung und der gesamten Infrastruktur getroffen.

Allein in Rambo II bekam das Fernsehvolk mehr Kriegstote zu sehen als im ganzen Golfkrieg, der als »saubere« und »chirurgische«, beinahe humanitäre Exekution in die Stuben flimmerte – nervenschonend, jugendfrei, so daß man die Heimkehrer gänzlich unbeschwert wie sportliche Weltmeister mit der aufwendigsten aller Konfettifeiern ehren konnte.

16. Kapitel

FESSELUNGSANGST

In einem »Zeit«-Interview, geführt von André Müller, machte der prominente Bergsteiger Reinhold Messner ein bemerkenswertes Eingeständnis:

Müller: Sie sagen, Sie steigen auf die Berge und gehen zum Südpol, um nicht verrückt zu werden.
Messner: Richtig, ja.
Müller: Wie sieht die Verrücktheit aus, die Sie befürchten?
Messner: Ich würde im Zimmer hin und her gehen wie ein wildes Tier, das man eingesperrt hat. Ich würde nicht mehr klar denken können. Ich bin als Student, der eigentlich klettern wollte, nachts häufig aufgewacht, in Angstschweiß gebadet, weil ein bestimmter Gedanke dauernd durch meinen Kopf lief. Ich habe im Kreis gedacht ...
Müller: Aber Sie sind nicht verrückt geworden.
Messner: Hätte ich weiterstudiert, statt auf den Himalaya zu gehen, hätte ich mich vermutlich erschossen.

Der ehemalige Autorennfahrer Niki Lauda gestand vor Jahren, ebenfalls in einem »Zeit«-Interview: »Ich habe Angst vor der Nacht. Ich habe Angst davor, daß mich einer anspringt, wenn es finster ist. Da bekomme ich richtig Herzklopfen. Aber ich habe keine Angst in meinem Auto, weil ich das beherrsche.« Und das, obwohl er in seinem Fahrzeug fast verbrannt wäre!

Im Zeitalter der sportlichen Rekorde, des verherrlichten Expansionismus und der Eroberung des Weltraums symbolisieren Messner und Lauda das Ideal von höchster Kühnheit und Unerschrockenheit, obwohl, was sie vollbringen bzw. vollbracht haben, sehr deutlich durch die Abwehr einer sehr großen Angst gekennzeichnet ist.

Die Unbeherrschbarkeit des Dunkels, von der Lauda spricht, und das Käfig-Erlebnis Messners haben gemeinsam, daß sie Passivität erzwingen, ohnmächtig machen, lähmen – für beide eine unerträgliche Bedrohung. Wenn man die Welt nicht bei Licht und in Freiheit beherrschen kann, wird sie unkalkulierbar feindlich. Das wilde Tier, das Messner in sich spürt, und der Angreifer, von dem Lauda im Dunkeln angesprungen zu werden fürchtet, symbolisieren die Verbindung von Angst, Aggression und Tod. Hier findet nicht die übliche Todesverdrängung statt. Sondern der Tod steht unmittelbar vor Augen, als Feind, den man immerfort auf den Bergen oder den Rennpisten besiegen muß, um die Ohnmacht der kreatürlichen Sterblichkeit zu widerlegen. Eher noch, so phantasiert Messner, hätte er sich selbst erschossen, hätte er den Tod nicht auf den Achttausendern herausfordern können.

Die Angst, die Sterblichkeitsidee in hilfloser Passivität annehmen zu müssen, mobilisiert phantastische Abwehrenergien. Wie man sieht, können aus der Auflehnung Gewaltleistungen wie die an den Achttausendern oder auf den Rennpisten entstehen, die viele Millionen davon träumen lassen, daß der Mensch vielleicht doch eines Tages die Grenzen seines Lebens unendlich hinausschieben könnte.

Die Rede ist hier vom Kampf mit einer Angst, die dem bisher behandelten Typ der Trennungsangst genau entgegengesetzt ist. Diesmal schreckt nicht die Isolierung, sondern umgekehrt die lähmende *Einengung*. Es ist also eine *Fesselungs-, Käfig-, Einschnürungs-* oder *Umklammerungsangst*. Das Haften an vertrauten Objekten, das den Oknophilen vor Angst schützt, wird für den Gegentyp zur unerträglichen Fesselung. Während man von der Trennungsangst gesagt hat, sie beginne mit dem Verlust der

Einheit mit der Mutter bei der Geburt, so hat man auch die Fesselungsangst auf den Geburtsvorgang bezogen, bei welchem das Kind sich unter Erstickungsgefahr durch den Geburtskanal hindurchzwängen muß. *Bedrohung der Geborgenheit ist das Thema der Trennungsangst, Bedrohung der Freiheit dasjenige der Einschnürungs- oder Käfigangst.* Diese ist wie jene in milderen Graden weit verbreitet, und wie jene macht sie sich äußerlich eher in der Form ihrer Abwehr bemerkbar. So wie Anklammerungsverhalten die Trennungsangst verdeckt, kompensiert *zwanghaftes Risikoverhalten* die Käfigangst. Derartige Risikosucht nennt man in der Analyse ein kontraphobisches Benehmen, was etwa soviel heißt wie Flucht nach vorn. Der Kontraphobiker stürzt sich angreifend auf die Bedrohung, von der er wehrlos überwältigt zu werden fürchtet.

Kontraphobiker mögen im Zeitalter des Ego-Kults als bewunderungswürdige Individualisten angesehen werden. Aber ihre scheinbare besondere Unabhängigkeit haben sie eben ihrer verdeckten Einschnürungsangst abgetrotzt. So wie sie sich fürchten, von außen eingezwängt zu werden, so halten sie es auch schwer mit sich allein aus, wenn sie zu Passivität gezwungen werden. Wohl fühlen sie sich in der Einsamkeit nur als Agierende, als Kämpfer und Abenteurer. Immerhin kann es ihnen auf diese Weise gelingen, ihre Käfigangst lange Zeit oder auch dauerhaft zu kompensieren, was diese permanente Verdrängung sie auch immer an Energien kostet. Eher werden sie sich bei ihren selbstgesuchten Risiken verletzen oder durch chronische Überforderung Verschleißkrankheiten in Kauf nehmen, als sich in die Hände eines Psychotherapeuten zu begeben.

Auf dessen Hilfe sind um so mehr viele andere angewiesen, die in ihrer Käfigangst hilflos steckenbleiben. Die Unglücklichen werden in geschlossenen Räumen oder im Gedränge von einer panischen Unheimlichkeitsstimmung überfallen, z. B. im Kino (zumal wenn sie nicht am Rand sitzen können), im überfüllten Supermarkt, im Bus, im Flugzeug, im Fahrstuhl. Die Fachbezeichnung für dieses Leiden lautet *Klaustrophobie*. Sie macht das

Leben überaus beschwerlich, denn die angstauslösenden Situationen lassen sich zum Teil kaum vermeiden. Wenn auch, worauf die Zwillingsforschung hindeutet, ein Erbfaktor ursächlich beteiligt sein dürfte, so spielen neurotische Konflikte meist eine wesentliche zusätzliche Rolle. Bemerkenswert ist, daß viele dieser Phobien ebenso wie krankhafte Zwangserscheinungen unter extremen äußeren Belastungen wie Verfolgung, Flucht, Krieg zumindest zeitweilig verschwinden können, wie zahlreiche Beobachtungen erwiesen haben. Man kann solche lebensgefährlichen Situationen, die hier geradezu therapeutisch wirksam sind, in etwa mit denen vergleichen, die Kontraphobiker zur Rettung ihrer inneren Stabilität spontan künstlich herstellen. Manche Psychotherapeuten haben deshalb für Phobiker eine Behandlungsform entwickelt, in der sie solche extremen Bedrohungen simulieren. Andere Therapeuten bevorzugen eine Trainingsmethode, in der sie die Patienten üben lassen, sich allmählich an die angstauslösenden Bedingungen wie Busfahren, Kinobesuch, Fahrstuhlfahren usw. heranzuwagen. Indessen ist oft kaum ohne eine psychoanalytische Bearbeitung ursächlich beteiligter Konflikte auszukommen. Umgekehrt pflegt eine psychoanalytische Therapie allerdings nur dann weiterzuhelfen, wenn ein Patient seine Fortschritte im analytischen Prozeß dazu nutzt, sich mehr und mehr den Belastungen auszusetzen, vor denen er bisher zurückgeschreckt war. Was er an innerer Freiheit gewinnt, muß er in äußere Befreiung umzusetzen versuchen.

Kompensatorisch erkämpfen sich die Kontraphobiker, wie gesagt, ihre äußere Befreiung aus eigenem Antrieb. Sie flüchten sich fast suchtartig in Gefahren, vor denen jeden anderen graut. Eine milde alltägliche Variante von kontraphobischem Verhalten hat der Psychoanalytiker M. Balint als psychologischen Typ ausführlich unter der Bezeichnung *philobatisch* dargestellt. Der Philobat ist der Gegentyp zu dem ebenfalls von ihm beschriebenen Oknophilen. Den Begriff Philobat hat Balint von Akrobat (griech., der in die Höhe springt) abgeleitet. Gemeint ist ein Typ, der aus innerem Drang Wagnisse und Nervenkitzel (thrills) sucht. Während oknophile Menschen zur Bewältigung ihrer Trennungsangst immerfort nach Sicherheit und Geborgenheit streben, fühlen sich Philobaten erst wohl, wenn sie diese Sicherheit auf der Suche nach Abenteuern und Risiken aufgeben können. Umgekehrt fällt ihnen bald »die Decke auf den Kopf«, sie geraten in höchste Unruhe, wenn sie auf solche Reize länger verzichten müssen. Sie brauchen die Spannung, den Kampf mit Gefahren, wo immer sie ihr Leben in neuen Abenteuern aufs Spiel setzen können. Man findet sie ständig im Training, im Ausprobieren von Sportarten, in denen sie sich bis an ihre Grenze verausgaben können. Ewig sind sie auf der Jagd – und werden immerfort selbst von innerer Unruhe gejagt. Passiv sein, gar krank sein ist für sie wie der halbe Tod. Stillhalten, Sich-pflegen-Lassen wird zur Nervenprobe. Der Gedanke, irgendwann im Alter lahm, gebrechlich und auf Pflege angewiesen zu sein, wird mit Hilfe laufender Proben scheinbar unvergänglicher Jugendlichkeit, großartiger Kondition und Potenz verdrängt. Der Leib wird zur vermeintlich unverwüstlichen Maschine getrimmt, an deren Leistungen jederzeit gemessen wird, was man noch wert ist. *Es ist ein lebenslanger verzweifelter Kampf um Unabhängigkeit von der umklammernden, beherrschenden, übermächtigen Mutter, von der man, wenn man schwach wird, verschlungen und erstickt zu werden fürchtet.*

Früher glaubte man in der Psychoanalyse, der Kampf um Autonomie beginne erst in der analen und nicht schon in der frühen oralen Phase des Kleinkindes. Aber inzwischen erkennt man an, daß Säuglinge sich unter Umständen schon sehr früh gegen die mütterliche Übermacht trotzig wehren. Balint hat daran erinnert, daß bei einem ausgetragenen Säugling das Ausstoßen der mütterlichen Brustwarze aus dem Mund und das Wegdrehen des Kopfes schon zu gleicher Zeit auftreten wie das Ergreifen der Warze und das Saugen. Es gibt Säuglinge, die sich nicht stillen lassen wollen, wenn es zu hell, zu laut oder die Mutter nur ein wenig zu unruhig ist. In meinem Aufsatz »Die dialogische Funktion der

Magersucht« habe ich eine Mutter beschrieben, die mit ihrem drei Monate alten Sohn Tag für Tag regelrecht kämpfte, um ihn zum Trinken zu nötigen. Er schlug widerspenstig die Zunge zurück und nahm die Flasche nur, solange die Mutter ihn im Bettchen ließ und ihm die Berührung ihres Körpers ersparte. Voller Schuldgefühle erlebte sie dies als Protest und Bestrafung durch das Kind, und es dauerte längere Zeit, ehe der untergründige Machtkampf abflaute.

Immer wieder hört man jedenfalls von Müttern, daß sie bei einem Kind schon sehr früh Züge von Eigenwilligkeit gespürt hätten. Allerdings hat Erikson zweifellos damit recht, daß der »Kampf um die Autonomie« erst in der analen Phase voll aufzuflammen pflegt, da mit der Kontrolle der Analfunktion eine besondere Ausdrucksmöglichkeit für Abgrenzung und Trotz gelernt wird. »So wird dieses ganze Stadium zu einem Kampf um die Autonomie, also zum Begriff des Eigensinns, des Eigentums und des Eigenwillens. Denn sowie das Kind beginnt, fester auf seinen Füßen zu stehen, umschreibt es seine Welt auch mit »ich« und »du« und »mein«.

Mitunter läßt sich beobachten, wie in der Phase des Laufenlernens kindliche Umklammerungsangst gefördert wird. Es ist eine Phase, in der das Kind zu üben pflegt, ein Stück wegzulaufen und dann schnell wieder in die Arme der Mutter zurückzukehren. Es möchte spüren, daß die Mutter es loslassen kann, aber es mit Freude wieder aufnimmt. Wie die Mutter dabei mitspielt, verrät viel von ihrem Zutrauen, ihrer verständnisvollen Einfühlung, ihrer Toleranz, aber vielleicht auch von ihrem Besitzenwollen, ihrer Angst, ihrer Ambivalenz oder Gleichgültigkeit. Das Kind nimmt diese Signale wahr. Mit Angst reagiert es, wenn es merkt, daß die Mutter mit Gleichgültigkeit den Kontakt abreißen läßt. Aber besonders erschrickt es, wenn es von einer überprotektiven Mutter praktisch angenagelt wird. Es darf dann nicht einmal zum Spiel fortlaufen, weil es damit die Mutter beunruhigt und ärgerlich macht. Es lernt, an der spontanen Verläßlichkeit der Mutter zu zweifeln. Es spürt, daß in dem Festgehaltenwerden eine Gefahr lauert, daß die Mutter es vereinnahmen und die kleinen Befreiungsversuche ersticken will. Dann entsteht in ihm leicht das Schreckbild der fressenden Mutter – mit der Folge eines verzweifelten Ringens um Abgrenzung und Selbstbestimmung.

Kinder mit Trennungsangst können oft nicht einschlafen, wenn sie die Mutter vermissen. Sie wollen, daß die Mutter sich zu ihnen setzt, bis ihnen die Augen zufallen. Kinder mit Käfigangst fürchten sich oft aus anderem Grund vor dem Schlaf. Sie schreckt der Zustand der Ohnmacht und Hilflosigkeit. Sie können sich dem Schlaf nicht hingeben, weil das für sie eine lähmende Überwältigung bedeutet, wie ein erneutes Verschlungenwerden vom Körper der Mutter. Sie wollen jederzeit genau kontrollieren, was um sie herum vorgeht, und sich wehren oder flüchten, wenn Unheil droht. Die Autonomie, in ihrer Phantasie einziger Schutz vor tödlicher Überwältigung, geht in der Bewußtlosigkeit verloren. So sieht man mitunter total übermüdete Kinder verzweifelt gegen das Einschlafen ankämpfen, ohne daß sie ausdrücken könnten, was sie so sehr plagt.

Wenn Kinder mit Käfigangst so weit gelangen, ihren motorischen Kräften als Mittel zur Befreiung zu vertrauen, ist ein Weg zur Verteidigung der Autonomie gebahnt. Verfügen sie über die Anlage zu Geschicklichkeit, sieht man bei ihnen ein ständiges Experimentieren, ihren Körper zum Flüchten, Springen, Klettern, Kämpfen zu nutzen. Der Begriff Körperbeherrschung trifft, was sie unbewußt suchen: ihren Körper zu bewältigen, um mit seiner Kraft und seinem Geschick die gefährlichen Objekte zu überwinden, zu umgehen, zurückzudrängen. Die Beherrschung des Körpers stärkt die Phantasie, die Gefahren der Welt motorisch beherrschen zu können. Zugleich wird damit ein Mittel gelernt, Depressionen aggressiv abzuwehren.

Es ist eine Fähigkeit, die vielen lebenslänglich zur Erhaltung ihres inneren Gleichgewichtes hilft. Ängstigende Schwäche- und Ohnmachtsgefühle können zum Verschwinden gebracht werden, wenn man sich im Kampf mit natürlichen Hindernissen oder sportlichen Gegnern motorische Überlegenheit beweisen kann. Aus Selbstzweifeln, Demütigungen, innerer Verlorenheit kann man sich durch erfolgreiche motorische Leistungen befreien. Das Reaktionsmuster kann zu einer Art Sucht ausarten, wie die große Zahl derer zeigt, die fortgesetzt sportlich rennen, kämpfen, klettern, Gewichte stemmen müssen, um sich zu versichern, daß sie groß, stark, wertvoll und unversehrbar sind. »Tatsache ist«, stellt Balint fest, »daß eine ganze Anzahl von Depressionen gerade in den Bergen oder beim Fliegen, Rennen, bei Wettkämpfen, auf Expeditionen aus ihrer düsteren Stimmung herausgerissen werden.«

Walter Bonatti, wohl der berühmteste Bergsteiger der fünfziger Jahre, schreibt, wie es ihm vor einer seiner schwierigsten Besteigungen (Südwestpfeiler der Drus) erging: »Seit diesem Jahr glaube ich an nichts und niemanden mehr. Ich bin nervös, leicht erregt, angewidert, unausgeglichen, ohne Ziel und manchmal grundlos verzweifelt. Eines Tages kommt die Erlösung. Die Depression bringt mich auf einen tollen Einfall. Plötzlich springt in mir der Gedanke auf, zum Südwestpfeiler zurückzukehren und ihn allein zu besiegen.« Unmittelbar vor dem Angriff auf die Wand denkt er: »Ich beneide alle Menschen, die nicht wie ich eine solche Aufgabe bewältigen müssen, um wieder zu sich selbst zu finden.«

Bonatti, Messner und Lauda scheuen sich nicht, offen von der psychologischen Kehrseite ihrer Kühnheit zu sprechen. Aber bezeichnend ist doch, wie wenig die Öffentlichkeit von den inneren Qualen Notiz nehmen will, deren Abwehr in der Motivation dieser Sporthelden offensichtlich eine bedeutende Rolle spielt. Die Angst vor Unfreiheit, vor der Übermacht des Dunklen, vor der Auflösung des Selbst treibt sie zu ihren motorischen Großtaten. Es würde die Erstaunlichkeit ihrer Höchstleistungen doch keineswegs mindern, würde das Publikum auch den Mechanismus der Überkompensation würdigen, der offensichtlich zu den unentbehrlichen Bedingungen ihrer halsbrecherischen Unternehmungen gehört. Andererseits ist es auch verständlich, diesen Zusammenhang lieber nicht zur Kenntnis zu nehmen. Die vielen Millionen kleiner Philobaten würden sich um den psychologischen Befreiungseffekt ihrer bescheidenen sportlichen Wagnisse und Siege betrogen sehen, müßten sie darin eine Flucht vor ängstigenden Schwächegefühlen erkennen. Der Erlösungseffekt speziell der laufend neu erfundenen Risikosportarten kommt ja eben nur dadurch zustande, daß die Illusion erhalten bleibt, mit der Bezwingung der Gefahr dem Tod selbst trotzen zu können.

Die Schwerkraft der Erde ist Symbol der Sterblichkeit. Sie in immer neuen Rekorden wenigstens ein Stückchen weiter zu überwinden, stärkt die verzweifelte magische Hoffnung, dem Ziel der Unbezwingbarkeit und Unversehrbarkeit laufend näher zu kommen. Vor drei Jahrhunderten hätte niemand davon Notiz genommen, wenn Männer hundert Meter in weniger als zehn und Frauen in weniger als elf Sekunden gelaufen wären. Den Ehrgeiz, fast neun Meter weit oder mit einem Stab sechs Meter hoch zu springen, hätte man als Kuriosum oder als exotische Verrücktheit abgetan. Menschen, die, an einem Gummiband hängend, 60 Meter in die Tiefe gesprungen wären wie beim modernen Bungy-Jumping, hätte man vermutlich als arme Verzweifelte seelsorgerischer Betreuung zugeführt. Weil man zum Tod noch ein offeneres Verhältnis hatte, hätte man nicht verstanden, welchen Gewinn solche doch nur fiktiven Triumphe über die Schwerkraft dem einzelnen wie der Allgemeinheit hätten bringen sollen. Daß der 100-Meter-Sprint-Weltrekord eines Carl Lewis und der »Jahrhundertsprung« eines Mike Powell über 8,95 Meter dereinst wie die Erfüllung von Menschheitsträumen gefeiert werden würden, hätte keiner glauben mögen. Denn noch war die philobatische Flucht vor der Todesangst, die Sucht nach dem immer Höher, Schneller, Weiter, Waghalsiger längst kein kulturelles Rezept eines pseudoreligiösen Fortschrittsglaubens.

Um so mehr lechzt heute ein Millionenpublikum danach, wenigstens in der Phantasie an den »Fabelweltrekorden« der Spitzensportler und an den Tollkühnheiten überlebender Risikofanatiker zu partizipieren. Wenn waghalsige Kletterer »mörderische«

Felswände bezwingen, ohne Sauerstoffgerät dem Erstickungstod am Everest entrinnen und sich von keiner Lawine zermalmen lassen, dann sprengen sie anscheinend die tödlichen Erdenfesseln. Sie bezwingen die Schwerkraft und das Naturgesetz der Sterblichkeit. Schnell vergißt man die Abgestürzten, die Erfrorenen oder von den Lawinen Verschlungenen und klammert sich statt dessen an die erfolgreichen Vollbringer des Unmöglichen. Die großen Kletterer wie die Eroberer des Mondes und des Weltraumes sollen den Mythos bestätigen, daß der Mensch den Himmel, an dessen Gnade und Erlösungskraft er nicht mehr glaubt, wenigstens noch physisch erstürmen kann. Die Erde – in der Käfigangst Symbol der umklammernden, fressenden Mutter – wird zum bloßen Startfeld oder Sprungbrett für den Himmelsstürmer Mensch, der, wenn er demnächst zum Mars fliegt, ein neues Beweisstück seiner prinzipiellen Unversehrbarkeit zu finden hofft.

Mit der Verdrängung des Todes ist die Erde, die alles Leben wieder in sich hinabzieht, zu einem gefährlichen Moloch geworden. Sie symbolisiert nicht mehr den heiligen Mutterschoß – wie in den alten Mythologien –, die Quelle von Leben und Fruchtbarkeit überhaupt. Eine Gesellschaft, die ihre Sterblichkeit besiegen will, muß ständig auf der Hut sein vor der Macht, die unweigerlich wieder verschlingt, was sie geboren hat; die erst Leben emporwachsen läßt, um es dann wieder in sich zu begraben. Das Urvertrauen in die Erdgöttin, wie in einer Reihe alter Kulturen, beruhte auf der Anerkennung der Vergänglichkeit, des Lebenskreises mit seinem Auf- und Abstieg, auf der Hinnahme der wechselseitigen Bedingung von Tod und Leben, von Stirb und Werde.

Die neuzeitliche Utopie will diesen Abstieg indessen eben nicht mehr hinnehmen. Man hat sich auf die Illusion einer machbaren Befreiung von den Todesfesseln eingeschworen. Die Verdrängung der Naturabhängigkeit verlangt nun die fortgesetzte Suche nach Beweisen, daß anscheinend Unmögliches dennoch möglich gemacht werden könne. Indessen erinnert die Flucht in selbstmörderische Risiken allzusehr an den Todesflug des Ikarus aus dem kretischen Labyrinth. Sie findet im übrigen nicht nur in Sport und Abenteuern, sondern gleichzeitig in der Technik statt, in der Entwicklung von phantastischen Risikotechnologien, die alle natürlichen, menschliche Macht und Größe begrenzenden Hindernisse zu bezwingen trachten. Wie im Allmachtsdrang unserer Kultur unbewußte Angstabwehr wirksam ist und wie diese überkompensatorische Abwehr neue Angst schafft, wird im letzten Kapitel über »Weltangst« näher zu erörtern sein.

17. KAPITEL

PSYCHOSOMATISCHE BEFREIUNGSKÄMPFE

Manch eine Mutter wirkt so erdrückend, daß ein Kind gar nicht erst dazu kommt, sich mit motorischer Expansivität ein Stück Freiheit zu erkämpfen. Es bleibt über Jahre so eng an die Mutter gefesselt, daß es seinen Körper lange Zeit nicht als sein Eigentum zu spüren lernt. Es bleibt psychisch wie physisch Teil der Mutter, erfährt seine Reaktionen nicht als eigene spontane Impulse, sondern stets nur als Beantwortung mütterlicher Wünsche. Es wird überlange gefüttert, an der Hand gehalten und bei allen Verrichtungen versorgt. Selten kann man solchen Müttern das Geständnis entlocken, daß es ihnen selbst schwerfalle, dem Kind mehr Freiheit zu gönnen. Unbewußt bleibt ihnen meist der aggressive Anteil ihrer Besitzansprüche. Dafür erleben sie sich in der Regel als besonders fürsorglich und verantwortungsbewußt.

Dem Kind wird alle Lust am Rennen und Springen verleidet. Unaufhörlich wird es gewarnt, lieber an der Hand zu gehen und aufzupassen: Du fällst hin, du stößt dich. Faß dies oder jenes nicht an, du wirst es kaputtmachen, dich verletzen usw. So bleibt das Kind in der entscheidenden Phase, in der es kompliziertere Koordinationsbewegungen erlernen könnte, unsicher. Es erwirbt nicht Vertrauen in seine Motorik als Mittel, seine Autonomie zu stärken. Vielmehr verinnerlicht es eher die laufenden Mahnungen und fügt sich in die verordnete Unselbständigkeit.

Wie der Freud-Schüler Karl Abraham bereits 1925 in seinen »Psychoanalytischen Studien zur Charakterbildung« ausgeführt hat, kann radikale mütterliche Unterdrückung kindlicher Autonomiewünsche zunächst oder sogar für längere Zeit die erwünschte Bravheit und Fügsamkeit bewirken, bis dann irgendwann die verdrängte Rebellion um so heftiger durchbricht.

In anderen Fällen geben Kinder den Kampf gegen mütterliche Umklammerung und Einengung nicht von vornherein auf, sondern verlagern ihn in psychosomatische Symptome. Sie kämpfen – unbewußt – mit den Waffen der Nahrungsverweigerung oder auch – gelegentlich – der Stuhlverhaltung. Das Essen empfinden sie nicht als Lust, als Befriedigung eines eigenen Bedürfnisses, sondern als Von-der-Mutter-vollgestopft-Werden. Und den Stuhlgang halten sie zurück, um ihn nicht der Mutter abzuliefern. Sie verschließen sich körperlich gegen die Mutter im Nehmen und Geben – als Notwehrstrategie aus Angst vor lähmender Vergewaltigung.

In einer meiner frühesten kinderanalytischen Studien habe ich solche psychosomatischen Protestreaktionen systematisch verfolgt. Ich sah überbesorgte Mütter, die ihren Kindern mit dem Löffel und dem Topf hinterherliefen, drängend, ermahnend, bettelnd, fortwährend das Gespenst des Verhungerns oder des Darmbrandes vor Augen, und die damit den verzweifelten Widerstand der Kinder nur noch verstärkten. Auf diese Art nein sagen zu können bedeutete für die Kinder die letzte Bastion zur Verteidigung eines Stückes Autonomie gegen das totale Verschlungenwerden.

Oberflächlich geht es in dem kleinen Drama um Fürsorglichkeit, Mitgefühl, Helfenwollen auf der einen und Funktionsstörungen, Leiden, Versagen auf der anderen Seite. Unter der Oberfläche tobt ein Kampf um Macht und Freiheit auf Leben und Tod. Manche dieser Kinder landen im Krankenhaus, wenn der Konflikt sich zu Hause chronisch zuspitzt.

Versteht man die Not eines solchen Kindes nicht, mag man seine Kampfstrategie albern oder ärgerlich finden. Die psychosomatischen Verweigerungen erscheinen vielfach regelrecht erpresserisch. Dahinter steckt die kindliche Phantasie: Wenn ich die

Mutter nicht mit meinem Streik der Magen-Darm-Funktion ängstige und beherrsche, schluckt sie mich oder erstickt mich. Also ißt man nur besorgniserregend wenig, auch nur ausgewählte Speisen, benötigt eine halbe Stunde für eine Scheibe Brot – und erbricht das Gegessene womöglich, wenn man sich geärgert fühlt. Bei 14 Kindern mit neurotischer Verstopfung war sehr deutlich, daß sie den Stuhlgang künstlich z. T. über zwei, drei Tage hinauszögerten und sich erst durch Versprechung von Belohnungen zu entsprechenden Anstrengungen herbeiließen. Alle diese Kinder, darunter bereits drei-, vier- und fünfjährige, waren von Käfigangst geplagt und konnten von ihrer selbstschädigenden Strategie meist erst ablassen, wenn es durch gleichzeitige Therapie der Mütter gelang, diese von ihrer ambivalenten psychologischen Verstrickung mit den Kindern zu lösen.

Ältere Kinder können mitunter sehr treffend mit Worten den Sinn ihres psychosomatischen Freiheitskampfes ausdrücken. Eine 13jährige mit einer magersuchtartigen Eßstörung überraschte mich mit dem folgenden Gedicht:

Es war einmal ein böses Kind, o mona,
das konnte blasen wie der Wind, o mona.
Und als man ihm das Blasen verbot, o mona,
da blies es vor lauter Wut sich tot, o mona.

Es war einmal ein gutes Kind, o mona,
das aß den Teller leer geschwind, o mona.
In der Woche nahm es zu der Pfunde zehn, o mona.
Nach einem Jahr konnt's vor Fett nicht mehr gehn, o mona.

Als gutes Kind wird man gelähmt und wehrlos gemacht. Man möchte sich auflehnen und seine Wut in Freiheit herausblasen, eine gewaltige Wut mit der Stärke des Windes. Aber die Aggression ist verboten. Sie schlägt nach innen zurück als tödlicher Selbsthaß. Aber welche andere Alternative gibt es zur Rettung vor der Fesselung als gutes, als willenlos gemachtes, zugestopftes

Kind? Man spürt die in vielen Jahren aufgestaute Rebellion, die nur noch die Kanalisierung im Hungerstreik vor sich sieht, der einerseits die Selbstzerstörung ankündigt, andererseits aber auch die Erfüllung einer mörderischen Rache.

Die eigentliche Magersucht, bei Männern selten, gehört inzwischen zu den häufigsten psychosomatischen Krankheiten junger Mädchen und Frauen. Die Magersüchtigen praktizieren entweder nach Art der zitierten jugendlichen Dichterin einen reinen Hungerstreik, oder sie essen, aber erbrechen ihre Mahlzeiten wieder. Es kommt zu mitunter gefährlichen Gewichtsabnahmen. Die Periode bleibt bald aus, ohne daß sich die Patientinnen darüber beunruhigen, ebensowenig wie über ihre Abmagerung – im Gegensatz zu den bestürzten Angehörigen.

Manches an der Krankheit erscheint rätselhaft. Aber einige regelmäßig anzutreffende Merkmale sind aufschlußreich. Von allen Magersüchtigen wird berichtet, daß sie besonders artige und gehorsame Kinder waren und ihrer Mutter kaum je Ärger bereitet hatten. Von einer Trotzphase ist nie etwas bemerkt worden. Der spätere Trotz der Nahrungsverweigerung bzw. der Kampf gegen die Gewichtszunahme stellt den ersten, aber um so radikaleren Ausbruch aus einem bislang ununterbrochenen Gefügigkeitsverhalten dar. Die Magersüchtigen hängen an einer dominierenden Mutter, ausnahmsweise auch an einem dominierenden Vater, aber mit ihrer Symptomatik ringen sie um Selbstbefreiung. Alle Forscher sind sich in der Feststellung einig: Die Kranken setzen ihr Leben ein, um ihre Autonomie zu retten. Kürzlich sagte mir eine magersüchtige Patientin: »Das Essen und das Gewicht sind doch das einzige, was ich selbst bestimmen kann. Sonst fühle ich mich überall unfrei!«

Vieles spricht dafür, daß die Magersucht einer lange verdrängten Käfigangst entspringt. Es ist eine Meuterei, aus dem Gefühl heraus, in einer Welt gefangen zu sein, in der alles von außen – oft von der Mutter – beherrscht wird. Nichts macht man aus eigenem Antrieb, für sich selbst. Den physischen Tod fürchtet man weniger als die totale Erstickung des Selbst. Im Verlauf der

Krankheit wird die Bedrohung von außen nach innen verlagert. Ein, zwei Kilo Gewichtszunahme werden als katastrophale Niederlage erlebt. Der eigene Körper wird zur Bedrohung. Seinen Bedürfnissen nachzugeben erscheint wie der Verlust der letzten Freiheit. Ich kenne hochintelligente junge Frauen, die – unmittelbar vor einem schweren körperlichen Zusammenbruch – stolz auf die erfolgreiche Kontrolle ihres horrenden Untergewichtes und völlig verständnislos für die panische Beunruhigung ihrer Umgebung waren.

Deshalb kommen Magersüchtige auch nur selten spontan zur Behandlung, vielmehr meist auf Druck der Angehörigen. Der Arzt oder Psychotherapeut hat nur eine Chance, wenn er versteht, daß Magersüchtige ihre körperliche Zerstörung weniger fürchten als die Opferung ihres Eigenwillens. Andererseits kann er sich natürlich nicht bedingungslos zum Bundesgenossen eines Freiheitswillens machen, der sich destruktiv gegen das physische Überleben wendet. Im günstigen Fall kann es ihm gelingen, von einer Magersüchtigen als Beistand für ihren Autonomiedrang anerkannt zu werden, nicht als Komplize der entmündigenden, übermächtigen (mütterlichen) Umwelt. Aber dahin ist es ein schwieriger Weg, denn die krankhaften Prozesse spielen sich in großer Tiefe ab, und die Zwanghaftigkeit der Verweigerung hat den Freiheitswillen längst partiell in sein Gegenteil pervertiert, nämlich in einen neuen einschnürenden Automatismus – ein unendlich schwer zu entwirrendes Netz von Verstrickungen.

18. Kapitel

VERSAGENSANGST

Die Begriffe Leistungsgesellschaft und Versager gehören zusammen. Beide sind neu, Versagen jedenfalls im Sinne von menschlichem Scheitern. Zur Zeit Goethes sprach man zwar davon, daß einem die Waffe, irgendein Werkzeug oder allenfalls die Hand versage – also nicht funktioniere. Aber daß Menschen wie Instrumente funktionieren und *passiv* versagen, konnte man sich noch nicht vorstellen; nur, daß sie *aktiv* einem anderen etwa einen Dienst versagen, das heißt: verweigern, abschlagen. Erst die Leistungsgesellschaft kennt den funktionierenden oder in seiner Funktion versagenden instrumentalisierten Menschen.

In der Leistungsgesellschaft tauchen die neuen Wortschöpfungen Leistungsdruck, -zwang, -soll auf. Daß Leistung eher als eigenes lustvolles Vollbringen statt als fremdbestimmte Erfüllung einer Schuldigkeit erlebt werden kann, kommt mehr und mehr aus dem Sinn. Leistungsgesellschaft – das heißt Streß, Rivalität, Kampf um Selbstbehauptung, unter ständiger Drohung, abgehängt zu werden, herauszufallen und zu scheitern. Zwang und Angst sorgen für massenhaft psychische Deformierungen, für Unterdrückung von Originalität, Phantasie und Kreativität. Bis ins Alter verbleibt ein Großteil der heutigen Menschen auf dem Stadium von Schülern, ewig vom Verfehlen vorgegebener Normen, vom Unglück des Versagens bedroht.

Dennoch erkennt man in der psychologischen Verarbeitung äußerer Zwänge große Unterschiede. Diese werden wesentlich durch Kindheitserfahrungen gebahnt. Den auf ihnen lastenden sozialen Druck verinnerlichend, begleiten viele Eltern ihr Kind schon im Spielalter mit ständigem Bewerten und Korrigieren. Es schwebt ihnen vor, dieses frühe Training werde dem Kind die spätere Anpassung an die Strukturen der Arbeitswelt erleichtern. Daß sie damit das Kind an der freien Entfaltung seiner Spontaneität, seiner Einbildungskraft und seiner Experimentierlust hemmen, wird ihnen kaum bewußt, zumal vielen von ihnen die Unterdrückung dieser Anlagen selbst längst zur Gewohnheit geworden ist.

Indessen braucht das kleine Kind im Spielalter viel Freiheit, mit Klötzchen, Knete, Farben nach eigenen Einfällen herumzuprobieren. Manches gelingt ihm, manches nicht. Aber auch mit dem Mißlingen muß es selbständig zurechtzukommen lernen. Um so mehr kostet es die Genugtuung aus, einiges wunschgemäß vollbringen zu können. Eltern sollten behutsam anregen und ermutigen, aber sich mit Bedacht kritischer Bewertungen enthalten und vor allem der Versuchung widerstehen, dem Kind vorzumachen, wie mit dem Spielmaterial »erfolgreicher« umzugehen wäre. Das Kind hat seine eigenen Maßstäbe, sich an seinen Schöpfungen zu freuen. Es muß spüren, daß seine spielerischen Leistungen ihm selbst gehören. So keimt Stolz auf eigenes Können. Diese sehr wichtige, empfindliche Phase wird hingegen oft verhängnisvoll gestört, indem Eltern das Kind bevormundend nötigen, seine Leistungen vornehmlich mit ihren Augen zu messen, zu schätzen oder zu verwerfen. Es verliert dann leicht den Mut, sich auf die eigene Intuition zu verlassen und in seinen kleinen Werken auszutesten, was ihm Spaß macht.

Bald nimmt seine Sorge überhand: Was muß ich machen, und wie muß ich es machen, daß man mich anerkennt und nicht mißbilligt? In seiner Abhängigkeit erfährt es nämlich sachliche Kritik sehr leicht als persönliche Entwertung. Die Angst, die Eltern zu enttäuschen, wächst mit deren eingreifender Anteilnahme. Zumal Mütter mit starken symbiotischen Gefühlen können sich oft schwer zurückhalten, ein Kind ständig mit eigenen Wünschen und Bewertungen zu steuern.

Die Bedeutung dieser frühen Erfahrungen wird deutlich, wenn man im Schul- und später im Erwachsenenalter feststellt, daß die einen sich ihre Leistungen sehr leicht, andere nur schwer »enteignen« lassen. Bei gleichem Schulstreß empfinden sich einige Kinder immer nur von äußeren Erwartungen gesteuert, gedrängt oder bedroht, während andere es viel eher fertigbringen, ihnen vorgesetzte Aufgaben sich zu eigen zu machen, sie als Herausforderung zu bejahen, an der sie ihre Fähigkeiten erproben können. Manche bedenken bei einem Schulaufsatz nur ängstlich, was der Lehrer wohl erwarten mag, andere fühlen sich hinreichend frei, ihre persönlichen Ideen aufsteigen zu lassen und auszudrükken. Wo immer es geht, deuten sie insgeheim Müssen in Wollen um, erleben sie Lernen als eigenes Interesse statt als Unterwerfung unter drückende Zwänge. Das setzt sich ins spätere Berufsleben hinein fort. Vordringlich wichtig bleibt für sie, daß sie mit ihren Werken zufrieden sind. Hingegen quält es sie, wenn sie in ihrem Tun, bloß um gefällig zu sein, ihren Geschmack, ihre Überzeugungen verleugnen.

Die eine Verkäuferin freut sich, wenn sie morgens in ihr Kleidergeschäft geht, auf den Kontakt mit ihren Kundinnen. Sie redet gern mit den Leuten. Es macht ihr Spaß, netten Menschen beim Aussuchen passender Sachen zu helfen. Also beginnt sie den Arbeitstag in der Erwartung guten Gelingens. Die andere Verkäuferin schleppt sich mißmutig in den Laden, eine Meute anspruchsvoller, eigensinniger Kundinnen vor Augen, denen sie widerwillig zu Diensten sein muß, ihren Launen, Mäkeleien, ihrer Unentschlossenheit hilflos ausgeliefert.

Ein Arzt beginnt seinen Praxisalltag, gespannt auf interessante Patienten, die ihm vertrauen und denen er, seines Könnens gewiß, einigen Nutzen zu bringen hofft. Was er offensiv als Chance vor sich sieht, erfährt ein benachbarter Kollege unter den gleichen Umständen als bloße Fron. Dieser erwartet defensiv den Ansturm von eher unzufriedenen, begehrlichen Kranken oder Halbkranken, die seine Kräfte und seine Geduld überstrapazieren, ihn auslaugen werden, ohne ihn auch nur halbwegs mit der

Dankbarkeit zu entschädigen, die seinem aufopfernden Tun doch gebühren sollte.

So ließen sich viele Beispiele dafür anfügen, in denen ein und dieselbe Leistung einmal als widerwillige Reaktion auf bedrückende Forderungen, ein anderes Mal als aktive Erfüllung einer innerlich bejahten Aufgabe erlebt wird.

Am schlechtesten sind diejenigen daran, deren Leistung nicht nur überall zur quälenden Last, sondern zur gefährlichen Prüfung wird. Was sie auch immer bei der Arbeit oder in ihrer Freizeit machen, wird für sie zum Test, ob sie in Ordnung oder minderwertig sind. Private oder berufliche Partner werden für sie unweigerlich nach elterlichem Vorbild zu Autoritäten, die es durch Lob oder Ablehnung in der Hand haben, sie momentan aufzurichten oder total zu entmutigen. Ihr Reservoir an narzißtischen Selbstbestätigungsressourcen ist so dürftig, daß sie pausenlos der Kompensation durch Beachtung, Anerkennung und Bewunderung von außen bedürfen. Zeitlebens verharren sie, wenn ihnen keine Therapie hilft, auf dem Niveau des abhängigen Spielkindes, zuerst Eltern, später vergleichbaren Autoritäten ausgeliefert, die nach eigenen Maßstäben ihren Wert oder Unwert bestimmen.

In »Eltern, Kind und Neurose« habe ich vor dreißig Jahren einige typische Muster von Eltern-Kind-Beziehungen beschrieben, die besonders geeignet sind, in Kindern Versagensangst zu wecken und als chronisches Symptom zu fixieren. Es sind vor allem drei Rollen, die Kinder in solche Gefahr bringen:

1. Das Kind wird durch den Ehrgeiz der Eltern überfordert, die von ihm verlangen, daß es erreicht, was sie nicht geschafft haben. Es soll sie mit fabelhaften Leistungen für ihren eigenen mangelnden Lebenserfolg entschädigen; es soll stellvertretend ihr Ich-Ideal erfüllen. Ist das Kind auf dem Gebiet besonders begabt, auf dem sich die Eltern große Dinge von ihm erhoffen, mag der Erwartungsdruck mit aufwendigem Training tatsächlich die gewünschte

Karriere bahnen. Aber groß ist die Zahl der Kinder, die sich vergeblich anstrengen und zusätzlich zu der eigenen Enttäuschung diejenige der überehrgeizigen Eltern zu verarbeiten haben. Mit jedem neuen Anlauf regt sich dann die Angst vor dem Scheitern, das durch schwindendes Selbstvertrauen unbewußt begünstigt wird.

In manchen Kindern und Jugendlichen entsteht unbewußter Protest gegen diese Drangsal, ohne daß sie es wagen, aus der vom elterlichen Ehrgeiz vorgeschriebenen Bahn auszubrechen. Eine Zeitlang präsentieren sie die ihnen abverlangten Erfolge, finden Anerkennung, bestehen Prüfungen; aber dann plötzlich mißlingt ihnen der letzte Schritt, das entscheidende Schlußexamen, der Durchbruch zum angestrebten Status. Eine scheinbar unerklärliche Hemmung blockiert die Leistung unmittelbar vor dem großen Ziel. Man denkt an Versagensangst, und es liegt nahe, mit deren Beseitigung einen Psychotherapeuten zu beauftragen.

Aber dieser entdeckt unter Umständen, daß in der scheinbar unerklärlichen Leistungshemmung weniger Angst als Protest steckt. Langjähriger unterdrückter Widerwille gegen die elterliche Dressur bricht nun als unbewußter Trotz durch. Das Versagen drückt einen ohnmächtigen Versuch der Selbstbefreiung aus. In der Verweigerung steckt eine verschlüsselte Rache an den überfordernden Eltern, freilich zugleich eine neurotische Selbstbestrafung. Vielleicht sind nun alle einer Familientherapie zugänglich. Da mag sich herausstellen, daß der oder die Jugendliche lieber etwas ganz anderes gelernt hätte und immer noch lernen würde. Den Eltern ist vielleicht zu helfen, ihre persönliche Lebensenttäuschung zu überwinden und dem Sohn oder der Tochter den Weg für eine wunschgemäße Ausbildung oder Arbeit freizugeben.

Die Öffentlichkeit hat nicht die Masse solcher unglücklichen Entwicklungen vor Augen, sondern die Ausnahmefälle, in denen ehrgeizig instrumentalisierten Kindern tatsächlich eine Starkarriere gelingt. Millionen starren bewundernd oder auch neidisch auf halberwachsene Eislaufstars, Kunstturnerinnen, Wunderschwimmer, Tenniscracks usw., denen sie, den äußeren Triumphen entsprechend, ein Höchstmaß an innerer Zufriedenheit und psychischer Widerstandskraft zutrauen. Tatsächlich aber bleiben solche Jugendliche, erst von den elterlichen Erwartungen, später vom Publikumsapplaus abhängig, oft in infantiler Unreife und in besonderer Verletzbarkeit durch Mißerfolge stekken. Versiegt irgendwann der Zustrom äußerer Bestätigungen, folgt nicht selten ein Absturz in tiefe Verunsicherung und Verzweiflung – Ausdruck einer zuvor nur oberflächlich verdeckten narzißtischen Störung.

2. *Das Kind wird als Ersatzpartner »verzogen«.* Als Singles lebende oder in einer Partnerschaft unerfüllte Väter oder Mütter klammern sich an Töchter oder Söhne – Töchter werden zu heimlichen Geliebten des Vaters, Söhne zu Prinzgemahlen ihrer Mutter. Diese Rolle wird zur Gefahr, wenn Kindern auf diese Weise vorzeitig ein grandioses Selbstgefühl vermittelt wird. Es fällt ihnen eine Gunst zu, die ihrer inneren Entwicklung weit voraneilt. Töchter lernen, sich ihren Müttern, Söhne ihren Vätern überlegen zu fühlen, ohne sich eingestehen zu müssen, daß sie für ihre Vorzugsrolle psychisch noch nicht im mindesten gerüstet sind. Mädchen müssen sich nicht an ihren stärkeren Müttern, Söhne nicht an ihren mächtigeren Vätern reiben. Diesen zwar auch belastenden, aber zugleich kräftigenden ödipalen Auseinandersetzungen entgehend, sind sie bald versucht, sich unkritisch zu überschätzen und sich psychisch wie physisch potenter zu fühlen, als sie sind.

Speziell im sexuellen Bereich erleben sie später leicht kränkende Niederlagen. Einerseits hemmt sie die weiterwirkende, überenge innere Bindung an den gegengeschlechtlichen Elternteil, andererseits überfordern sie sich in der Erwartung, sich automatisch in der Rolle der oder des unwiderstehlichen Geliebten bewähren zu können. So werden sie Opfer ihrer früh gewucherten Größenphantasien. Als erwachsene Frau bzw. als erwachsener Mann auf die Probe gestellt, enthüllen sie kindliche

Unsicherheit und Schwäche. Das unechte, überhöhte Selbstbild erleidet einen tiefen Riß und löst eine geheime Selbstverachtung aus, die vielfach auf den Partner oder die Partnerin projiziert wird. Das Resultat ist dann regelmäßig eine ansteigende Angst, die das Versagen, das unerträglich blamabel erscheint, erst recht provoziert.

Aber die Sexualität ist nur ein Feld, in dem heranwachsende »Ersatzpartner/innen« infolge ihrer anerzogenen Selbstüberschätzung immer wieder Schiffbruch erleiden. Nur wenn sie allmählich lernen, ihre unterdrückten, überkompensierten Schwächegefühle zu akzeptieren, werden sie sich irgendwann in der Realität gut zurechtfinden, ohne sich durch selbstschädigende Illusionen unnötige kränkende Niederlagen zu bereiten.

3. Das Kind soll Eltern in der Sündenbock-Rolle entlasten. Ein für das Kind dominierender Elternteil entlastet sich von Selbstunzufriedenheit, indem er immerfort Anlässe provoziert oder sogar inszeniert, um das Kind kritisieren und strafen zu können. Beispielsweise ist ein Vater ständig darauf aus, an seinem Sohn Mängel zu entdecken, die ihn insgeheim selber drücken. Anstelle ehrgeiziger Idealisierung erlebt der Sohn in dieser Rolle also umgekehrt eine planvolle Entwertung. Es wird sein Schicksal, die negative Seite seines Vaters, die dieser bei sich nicht sehen will, auszuleben. Auch von der Mutter kann eine solche Rollenvorschrift ausgehen. Töchter sind genauso häufig betroffen wie Söhne.

Mitunter sieht man, daß beide Eltern unbewältigte Spannungen in ihrer Partnerschaft nur dadurch in Schranken halten, daß sie ihr Kind mit Mißtrauen und Vorwürfen verfolgen. Solange sie sich über das Kind ärgern können, vermögen sie es mit sich selbst und miteinander auszuhalten. Auch wenn sie den gegenteiligen Eindruck erwecken, erwarten sie in einem fort Fehlschläge des Kindes, über die sie sich scheinheilig ereifern. Das Kind fängt sich in einer psychologischen Falle, der es sich nur schwer entziehen kann. Mag es sich auch lange gegen diese Stigmatisierung wehren, allmählich graben sich die ewigen Vorwürfe in sein Selbstbild ein. Es zweifelt, ob die Großen nicht vielleicht doch recht haben, ob ihm nicht tatsächlich nur Mißgeschick und Versagen beschieden sei.

In Psychotherapien findet man manchmal heraus, daß ein Kind sogar ahnt, wie sehr es, wenn es immer wieder scheitert oder etwas Dummes anstellt, unbewußte Wünsche seiner Mutter, seines Vaters oder beider erfüllt; daß es in dieser negativen Rolle, ohne daß es die Eltern eingestehen, wohl gelitten, geradezu benötigt wird. Es würde die Eltern arg irritieren, womöglich unglücklich machen, lieferte es ihnen nicht laufend Gelegenheiten, sich an ihm abzureagieren. Dieses paradoxe Einvernehmen zwischen Eltern und Kind stabilisiert manche Familienstrukturen, bedeutet für das Kind aber, daß ihm eine positive Identitätsbildung verwehrt wird. Nur als Versager hält es die Familie zusammen, und wenn es sich später gegen die Rolle dennoch aufzulehnen versucht, wird es bei jedem kleinen Rückschlag von seinen Selbstzweifeln eingeholt und niedergedrückt.

In einer Psychoanalyse, wenn sie zustande kommt und durchgehalten wird, wiederholt ein so geschädigter Patient meist lange Zeit das alte Beziehungsmuster, bereitet sich unabsichtlich und unbewußt immer wieder Niederlagen, bis dann irgendwann aggressive Phantasien gegen den verantwortlichen Elternteil oder beide Eltern mit ungeheurer Wucht durchzubrechen pflegen. Wird diese Phase durchgestanden, kann der Patient sich in günstigen Fällen ein gutes Stück aus seiner Sündenbockfalle befreien, ohne freilich die erlittenen tiefen narzißtischen Verletzungen gänzlich ausheilen zu können. In meinem Buch »Der Gotteskomplex« habe ich eine solche überaus schwierige Psychoanalyse ausführlich beschrieben.

Noch ein Wort zu der gewöhnlichen, ubiquitären Versagensangst, dem Lampenfieber, das in Maßen zu entwickeln keine Schwäche, sondern eine gesunde Fähigkeit ist. Lampenfieber zeigt an, daß eine bevorstehende Situation ein Risiko enthält, das in innere Spannung versetzt. Diese Spannung drückt sich körperlich in Erregung mit Herzklopfen aus – abgemilderte Form einer Reaktion, die in extremem Grad die Anfälle der Angstneurose charakterisiert. Lampenfieber ist also eine Art Alarmzustand.

Das Symptom des Herzklopfens ließ Platon annehmen, daß das Herz die Bedeutung eines Alarmzentrums habe. Dieses Organ sei dazu bestimmt zu melden, wenn – so heißt es im »Timaios« –, »sei es von außen oder sei es von seiten der Begierden im eigenen Innern, irgendwie Frevel wider das Ganze im gange ist«. Die Innenseite dieser Reaktion ist Angst. Die körperliche führt zu beschleunigter Herzaktion und zu Blutdruckerhöhung. Die Leistungssteigerung des Kreislaufs war einst eine überaus sinnvolle biologische Reaktion, weil der Organismus damit darauf vorbereitet wurde, auf eine Gefahr prompt mit Flucht oder Angriff zu reagieren. Zum Teil ist diese biologische Reaktion sinnlos geworden, weil die meisten Lampenfieber erzeugenden Risiken nicht mehr mit motorischen Aktionen bewältigt werden müssen oder können. Einem bedrohlichen Prüfer kann man weder an den Hals springen, noch sollte man ihm davonlaufen. Dennoch erklären manche Schauspieler Lampenfieber als nach wie vor nützlich, weil sie mit seiner Hilfe bei ihrem Auftritt gleich »voll da« sind. Und zahlreiche Prüflinge entdekken, daß etwas Angst ihren Denkprozessen guttut. Ihre Aufmerksamkeitsspannung ist erhöht. Sie können rascher auffassen und reagieren.

Üblicherweise klingt Lampenfieber, wie empirisch erforscht wurde, ohnehin unmittelbar nach Beginn einer Prüfung rasch ab, sobald der Prüfling angefangen hat zu reden. Fatal wirkt es sich erst aus, wenn es eskaliert und auf hohem Niveau in Prüfungssituationen anhält. Panische Unruhe, Gedankenverwirrung, totaler Konzentrationsverlust, Leere im Kopf, Schwindelgefühle können bekanntlich zu totaler Dekompensation führen – Hinweis für einen oft behandlungsbedürftigen Konflikthintergrund.

Normales akutes Lampenfieber ist jedenfalls kein eigentliches Problem. Aber es ist zu bedenken, daß heutzutage Bildung,

Ausbildung und Berufsleben sich zu einer Dauerprüfung entwikkeln oder schon entwickelt haben. Ewig geht es um Erreichen oder Verfehlen von Noten, Punkten, Normen, Ranglistenplätzen. Mit der Einschulung – oder auch schon vorher – beginnt ein lebenslanges Etappenrennen unter permanentem sozialem, aber auch innerem Erfolgsdruck. Der ewige Kampf um Sieg oder Versagen fördert die geschilderten neurotischen Familienstrukturen, in denen narzißtisch verletzte Eltern ihre Kinder in Versagensangst und reales Versagen treiben. Zugleich dringt er mit seinen quantitativen Kriterien so weit in das Innenleben ein, daß selbst in den privatesten Lebensbereichen am Ende gemessen wird, ob man auf der Sieger- oder der Verliererseite steht. Ob man sich in der Liebe glücklich nennen darf, bestimmen Frequenz, Dauer und Dynamik der Sexualkontakte. Ob man sich gesund fühlen darf, entscheiden Laborwerte, das Verhältnis zwischen Soll- und Istgewicht, die Leistungen am Hometrainer, die ohne Kollaps bewältigten Jogging-Kilometer. Gewöhnt, nur im Schema von Erfolg oder Versagen zu leben, empfindet man es unheimlich, in irgendeinem Bezirk sich nicht an Normen beweisen zu können, ob man in Ordnung ist oder nicht. So reproduziert sich die Versagensangst paradoxerweise am Ende in einem Teufelskreis ewig neu – und hält damit indirekt den Streßbetrieb in Gang, unter dem sie leidet.

19. Kapitel

Schamangst

Schuldangst (s. 23. Kapitel) und Schamangst sind nicht leicht voneinander zu trennen. Schuldangst findet in Konfrontation mit dem Gewissen statt. Schamangst blickt nach außen. »Der sich Schämende«, so beschreibt ihn Erikson, »nimmt an, daß er rundherum allen Augen ausgesetzt ist, er fühlt sich unsicher und befangen. Er ist den Blicken der Welt noch dazu höchst unvorbereitet ausgesetzt ... Scham drückt sich frühzeitig in dem Impuls aus, das Gesicht zu verstecken, am liebsten jetzt und hier in die Erde zu versinken.«

Es handelt sich also um Angst vor Bloßstellung. Man erwartet, so die weitgefaßte Definition, Demütigung, Blamage, Verachtung aus irgendeinem Grund. Entsprechend schrieb Kant: »Scham ist Angst aus der besorgten Verachtung einer gegenwärtigen Person«, fügte aber hinzu, nur der akute Schamaffekt erfordere die Gegenwart eines anderen, man könne sich aber auch dauerhaft vor Abwesenden schämen.

In engerer Bedeutung fürchtet man in der Scham die Bloßstellung von Verstößen gegen Anstand und Sitte, speziell gegen Tabus, die sich auf das ursprünglich als Scham benannte Organ selbst beziehen.

In der allgemeinen Bedeutung von Demütigung und Verachtetwerden tritt Schamangst bereits sehr früh im Kind auf. Nämlich, wie Erikson untersucht hat, »wenn das Kind stehen lernt und nun das Verhältnis seiner Größe und Kraft zu der seiner

Umgebung gewahr wird«. Es ist ein Stadium, in dem das Kind die Kluft zwischen seiner Kleinheit und seinen narzißtischen Größenwünschen bemerkt. Es geschieht nun leicht, daß Eltern diesen kindlichen Narzißmus fortan durch überhöhte Erwartungen verstärken, was die Angst vor Enthüllung der realen Kleinheit und Ohnmacht erhöht.

Die Neigung vieler Eltern, ihr Kind zu überschätzen, erklärt Freud in seinem Aufsatz »Zur Einführung des Narzißmus« mit der Projektion ihrer eigenen unerfüllten narzißtischen Größenwünsche. Schamangst wird also leicht bei einem Kind gezüchtet, dessen Eltern es – wie im vorigen Kapitel geschildert – zu einem Substitut ihres eigenen Ich-Ideals auserkoren haben, allerdings diesmal mit dem speziellen Auftrag, daß der Erfolg *äußerlich sichtbar* wird. Die *exhibitionistische* Note ist entscheidend und markiert eine Besonderheit, welche die Schamangst aus der allgemeinen Gattung der Versagensangst heraushebt.

Die Drohung der Beschämung steht ständig vor Augen, wenn das Kind mit Vorliebe Verwandten und Bekannten zur kritischen Begutachtung, möglichst zur Bewunderung vorgeführt wird. Das Kind muß überall einen »guten Eindruck«, darf den Eltern »keine Schande« machen. Entsprechend wird es trainiert. Die Formel »Was sollen denn die anderen von dir denken!« wird zur Standardmahnung. Speziell in Familien mit hysterischen Merkmalen erfahren Kinder, daß nicht ihr Sein, sondern zuvor ihr Scheinen wichtig ist. Sie werden in ein Familienkonzept integriert, das ganz und gar auf *Außenwirkung* abgestellt ist. Man lebt miteinander wie auf einer Bühne, fortwährend kritisch gemustert von Nachbarn, Großeltern, Schwiegereltern, dem ganzen Dorf – allen muß man vorspielen, daß man toll und perfekt ist.

Wohl gibt es Sippen, Gemeinden, Sekten, in denen man einander in der Tat andauernd belauert und überwacht, um Schwächen und Fehler aufzuspüren und anzuprangern. Aber sehr viel häufiger lassen Eltern Kinder unnötig glauben, fortwährend von der Umgebung kontrolliert zu werden. Das Argument Publikum wird zur Erziehungswaffe. Die Folge ist oft verheerend: Es wachsen Kinder heran, die sich aus Schamangst nirgends hervorwagen. Obwohl – oder weil – sie sich am liebsten ganz großartig zur Schau stellen würden, verkriechen sie sich, machen den Mund nicht auf und entwickeln Hemmungen, die sich mit der Zeit automatisieren können: Sprachhemmungen, sogar Stottern, Ungeschicklichkeiten, Schreibkrämpfe. Später lernen sie schwer tanzen, weil ihre Lust an der eigenen Bewegung von der Angst erstickt wird, von den anderen als ungelenk verlacht zu werden.

Manche verdecken ihr Leben lang zwanghaft irgendwelche nicht vorhandenen oder minimalen Körperfehler. Eine junge Frau trägt nur deshalb ausschließlich Hosen und nie Röcke oder Kleider, weil die Mutter früher ihre – tadellos geformten – Beine »unmöglich« gefunden hatte. Eine andere vermeidet Ohrschmuck und deckt ihre ganz und gar unauffälligen Ohren schamhaft mit der Frisur zu, weil es früher hieß, mit solchen Ohren könne sie sich nicht gut in der Öffentlichkeit sehen lassen. Als Psychotherapeut staunt man oft über die Sorge und den Aufwand, mit dem manche unentwegt darum kämpfen, eine angebliche Schwäche zu tarnen, deren Entdeckung ihnen als vernichtende Katastrophe vorschwebt.

Es ist kaum auszudenken, wie viele Menschen mit hervorragenden Talenten sich nie zur Geltung bringen können, nur weil sie sich aus Schamangst ewig zurückhalten. Sie erleben täglich, daß sich Konkurrenten mit geringeren Vorzügen an ihnen erfolgreich vorbeidrängen, nur weil diese mit mehr Selbstsicherheit ihre Schwächen überspielen, anstatt sich durch das Ideal einer unangreifbaren Vollkommenheit zu lähmen. Allerdings lobt gerade, wer sich so kaltblütig ungeniert nach vorn spielt, bei anderen in seiner Umgebung gern Bescheidenheit und Schüchternheit als wunderbare Tugenden. Warum sollte er sich auch dieser Heuchelei schämen, da ihm ja doch eben die Scham der anderen deren Konkurrenz erspart?

Unter allen therapeutischen Wirkungen der Psychoanalyse wird übrigens eine leicht unterschätzt, daß man nämlich durch den Analytiker nichts von der Beschämung erfährt, die man beim ersten Geständnis der einen oder anderen Peinlichkeit befürchtet hatte. Das überraschende Ausbleiben dieser Demütigung allein hilft vielen, künftig offener mit bislang angestrengt getarnten vermeintlichen oder echten Mängeln zu leben und dadurch die innere Freiheit zu stärken.

Zu dem Thema der sexuellen Schamangst liefert das 1. Buch Mose ein eindrucksvolles Beispiel: Noah, Vater von drei Söhnen, Sem, Ham und Jafet, hatte zuviel Wein getrunken und lag aufgedeckt in seiner Hütte. »Da nun Ham, Canaans Vater, sah seines Vaters Scham, sagte er es seinen beiden Brüdern draußen. Da nahmen Sef und Jafet ein Kleid, legten es sich auf ihre Schultern und gingen rücklings hinzu und deckten ihres Vaters Scham zu. Und ihr Angesicht war abgewandt, so daß sie ihres Vaters Scham nicht sahen.« Nach dem Aufwachen erboste sich Noah darüber, was sein jüngster Sohn, der doch nur hingeschaut hatte, ihm angeblich angetan hatte.

Man kann vermuten, daß sich Noah über seinen vermeintlich voyeuristischen Sohn Ham weniger ereifert hätte, hätte er sich nicht seines eigenen Exhibitionismus, nämlich seiner Entblößung in der Trunkenheit, schämen müssen. Dieses klassische Beispiel demonstriert, daß das Schamgebot sowohl Exhibitionismus wie Voyeurismus betrifft, wie es die jüdisch-christliche Tradition geprägt hat.

Beide Tabus werden in einer kleinen Fallstudie Wurmsers deutlich: »Die Patientin hatte große Angst, dem Therapeuten im Flur zu begegnen, besonders wenn er aus der Toilette kam oder wenn sie ihn beim Telefonieren oder einfach unverhofft ›ertappte‹. Ihre primäre Angst war, daß er in irgendeine beschämende Tätigkeit wie Masturbation oder sogar Geschlechtsverkehr verwickelt sein könnte. Aber es gab noch ein anderes wichtiges Element: Sie war der Überzeugung, daß es streng verboten und schambeladen sei, zu schauen, zu beobachten, andere zu belauschen und auch sich selbst zu beobachten.«

Freud schildert einen typischen Schamkonflikt in seinen »Bemerkungen zur Theorie und Praxis der Traumdeutung«. Er behandelte ein noch sehr stark an seinen Vater gebundenes Mädchen, das sich schwertat, sich ihm in der Therapie zu öffnen. Eines Nachts träumt sie: Sie sitzt im Zimmer mit einer Freundin, nur mit einem Kimono bekleidet. Ein Herr kommt herein, vor dem sie sich geniert. Der sagt: Das ist ja das Mädchen, das wir schon einmal so schön bekleidet gesehen haben.

Freud sieht in dem Herrn sich selbst und zugleich den Vater des Mädchens. Und er liest den Ausspruch dieses Herrn genau umgekehrt: »Das ist das Mädchen, das ich schon einmal *unbekleidet* und dann so schön gesehen habe.« Die Patientin hat als Kind eine Zeitlang mit dem Vater im selben Zimmer geschlafen. Freud schreibt: »Alle Anzeichen deuten darauf hin, daß sie sich damals im Schlaf aufzudecken pflegte, um dem Vater zu gefallen. Die seitherige Verdrängung ihrer Exhibitionslust motiviert heute ihre Verschlossenheit in der Kur, ihre Unlust, sich unverhüllt zu zeigen.«

Wahrscheinlich würde in unseren Tagen ein Psychoanalytiker sogar noch eindringlicher danach forschen, ob dieses Mädchen sich seinerzeit dem Vater nur exhibitionistisch gezeigt hatte oder ob zwischen ihr und diesem nicht doch noch mehr passiert war. Tatsächlich wissen wir neuerdings, daß Sexualängste, nicht nur vom Typ der Schamangst, viel häufiger, als noch von Freud und seinen ersten Schülern angenommen, auf reale Verführungen in der Kindheit zurückgehen. Man kann sich sogar fragen, ob die älteren Psychoanalytiker vielleicht deshalb blind für dieses verbreitete Vorkommnis waren, weil eigene Schamangst sie hemmte. Der Psychoanalytiker betreibt seinen Beruf ja mit einer sonst unerlaubten voyeuristischen Zudringlichkeit. Der männliche Analytiker verleitet seine Patientinnen zur Entblößung ihrer intimsten Sexualprobleme. An ihm wiederholen die Patientinnen ihre Vaterprobleme, was seine eigenen sexuellen Wünsche stimulieren kann. Vielleicht wollte die ältere Psychoanalytikergeneration bei den Vätern ihrer Patientinnen nicht sehen, was sie in sich selbst abwehrte?

Gegenwärtig häufen sich jedenfalls Beobachtungen wie die folgende aus der psychotherapeutischen Praxis:

Eine 34jährige, streng pietistisch erzogene Sozialarbeiterin begibt sich wegen depressiver Zustände in Psychotherapie. Die Behandlung erfolgt im Sitzen. Bald bemerkt der Therapeut, daß ihn die Patientin bei der Begrüßung im Wartezimmer kurz freundlich anstrahlt, aber schon bei Betreten des Behandlungszimmers ihren Ausdruck schlagartig zu verändern pflegt. Sie sitzt dann wie hinter einer Glaswand, freundlich, aber mit sonderbar verschleiertem Blick, der vor dem Therapeuten innezuhalten scheint. Schon beim Blickaustausch darf sie keine Spur von Vertrautheit aufkommen lassen. Diese Scheu hemmt sie auch in ihren Mitteilungen über ihre inneren Vorgänge. Auf ihre Angst angesprochen, rückt sie erst nach einem dreiviertel Jahr mit einer Erklärung heraus:

Der Therapeut erinnere sie an einen Onkel, den sie als Kind sehr gern gehabt habe. Einmal seien die anderen Familienmitglieder aus dem Zimmer gegangen, während er sie auf seinem Schoß noch festgehalten habe. Plötzlich sei er mit der Hand ihren Rücken hinuntergefahren und habe sie unten angefaßt. Genaueres wisse sie nicht mehr, nur, daß sie sich furchtbar aufgeregt, aber über das Erlebnis nie gesprochen habe.

Bis heute betatsche sie ihr Vater mitunter bei Besuchen wie ein kleines Kind. Seine eigene und die in der ganzen Familie praktizierte Spaltung zwischen offizieller Prüderie und versteckter Sexualität hindere ihn, sein Tun zu begreifen. Sie selbst komme, obwohl es absurd sei, von dem Gedanken noch nicht los, daß ihre Eltern ihr noch immer überhaupt keine Sexualität zutrauten, so daß sie davon auch nichts zeigen dürfe.

Im Verlauf der Therapie drängt es sie, ihre Mutter mit Schilderungen eigener sexueller Erlebnisse zu schockieren. Sie bekommt Lust, sich ihrem Freund mit raffinierter Reizwäsche zu präsentieren. Zugleich überfallen sie sadistische Visionen, etwa Menschen aus ihrem Umkreis die Zunge abzuschneiden oder die Augen auszustechen.

So entlädt sich in ihr eruptiv die Spannung, die sie seit langem in sich verborgen hatte. Nach der Traumatisierung durch den Onkel hatte sie die in der Familie eingewurzelte Heuchelei als unbewußten Konflikt getreulich übernommen – einerseits eine nach außen demonstrierte extreme Scham, die eine auf frühem Niveau fixierte Sexualität mit starken exhibitionistisch-voyeuristischen Zügen verdeckte. Die Wut, die nun in ihr ausbricht, richtet sich teils auf die Mutter, die sie nicht geschützt hatte, teils auf die inzestuösen männlichen Verführer.

Wut ist allerdings auch generell ein Begleiter von Schamangst. Das Gefühl, in der Entblößung wehrlos ausgeliefert zu sein, macht rasend. Treffend drückt das Erikson aus: »Der Schamerfüllte möchte ... die Welt zwingen, ihn nicht anzusehen oder seine beschämende Situation nicht zu beachten. Er würde am liebsten die Augen aller anderen zerstören. Statt dessen muß er die eigene Unsichtbarkeit wünschen.«

Der Zwiespalt, sexuelle Wünsche sichtbar ausdrücken, sie aber gleichzeitig verbergen zu wollen, führt insbesondere bei jüngeren, vegetativ besonders erregbaren Menschen leicht zu *Erröten* – zur *Schamröte*. Diese der bewußten Kontrolle entzogene Kreislaufreaktion wird als überaus peinlich zumal dann erlebt, wenn andere sie entdecken und ansprechen. Je mehr sich, wer zur Schamröte neigt, für das Symptom haßt, um so leichter wird er oder sie von diesem überfallen. Dann gehen z. B. Verliebte der heimlich angebeteten Person sorgsam aus dem Wege, nur um ihr nicht mit rotem Kopf gestehen zu müssen, was sie insgeheim gestehen wollen. Nicht die Angst vor der verräterischen Exhibition sexueller Impulse, die als solche kaum bewußt werden, sondern mehr noch vor der Enthüllung kindlicher Schwäche und Verlegenheit wird unerträglich. Es ist, als demaskiere das Erröten schlagartig eine infantile, lächerliche Unreife. Die Furcht, Verachtung zu ernten, ist projektive Selbstverachtung.

Die Errötungsfurcht weitet sich oft von ihrem psychosexuellen Ursprung zu einer allgemeinen Angst aus, sich in der Öffentlichkeit vor aller Augen zu blamieren, im Widerspruch zum heimlichen narzißtischen Stolz als kläglich und lächerlich dazustehen. Die Kränkung des narzißtischen Geltungsdranges, wie von Erikson beim kleinen Kind als traumatische Früherfahrung beschrieben, soll unbedingt vermieden werden – und wird gerade deshalb aus unbewußtem Zwang immer wieder heraufbeschworen. Auf Schritt und Tritt fürchten geplagte Erythrophobiker (Fachbezeichnung für Menschen mit gesteigerter Errötungsfurcht) durch die automatische vegetative Reaktion entlarvt zu werden, so als wären sie ständig an einen Lügendetektor angeschlossen.

In analytischer Psychotherapie pflegen sich Erythrophobiker von ihrem Symptom in dem Maße zu befreien, in dem sie nicht mehr vor sich selbst verheimlichen müssen, was sie unbewußt zu verraten fürchten. Währenddessen können sie auch lernen, daß ihrer gesteigerten narzißtischen Selbstbeobachtung keineswegs das voyeuristische Interesse entspricht, dem sie von außen ständig ausgesetzt zu sein glauben.

Während im Westen vielerorts sexueller Exhibitionismus und Voyeurismus vom kulturellen Schamgebot und damit von Schamangst eher befreit werden, leben im islamischen Orient zum Teil noch regelrechte *Schamkulturen* fort, die das Zusammenleben der Geschlechter durch strikt respektierte Tabus regeln. Wird die Scham indessen zur allgemein befolgten Sitte, fördert sie neurotische Konflikte nur dann, wenn sie die Sexualität auch in der intimen Privatheit gravierend behindert. Dies ist aber offenbar in vielen islamischen Schamkulturen nicht der Fall, wo zwar strenge sexuelle Ehr- und Schamregeln gelten, insbesondere für die Frauen, ohne daß die Sexualität als solche mit dem Sündenvorwurf belegt wäre.

Als Beispiel für eine derartige »funktionierende« Schamkultur beschreibt A. Petersen die Lebensformen in einer sunnitischen Dorfgemeinschaft in Zentralanatolien, in der sie eine Zeitlang gelebt hat: Die bekannten weitgehenden Schamvorschriften, die insbesondere für unverheiratete Frauen gelten, fallen im Eheleben selbst fort. Es gibt keinen Asketismus. Vielmehr schützt der Mann die Tugend der Frau durch ihre sexuelle Befriedigung. Im übrigen fühlen sich die Frauen durch die weitgehende Trennung der Lebensbereiche keineswegs ausgeschlossen. Unter sich – im Backhaus und im Badehaus etwa – sind sie locker, munter und redselig. So empfinden sie die weitgehende Geschlechter-Segregation nicht als Einengung, vielmehr als Erleichterung. Als die Autorin einer Dorfbewohnerin erzählt, daß sie mit nichtverheirateten Frauen und Männern gemeinsam in einer Wohnung lebe, wird sie von der türkischen Frau bedauert, die sich schwer vorstellen kann, daß Frauen in einer solchen Wohngemeinschaft ausreichend zum Singen, Tanzen und Lachen kämen.

Als Scheu, sinnvolle Regeln des Anstandes zu verletzen, ist und bleibt Scham überhaupt eine für die Steuerung auch unseres westlichen Zusammenlebens unentbehrliche psychologische Triebkraft. Die Beispiele von übersteigerter, krankhafter, »falscher« Scham ändern daran nichts. Allerdings propagiert der Zeitgeist den fortschreitenden Abbau von Schamschranken pauschal als Weg zur Selbstbefreiung und -verwirklichung, bis hin zur Pervertierung von Schamregeln, so daß hier und da sogar natürliche Scham als beschämend gilt. Am deutlichsten verliert das Schamgebot bei der Zügelung von aggressivem Egoismus an Kraft. Schon geniert man sich umgekehrt für Hemmungen, andere nicht rücksichtslos übervorteilen zu können. Da wird Scham zur Zimperlichkeit, zur neurotischen Skrupulosität – wohl eine zwangsläufige Auswirkung des westlichen Glaubens an das freie Spiel der konkurrierenden selbstsüchtigen Interessen, von der Wirtschaft allmählich auf alle Lebensbereiche ausstrahlend, vom Sport bis zur Politik.

Einst rümpfte man über Foul spielende Fußballer die Nase, heute lobt man es als gesunde Härte, wenn sie ihren Gegenspielern mit regelmäßiger Verletzungsgefahr in die Beine treten. In meiner Jugend war es noch üblich, daß vom Schiedsrichter durch

Fehlentscheidungen bevorzugte Tennisspieler entweder um Korrektur des Urteils ersuchten oder den nächsten Punkt absichtlich vergaben – inzwischen schon im Kindertennis ein rarer Glücksfall.

Schamlose Korruption ufert in Wirtschaft, Politik, nicht zuletzt in der organisierten Wissenschaft aus. Nur ein Bruchteil davon wird aufgedeckt und in den Medien skandaliert. Meine kürzlich veröffentlichte Satire »Die hohe Kunst der Korruption« ist diesem Phänomen und dem psychologischen Selbstbetrug der westlichen Gesellschaft gewidmet, die sich unentwegt ihrer Fortschritte in Menschlichkeit, Gerechtigkeit, sozialer Verantwortung usw. rühmt und dafür laufend Preise vergibt, andererseits Lug und Trug – wenn sie nur gekonnt praktiziert werden – als normale Prinzipien für Karriere, Machterhaltung und Führungskunst honoriert. Schimpf und Schande drohen neuerdings eher dem, der sich korrupten Machenschaften seiner Firma, Zunft, Partei, statt sie verschwiegen mitzutragen, redlich widersetzt. Einen Grafen Kerssenbrock ließ seine christliche Partei dafür büßen, daß er korrekt daran mitgewirkt hatte, den Barschel-Skandal, eine der schmutzigsten politischen Affären Nachkriegsdeutschlands, aufzudecken. Wird Anstand zur Schwäche, wird damit aber diejenige unerläßliche Scham bedroht, die einen der psychologischen Grundpfeiler unserer so gern beschworenen Wertegemeinschaft bildet.

20. Kapitel

Verfolgungsangst

Obwohl dieses Kapitel die Angst vor *eingebildeter* Verfolgung behandeln soll, ist nicht ohne weiteres zu übergehen, daß in unserem Land unter der Herrschaft der Nazis und im kleineren Maßstab auch unter dem SED-Regime massivste *reale* rassische bzw. politische Verfolgungen stattgefunden haben, deren psychologische Auswirkungen erst teilweise erforscht worden sind. Aus Selbstzeugnissen und Entschädigungsgutachten ist einiges von psychischen und psychosomatischen Verfolgungsschäden ans Licht gekommen. Einer meiner psychiatrischen und psychoanalytischen Lehrer, H. March, hat sich besondere Verdienste beim Sammeln von Beobachtungen und mit eigenen Studien über die Angst Nazi-Verfolgter und deren krankhafter Dauerdefekte erworben. Sein wichtigstes Buch »Verfolgung und Angst« (Verlag Klett, Stuttgart 1960), leider nur ungenügend beachtet, zählt anhand von Fallbeispielen nur einige solcher Angstdauerfolgen auf: Wahnbildungen, Depressionen und schwerste Lebenshemmungen, Angstneurosen, Impotenz, Herz-Kreislauf-Schädigungen mit vorzeitigem Tod. Daß mehrere deutsche psychiatrische Gutachter nicht alles anerkennen mochten, was Verfolgungsangst an Krankheiten hinterlassen hatte, war peinlich und hat im Ausland manches Befremden erregt.

Bezeichnend ist, daß viele, die persönlich unter Hitler Verfolgung erlitten hatten, oft nur schwer äußern konnten, was in ihnen angerichtet worden war, während neuerdings die Enkelgeneration hilft, diese lang währende Sprachlosigkeit zu überwinden. Zahlreiche internationale Untersuchungen, darunter auch ein eigenes Projekt unseres Gießener Zentrums für Psychosomatische Medizin, lassen deutlich erkennen, daß verfolgungsbedingte psychische Konflikte auch noch die zweite Nachfolgegeneration stärker innerlich belasten, als vorausgesehen worden war. Und allmählich ist nun auch die deutsche Öffentlichkeit eher bereit, sich mit dem Leiden der Opfer und ihrer Nachkommenschaft wie auch mit der Psychologie der Täter näher zu beschäftigen, wovon später (s. 25. Kapitel) noch ausführlicher die Rede sein wird.

Bekanntlich hatte das Nazi-Regime mit seiner Propaganda – unter Verkehrung der Realität – perfiderweise die Deutschen selbst zu Verfolgten durch diejenigen erklärt, auf deren Vernichtung es selbst abzielte. Eine raffinierte Hetzkampagne zeichnete das Bild eines allmächtigen »Weltjudentums«, das mit infamen Methoden andere Völker, an erster Stelle das deutsche, systematisch ausplündere, betrüge, unterjoche und rassisch verunreinige. Es gibt übrigens Hinweise dafür, daß eine geheim arbeitende SS-Gruppe – auf höchste Anweisung – jahrelang Unterlagen über alte Hexenprozesse durchforschte, um aus den früheren Erfahrungen Anregungen zu gewinnen, wie eine Verteufelungskampagne über Jahrhunderte erfolgreich betrieben werden könnte. Und in der Tat ist die europäische Hexenjagd über sechs Jahrhunderte ein einzigartiges »erfolgreiches« Vorbild für alle Hetzpropagandisten gegen Minderheiten.

Allen politischen Verfolgungsideologien wie individuellen psychopathologischen Verfolgungsängsten ist gemein, daß tabuisierte Triebe ihr Gegenstand sind. Der Teufel, der die von ihm besessenen »Hexen« anstiftet, wie der von den Nazis gezeichnete »ewige Jude« bedrohen die unschuldige Menschheit als »Triebtäter«, als »Blutsauger«, »Verführer«, »Sadisten«. Denn der Mechanismus, der zur Bildung der Verfolgungsvorstellung verleiten und von jeweils Herrschenden manipulativ gefördert werden kann, ist ganz einfach zu beschreiben: Triebe, deren Unterdrükkung gefordert wird, aber besonders schwerfällt, werden leichter beherrschbar, wenn man den inneren Konflikt in einen äußeren verwandeln kann. Durch Projektion begegnet man der Triebgefahr nicht mehr im eigenen Inneren, sondern in Gestalt des Verfolgers. An diesem kann man dann wahrnehmen, was man in sich selbst verdrängt. Aber man muß es natürlich bekämpfen, das heißt, den Sündenbock, den man als Verfolger erlebt, bestrafen. Nur darf der erfundene Verfolger durch die Bestrafung natürlich nicht verschwinden, da die innere Triebgefahr ja fortbesteht. Oder der Sündenbock-Verfolger muß laufend durch neue ersetzt werden. So hat die Inquisition über viele Generationen immer neue Hexen aufgespürt und verbrannt. Und den Nazis wäre es, hätte man ihnen nicht das Handwerk gelegt, sicher nicht schwergefallen, nach den ausgerotteten Juden und Zigeunern andere Rassen- oder Volksfeinde ausfindig zu machen, um die Projektion in Gang zu halten.

Das Thema Verfolgungsideologie in Gruppen und größeren Gemeinschaften wird später fortgesetzt werden (s. 21. Kapitel). Zunächst sei gefragt, wie *krankhafte* Verfolgungsangst bei einzelnen entsteht und wie sie sich auswirkt. In der westlichen Kultur hat die Kirche durch ihre Tabuisierung eine besonders starke Unterdrückung des Sexualtriebes bewirkt. Die der Inquisition überlieferten vermeintlichen Hexen zwang man zu gestehen, vom Teufel verführt worden zu sein. Und nun fühlte sich die Umwelt von den angeblich Besessenen durch Ansteckung wie von einem Virus bedroht. Auch wenn der Satz Papst Gregors des Großen: »Geschlechtliches Begehren ist absolut unmöglich ohne Schuld«, keine öffentliche Zustimmung mehr findet, sind untergründige sexuelle Schuldgefühle noch immer die erste Quelle individueller paranoider Projektionen.

Aus eigener innerer Unsicherheit, die sie mit Anstand verwechseln, lassen noch immer viele Eltern ihre Kinder mit dem Thema Sexualität zu einer Zeit allein, in der diese schon durch massive äußere Eindrücke und eigene Gefühle von aufwühlenden Phantasien bedrängt sind. Die Kinder stecken voller Fragen, spüren indessen, daß sie noch nicht wissen sollen, was sie längst beschäftigt.

Wie aus diesem inneren Druck eine Verfolgungsvorstellung entstehen kann, hat C. G. Jung in einer kleinen Fallskizze geschildert: Ein achtjähriger Junge glaubt beim Einschlafen wiederholt, neben ihm liege ein großer, magerer nackter Mann (auch der Vater ist groß und mager) im Bett und wolle ihn töten. Es stellt sich dann heraus, daß er im Traum gelegentlich erlebt, wie nebenan im Schlafzimmer der Eltern etwas Entsetzliches passiert. Er träumt von Männern oder schwarzen Schlangen, die im Schlafzimmer die Mutter töten wollen. Manchmal wacht er auch erschreckt von realen Geräuschen im elterlichen Schlafzimmer auf, die sich wie ein Kampf anhören. Es kommt dann auch vor, daß er einnäßt und anschließend die Mutter herbeiruft. Der Junge ahnt, was im Nebenraum geschieht. Seine sexuellen Phantasien werden auch infolge der Faszination durch den großen Penis des Vaters erweckt, wenn dieser sich morgens im Badezimmer nackend neben ihm wäscht. Homosexuelle und eifersüchtige Regungen vermischen sich in seinen paranoiden Ängsten.

Kindliche Verfolgungsträume dieser oder ähnlicher Art gehen meist spontan vorüber. Immer sind sie aber auch ein Signal für Eltern, darüber nachzudenken, welchen Beitrag sie etwa selbst unbedacht zur Bildung der Symptomatik leisten. Auf psychotherapeutischen Rat sollte man nicht verzichten, wenn sich die Angst fortsetzt und – wie im vorliegenden Beispiel – noch mit anderen Auffälligkeiten kombiniert ist.

Von flüchtigen Verfolgungsphantasien – wie im Falle des geschilderten Jungen – sind hartnäckig festsitzende krankhafte Ideen zu unterscheiden. Diese machen es demjenigen, der an ihnen leidet, außerordentlich schwer, sich selbst als Urheber zu erkennen. Wer von einem echten Verfolgungswahn befallen wird, sucht nicht mehr Befreiung von einer inneren Bedrängnis, sondern immer nur Hilfe gegen den angeblich echten Verfolger. Die Psychiatrie spricht dann von einer paranoiden oder paranoischen Krankheit. Berühmt wurde ein von Freud geschilderter Fall (»Mitteilung eines der psychoanalytischen Theorie widersprechenden Falles von Paranoia«):

Die über dreißigjährige, als besonders anmutig und schön geschilderte Frau lebte allein mit ihrer Mutter. Ihr Vater war früh gestorben. Nachdem sie sich bislang noch auf keine engere Männerbeziehung eingelassen hatte, lernte sie in ihrem Betrieb einen sympathischen Kollegen kennen. Obwohl aus äußeren Gründen Heirat von vornherein nicht in Frage kam, ließ sie sich auf zwei Rendezvous in seiner Wohnung ein, wo es zu Zärtlichkeiten kam. Als sie nach dem ersten Treffen im Betrieb beobachtete, wie der Bekannte mit ihrer Chefin redete, war sie gleich sicher, daß er dieser alles über ihrer beider Beziehung ausplaudern würde. Als sie beim zweiten Besuch halb entkleidet neben ihrem Bekannten lag, hörte sie plötzlich ein Geräusch wie ein Pochen oder Ticken. Es kam von der Gegend des Schreibtischs her und wurde vom Freund durch die dort befindliche Tischuhr erklärt. Beim Verlassen des Hauses begegnete sie auf der Treppe zwei Männern, die einander etwas zuflüsterten; einer der beiden trug ein kleines Kästchen. Da ging ihr ein Licht auf: Das Kästchen sei sicherlich ein Fotoapparat, der Mann ein Fotograf. Und zweifellos habe er auf Geheiß des Freundes ihrer beider intime Szene aus einem Vorhang heraus fotografiert. Das Ticken sei beim Knipsen entstanden.

Voller Empörung überschüttete sie ihren ahnungslosen Partner mit erbitterten Vorwürfen, der verzweifelt, aber vergeblich seine Unschuld beteuerte. Schließlich nahm sie sich gar einen Anwalt und bezichtigte den Partner, ihre Gefügigkeit hinterhältig mißbraucht zu haben, um heimlich Aufnahmen von ihren Zärtlichkeiten machen zu lassen, so daß er sie nunmehr jederzeit bloßstellen und um ihren Posten bringen könne.

Der Anwalt durchschaute rasch die Abwegigkeit des Verdachtes, ohne die junge Frau von ihrer wahnhaften Überzeugung abbringen zu können. Er führte sie dann zu Freud, der von ihr die Entstehungsgeschichte ihrer Verfolgungsvorstellungen erfuhr, ohne daß es anschließend zu einer Therapie kam. Immerhin ermittelte Freud, daß an der Entstehung der Verfolgungsidee auch noch ein Mutterkomplex beteiligt war: Die alte Chefin, welcher der Kollege scheinbar das Abenteuer gestanden hatte, ähnelte sehr der Mutter der jungen Frau. Dieser kam sogar der Gedanke, ihr Freund habe ein Verhältnis mit eben jener Chefin.

Jedenfalls komplizierte dieser Mutterkomplex die Verarbeitung des Liebesabenteuers entscheidend. Unbewußt bestrafte sich die junge Frau mit Hilfe des Wahns für den verbotenen Triebdurchbruch, indem sie den Liebhaber in einen erpresserischen Verfolger verwandelte. Ihm nunmehr mit juristischen Mitteln nachstellend, konnte sie ihn immerhin als geheimen Partner bei sich festhalten, wenn auch um den Preis, daß sie sich in eine masochistische Position versetzte. Das bloße unbeirrbare Dulden der Verfolgungsangst wäre jedenfalls kaum einfühlbar, würde diese nicht durch die fortbestehende masochistische Phantasiebindung an den Geliebten entschädigt.

Noch deutlicher wird die Beziehung zwischen Verfolgungsangst, Liebe, Schuldgefühlen und Masochismus in folgender aus der Nähe beobachteten tragischen Geschichte:

Eine junge verheiratete Chemikerin absolviert in einem großen Institut ein unbezahltes Fortbildungspraktikum. Die eher unscheinbare, etwas füllige Frau hat es schwer, sich in der Laborgruppe einzugewöhnen. Etwas besorgt über ihre Isolation und ihre Hemmungen wendet sich der junge Laborleiter gelegentlich mit aufmunternden Bemerkungen an sie und erkundigt sich auch mal näher nach ihrem Ergehen und ihren Verhältnissen. Er lädt sie dann – zusammen mit der übrigen Laborgruppe – zu seinem Geburtstag ein, wo sie ihn mit einem sehr persönlichen Geschenk, der seltenen Aufnahme eines alten Konzerts, überrascht. Er bedankt sich herzlich dafür – was sie offenbar wie andere Zeichen seiner Freundlichkeit mißdeutet. Jedenfalls benutzt sie die nächste Gelegenheit, als sie ihn im Institut allein antrifft, ihn mit einer sonderbaren Offenbarung zu verblüffen: Sie habe entdeckt, daß er sie liebe, aber anscheinend nicht wage, sich mit ihr einzulassen. Behutsam, aber bestimmt erwidert er, daß er sie zwar sympathisch finde, gern mit ihr zusammenarbeite, aber keineswegs daran denke, mit ihr ein Verhältnis einzugehen. Unbeirrt bleibt sie bei ihrer Diagnose und zieht zum Beweis eine der gekritzelten Karikaturen hervor, die er während langweiliger Institutskonferenzen anzufertigen pflegt. Auf der Karikatur ist ein Gewirr von Köpfen zu sehen. Die junge Frau glaubt in zwei nebeneinander gezeichneten Köpfen sich und den Laborleiter zu erkennen. Dieser habe einen weiteren Kopf, zweifellos ihren Mann vorstellend, deutlich durchgestrichen, was doch nichts anderes heißen könne, als daß er zugunsten ihrer beider Beziehung den Ehemann heraushalten oder sonstwie ausschalten wolle. Seine entgeisterte Zurückweisung deutet sie wiederum als Ausflucht. Er solle doch endlich den Mut aufbringen, ihr seine Wünsche zu gestehen.

Es ergibt sich, daß er, bald danach zum Dozenten befördert, an einen anderen Ort versetzt wird. Dort hört er, daß sie eine Therapie aufgenommen hat. Nach über einem Jahr erhält er von ihr einen Brief, in dem sie ihn zu besuchen bittet. Das unbereinigte Mißverständnis bedrücke sie, und sie würde gern mit ihm noch einmal vernünftig über die Sache sprechen.

In der Erwartung, daß sie ihre Illusion inzwischen aufgegeben habe und sich quasi rehabilitieren wolle, willigt er gern ein. Plötzlich erkrankt, liegt er im Bett, als sie zu Besuch kommt. Bestürzt erfährt er, daß sie ihre abwegigen Vorstellungen um keinen Deut korrigiert hat. Sie sei seiner Liebesgefühle nach wie vor ganz sicher, und er solle sich doch nicht ewig weiter verstellen. Sie verstehe seine Hemmungen, aber sie seien wirklich überflüssig. So deutlich er nur kann, erklärt er ihr wiederum, daß sie sich über seine Gefühle täusche und daß er sie in dem offenbar irrigen Glauben empfangen habe, auch sie hätte inzwischen ihren Irrtum begriffen.

In den folgenden Jahren revidiert die junge Frau ihre Vorstellungen gründlich, aber nicht etwa im Sinne einer Preisgabe ihrer wahnhaften Einbildung, sondern in entgegengesetzter Richtung.

Aus dem vermeintlich gehemmten Liebhaber macht sie einen sadistischen Verfolger. Nachdem sie inzwischen in einer Prüfung gescheitert ist, steht für sie fest, daß niemand anders als der Phantasiepartner ihr diesen Rückschlag eingebrockt habe. Sein Einfluß habe die Verantwortlichen bewogen, sie durchfallen zu lassen. Am Ende überzeugt sie sogar einen Rechtsanwalt von der Version: Der ehemalige Laborleiter stelle ihr seit Jahren mit immer neuen sexuellen Anspielungen nach. Sie habe seine intimen Wünsche, mit denen er sie bis zur Unerträglichkeit bedrängt habe, als verheiratete Frau standhaft zurückweisen müssen. Er habe sich nicht einmal gescheut, sie bei einem Besuch in zweideutiger Absicht im Bett zu empfangen. Jetzt sei sie den von ihm angezettelten beruflichen Schikanen wehrlos ausgeliefert und Opfer seiner Rache.

In der Vermutung, einem neuen Fall krimineller sexueller Ausbeutung einer abhängigen Frau auf der Spur zu sein, leitet der Anwalt einen Zivilprozeß ein. Tatsächlich kommt es volle neun Jahre nach jener Unterhaltung, in der es um die Karikatur und die erstmalige Einforderung des Liebesgeständnisses ging, zur Verhandlung. Gegenstand ist eine Schadenersatzforderung wegen angeblicher beruflicher Behinderung der Frau. Aber der eigentlich kritische Punkt ist die fragliche Rolle des Dozenten. Zu seinem Glück findet dieser einen älteren Brief der Klägerin, in dem sie sich über seine fortgesetzten Zurückweisungen und darüber beklagt hatte, daß er das von ihr verwendete »Du« nie erwidert habe.

Dieses Beweisstück entlastet den Beschuldigten nicht nur bei Gericht, sondern auch bei manchen mit ihm rivalisierenden Kollegen, die schon gewittert hatten, daß an der Verdächtigung vielleicht doch etwas daran sei. Zugute kommt ihm überdies ein für Paranoide typisches Merkmal der Frau: Was sie auch immer an Ereignissen umdeutet, die Tatsachen selbst verfälscht sie nicht; so erfindet sie etwa keine Umarmungen oder gar sexuelle Kontakte.

In den folgenden Jahren überschüttet sie den vermeintlichen Verfolger mit ewig neuen »Zeugnissen« seiner Nachstellungen.

So findet sie in jeder Folge einer Fernseh-Kriminalserie ihr zugedachte Zeichen. Schließlich ist sie sicher, daß er sich hinter der Person des bekannten Autors dieser Serie verberge. Dabei relativiert sie allmählich ihre Beschuldigungen. Obwohl er keinen ihrer sich häufenden Briefe mehr beantwortet, deutet sie manche Zufälle sogar als Spuren seiner Zuwendung und bedankt sich für solche positiven Gesten.

Der Fall ähnelt dem von Freud geschilderten. Eher noch deutlicher als jener enthüllt er die unbewußte Umkehr des Liebeswunsches in eine Verfolgungsvorstellung, die diesmal allerdings nur vorübergehend ausgeprägte sadistische Züge annimmt, indem der heimlich Geliebte zu einem sexuellen Erpresser wird, der die Frau aus Rache für die Abweisung seines Verlangens beruflich zu zerstören versucht. Dies ist indessen nur eine längere Episode. Der Wahn als solcher bleibt bestehen, aber läßt das verborgene Liebesverlangen wieder durchscheinen, das ja auch anfangs die krankhaften Beziehungsvorstellungen gefärbt hatte. Und so bringt sie es fertig, sich eine partielle Erfüllung mit Hilfe massenweise umgedeuteter Zeichen einzureden – bedrückend für den Partner, der diese gewaltige Liebe ohnmächtig über sich ergehen lassen und auf jede positive Erwiderung verzichten muß, um keine erneuten komplizierenden Mißdeutungen aufkommen zu lassen.

Sowohl das Beispiel Freuds wie das zuletzt geschilderte belegen jedenfalls sehr deutlich die Entstehung von Verfolgungsideen durch Projektion. Impulse, die im Innern nicht bewältigt werden, wenden sich von außen gegen das Ich. Je strenger das Ich beziehungsweise das Über-Ich diese Impulse zensiert, um so eher werden sie als grausam und quälerisch entstellt. Diese Zensur fällt bei der jungen Chemikerin deutlich schwächer aus, weswegen sie sich nur vorübergehend zum Opfer sexueller Verfolgung und sadistischer Erpressung macht, bevor sie dazu übergehen kann, ihren Wahn in Richtung einer partiellen Befriedigungsphantasie umzuformen. Es ist eine Krankheitsform, die der Psychiater Kretschmer als sensitiven Beziehungswahn bezeichnet hat.

Nur gelegentlich wird der Öffentlichkeit bewußt, daß weniger auffällige Verfolgungsängste, von sexuellen Konflikten genährt, nahezu alltäglich sind. Vor der Ära des Penicillins grassierte z. B. eine paranoide Furcht, die man als Luophobie bezeichnete, obwohl man sie genauer als Lues-Hypochondrie hätte benennen sollen. Viele waren von der quälenden Idee besessen, sich mit dieser damals schwer behandelbaren, chronisch verlaufenden Geschlechtskrankheit infiziert zu haben – Resultat unbewältigter sexueller Selbstvorwürfe. Obwohl die Tuberkulose zu jener Zeit weit stärker verbreitet war, kam Tuberkulose-Angst bezeichnenderweise viel seltener vor. Der besondere Schrecken der Lues beruhte eindeutig auf ihrer sexuellen Übertragung. Tausende verurteilten sich unbewußt zu dieser Diagnose – und liefen ungläubig von einem Arzt zum anderen, mochte ihr Verdacht noch so oft widerlegt werden. Die ängstigende Einbildung verfolgte sie wie eine unentrinnbare Buße.

Als unlängst Aids über die westlichen Gesellschaften hereinbrach, verbreitete sich in Windeseile ein ähnliches, aber oft noch panischeres Verhalten. Massen von Gesunden fühlten sich von den neu entdeckten Viren wie von einer geheimen Armee verfolgt. Drei Reaktionen lassen sich unterscheiden:

1. Aids-Hypochondrie: Die Aids-Hypochonder leiden an der zwanghaften Vorstellung, infiziert zu sein. Bei jeder kleinen Unpäßlichkeit, bei Halsentzündungen, Drüsenschwellungen, Hautekzemen ist ihr erster Gedanke: Jetzt geht es bei mir los. Manche lassen sich immer wieder testen, ohne Ruhe zu finden. Andere, ebenso illusionär von ihrer Infektion überzeugt, vermeiden den Test nur deshalb, weil sie sich ihr Aids-Schicksal nicht noch schwarz auf weiß bescheinigen lassen und obendrein der Ächtung durch die Umgebung ausliefern wollen.

2. Aids-Phobie: Aidsphobiker fühlen sich gesund, aber entwickeln eine mitunter groteske Ansteckungsfurcht. Obwohl über die Infektionswege aufgeklärt, meiden sie dennoch in weit übertriebenem Maße die Nähe zu Infizierten oder solchen, die sie als solche verdächtigen. Manche Familien verstoßen infizierte Angehörige. Kindern wird der Kontakt mit Aids-positiven Spielgefährten untersagt. Eine Sozialarbeiterin, die endlich eine Arbeitsstelle in einer Klinik gefunden hat, verliert völlig die Fassung, als sie mit einem Aidskranken, ohne ihm überhaupt die Hand geben zu müssen, ein Gespräch führen soll. Eine Ärztin läßt sich krankschreiben, als sie vertretungsweise auf einer Krankenstation aushelfen soll, auf der ein Aidskranker betreut wird. In diesem Fall hat eine Therapie ermittelt, daß die junge Frau unbewußt mit archaischen symbiotischen Verschmelzungswünschen lebt, die sie seit je durch Vermeidung von Nähe beziehungsweise durch strikte Abgrenzung abwehrt. Intellektuell weiß sie genau, daß sie bei Wahrung der üblichen Vorsicht nicht das mindeste Risiko eingehen würde. Aber gegen die Angst ist ihr Wissen machtlos.

3. *Aids-Paranoid:* Von einem regelrechten Aids-Paranoid ist zu sprechen, wenn sich die Ansteckungsangst in stärkerem Grad mit Haß auf die Infektionsträger und die sogenannten Risikogruppen mischt. Das Böse wird von den Viren auf ihre »Verbreiter« verschoben. Homosexuelle, Prostituierte, Drogenabhängige werden zu einem Feindbild verschmolzen. Der neu geschaffene Begriff »Verbreiter« läßt an Täter denken. Anstelle des vorläufig unbesiegbaren Virus hat man es nun mit ohnehin stigmatisierten Minderheitsgruppen zu tun, gegen die man zu Felde ziehen kann. Natürlich wird die Aggression dieser speziellen projektiven Abwehrform als reine humanistische Strategie zum Schutz der unschuldigen Gesunden bemäntelt, während in Wirklichkeit eine Regression auf die primitive Ebene archaischer Dämonisierung stattfindet.

Außer durch seine geschlechtliche Übertragung mobilisiert Aids deshalb besondere Angst, weil es die laufend geförderte Illusion widerlegt, die Medizin schreite auf dem Weg, durch Überwindung einer Krankheit nach der anderen am Ende die Macht des Todes zu besiegen, unaufhaltsam voran. Der Aids-

Schock durchbrach für eine Weile die Panzerung der Todesverdrängung. Die Unangreifbarkeit des Virus und seine rätselvollen destruktiven Aktivitäten im Organismus erweckten eine Stimmung schwer erträglicher Unheimlichkeit. In eine Welt, in der alles berechenbar geworden zu sein schien, drang das Virus als Symbol der absoluten Unberechenbarkeit und Unbeherrschbarkeit ein und erschütterte zutiefst die trügerische Selbstsicherheit unseres Fortschrittsglaubens, der solche eklatanten Rückschritte oder Niederlagen nicht mehr einkalkulierte.

Inzwischen aber sind, wie jeder sieht, die gesellschaftlichen Verdrängungskräfte wieder erfolgreich am Werk. Zwar steigen die Krankenzahlen und werden weiter steigen. Aber die Öffentlichkeit nimmt davon immer weniger Notiz. Der Ausbruch des Virus aus der Zone der Risikogruppen ist weniger schlimm als erwartet ausgefallen. Die Forscher berichten über den einen oder anderen kleinen Sieg. Die Medien geben dem Thema laufend weniger Raum. Aids-Angst, vor kurzem noch eine Massenerscheinung, zieht sich in die Psychiatrie zurück, ausgegrenzt von den »Normalen«, die nicht mehr sehen, was sie nicht mehr sehen wollen.

Verfolgungswahn und Verfolgungsangst verweisen zwar vielfach, wie in den zitierten Beispielen, auf sexuelle Konflikte. Aber grundsätzlich kann jede Eigenschaft, für die sich einer haßt, projiziert werden. An anderem Ort (Eltern, Kind und Neurose, S. 215) habe ich von einem höheren Kriminalbeamten berichtet, der seine als Kind erlittenen massenhaften Bestrafungen so weit verinnerlicht hatte, daß er seine überstrengen Eltern idealisierte, dafür aber um sich herum nur potentielle oder manifeste Verbrecher erblickte, auf deren Entlarvung er zur eigenen Entlastung erpicht war. Frühere Heimlichkeiten mit Geld und eine fortbestehende Naschsucht wiesen auf Impulse hin, gegen die er außerhalb wie gegen eine mörderische Seuche ankämpfte. Die Gesellschaft werde im Sumpf des Verbrechens ersticken, wenn man dieses Übel nicht mit Stumpf und Stiel ausrotte – was für ihn hieß, schon in der Kindererziehung vorsorglich mit aller Härte durchzugreifen. Kein Wunder, daß er seinen Sohn bereits im Vorschulalter unentwegt beargwöhnte, diverse Hinweise sammelnd, daß in dem Jungen der Keim für spätere Verbrechen angelegt sei. Natürlich war ihm der suchtartige Charakter seines Fahndungseifers nicht bewußt. Unbeirrbar hielt er an dem Glauben fest, nur in gerechter Besorgnis auf die Übermacht des überall herrschenden und auch im eigenen Sohn lauernden Bösen zu reagieren.

Daß ganz allgemein autoritäre Erziehung diesen projektiven Abwehrmechanismus fördert, liegt auf der Hand. In je stärkerem Maße in der Kindheit Triebunterdrückung erzwungen wird, um so mehr wird automatisch die Tendenz gefördert, außerhalb Sündenböcke ausfindig zu machen. Immer teilt man diesen zu, was man in sich zu verabscheuen lernt, und sieht sich dann in einem fortgesetzten Abwehrkampf gegen diese Träger des Bösen. Dabei wird dem angeblich bedrohlichen Feind projektiv oft eine erschreckende Übergröße verliehen, damit man sich, wenn man sich gegen ihn wappnet, als potentielles Opfer darstellen kann. Wie friedlich könnte man seine Tage verbringen, so die übliche Versicherung, wenn man nicht alle Energie zum Aufspüren und zur Bekämpfung von Übeltätern einsetzen müßte. Wehe aber, wenn der eine oder andere von diesen tatsächlich verschwindet; auf der Stelle muß nach Ersatz-Sündenböcken gesucht werden, um den überbordenden Selbsthaß nach wie vor außerhalb entsorgen zu können.

21. KAPITEL

GRUPPENDYNAMIK DER VERFOLGUNGSANGST

Aus den angeführten Beispielen ist zu ersehen, daß Verfolgungsangst sich in sehr verschiedenen Ebenen und Schweregraden entwickeln kann, von unscheinbaren Bedrohungsgefühlen zu neurotischen Phantasien bis hin zu regelrecht psychotischen Zuständen. Als weiteres Merkmal fällt ihre Ausbreitungsneigung auf. Die Aids-Angst griff eine Zeitlang wie eine Epidemie um sich, charakteristischerweise am stärksten in konservativ katholischen Gegenden, in denen das klassische Sexualtabu noch am festesten haftet und deshalb entsprechende Projektionen fördert. Nicht zufällig fanden ausgerechnet in Bayern vorübergehend Vorschläge Beifall, den potentiell ansteckenden Verfolgern – Homosexuellen, Prostituierten, Fixern – mit Ausgrenzungs- und Strafmaßnahmen zu Leibe zu rücken. Schon drohte eine Spaltung der Öffentlichkeit in zwei Parteien: diejenige, die von München aus für die Rechte der Anständigen und Gesunden zu kämpfen vorgab, und diejenige, die unter Führung der damaligen Bonner Gesundheitsministerin Süssmuth auf Besonnenheit, Aufklärung und Selbstverantwortung setzte.

Der hohe Ansteckungsgrad von Verfolgungsangst erklärt sich vornehmlich aus drei Umständen:

1. Die Bereitschaft zur Projektion als Mittel, sich von innerer Spannung nach außen zu entlasten, ist in allen angelegt und daher prinzipiell abrufbar.
2. Bezugspersonen eines Paranoiden spüren, daß sie dessen Ver-

folgungsidee übernehmen müssen, um sich mit ihm nicht zu verfeinden. So ließ sich z. B. der Ehemann jener Chemikerin tatsächlich darauf ein, seiner Frau in dem Prozeß gegen den angeblichen sexuellen Verfolger beizustehen, obwohl er genügend Anhaltspunkte gehabt hätte, die Absurdität der Beschuldigungen zu durchschauen. Andernfalls hätte er ein Zerbrechen der Ehe in Kauf nehmen müssen.
3. Gemeinsame Konzentration auf eine äußere verfolgende Macht entlastet Familien, größere Gruppen, ja ganze Gesellschaften von internen Konflikten. An der fiktiven äußeren Bedrohung kann ein Großteil der Aggressionen festgemacht werden, die sonst innerhalb der Gemeinschaft aufbrechen würden.

In meinem Buch »Patient Familie« habe ich eine Reihe von lange beobachteten Familien beschrieben, in denen jeweils eine Person ihr eigenes Verfolgungskonzept auf alle Mitglieder übertrug. Ich habe diesen Typ »Festungsfamilie« genannt, weil sich solche Familien festungsartig abkapseln und gemeinsam die krankhafte Einbildung der leitenden Figur gegen alle Welt fanatisch verteidigen. So kommt es auch dazu, daß Angehörige oft sogar zu einem schwer psychotisch Verfolgungskranken keinen Arzt zu rufen wagen, weil sie den Haß des »Verratenen« zu sehr fürchten.

Von ihnen selbst kaum bemerkt, gleiten in eine paranoide Entwicklung leicht manche solcher Vereinigungen oder Organisationen ab, die sich dem Kampf gegen ein einziges Weltübel verschrieben haben, von dem sie die Menschen oder die ganze Erde befreien wollen. Sie sehen dieses Übel nur außerhalb des eigenen Kreises, sich selbst unzweifelhaft zur heilvollen Mahnung und zur Mobilisierung einer Rettungsbewegung berufen fühlend. Schon dadurch verraten sie ein Bedürfnis nach projektiver Entlastung. Sie müssen aus innerem Drang beschuldigen. Das verleitet sie in der Regel zur pauschalierenden Vereinfachung komplexer Zusammenhänge. Denn sie brauchen einen klar umschriebenen Feind, an dem sie die eigene Empörung, die sie auf ein großes Umfeld übertragen möchten, festmachen können.

Deutlich verfallen dieser Versuchung z. B. radikale Feministinnen, die glauben, daß sich in den Übeln der Welt allein die Schlechtigkeit der Männer widerspiegele und daß sich die Zustände künftig nur bessern könnten, wenn alle Macht von den Frauen erobert würde. Aus der erkannten Notwendigkeit, zum Nutzen aller die Männerherrschaft in Gesellschaft und Politik zu beenden, leitet paranoider Haß eine Pauschalverurteilung der Männer ab, die in Bausch und Bogen als unbelehrbare Unterdrücker und gewaltträchtige Egoisten dämonisiert werden. Ähnliche wahnhafte Elemente findet man in militanten Kampagnen gegen Raucher, Jäger, Autofahrer usw. In jeder dieser Anti-Bewegungen meldet sich ein verständliches und durchaus berechtigtes Interesse. Aber oft drängt die Gruppendynamik die besonneneren und kritischeren Mitglieder mehr und mehr an den Rand. Alsbald gelten sie als Verharmloser des Bösen, und die leidenschaftlichen Aufpeitscher erobern die Macht. Ein einziger begabter Demagoge als Anführer einer kleinen Gruppe von Kampflüsternen reicht aus, um eine Stimmung anzuheizen, die jeden besorgten Einwand gegen die überhandnehmende unkritische Militanz ausschließt. Wie ein malignes Virus überwindet das paranoide Element das psychische Immunsystem der Gruppe.

Auch Vereinigungen, die eines der aktuellen zentralen Menschheitsprobleme aufgreifen, sind gegen dieses Virus nicht gefeit. Etwa Initiativen, die sich als Thema das Drogenübel, die Umweltzerstörung oder den Rüstungswettlauf vornehmen. Auch diese Gruppen bilden einen Nährboden für agitierende Vereinfacher, welche die jeweilige Bewegung z. B. ausschließlich gegen die Drogenkriminellen, die umweltschädigende Industrie, gegen Raketenpolitiker und Rüstungsbosse in den Kampf schicken wollen. Diese Strategien greifen indessen eindeutig zu kurz, wenn sie die Ursachen der verschiedenen Übel nicht bis in die Strukturen und Motive der Industriegesellschaft und die eigenen Lebensformen hinein verfolgen.

Zum Drogenproblem etwa gehört natürlich auch die ökonomische Zwangslage der Bevölkerungen, denen der Anbau der Drogenpflanzen das Überleben sichert. Und es gehören vor allem dazu die psychosozialen Beweggründe der wachsenden Abnehmergruppen in unseren Industrieländern. Niemand leugnet, daß deren Bedarf von rücksichtslosen Organisationen auf kriminelle Weise ausgenützt und gefördert wird. Aber nur diese zu bekriegen kann das Problem nicht lösen. Ähnlich ist es mit der Naturzerstörung und der Rüstung. Ohne eine grundsätzliche Revision der eigenen Ansprüche auf stetig steigenden Konsumkomfort und ohne Aufgabe eines noch immer dominierenden Stärke- und Machtkults in unseren Gesellschaften fehlen uns die psychosozialen Voraussetzungen für heilvolle Veränderungen.

Also engen einseitige Kampagnen der genannten Art das Problembewußtsein derart ein, daß andere und vor allem selbstkritische Aspekte herausfallen. Dafür verheißen sie durch den Mechanismus der Projektion eine vorläufige psychische Entlastung, – zunächst für die kämpferischen Organisationen selbst, aber auch für weitere Kreise in ihrem Umfeld, die für das pionierhafte Engagement dankbar sind, indessen die Kurzschlüssigkeit des Ansatzes übersehen.

Zum Teil erleben derartige Organisationen, daß an sie enorme Hoffnungen delegiert und daß sie als Bahnbrecher des Guten in einer Weise idealisiert werden, die ihre Versuchung zur Selbstverklärung gefährlich verstärkt. Eine Weile steigen die Kämpfer gegen die Drogenkriminellen, gegen die Bosse der Chemie- und der Rüstungskonzerne zu Helden empor, empfangen Preise und die höchsten Prestigenoten bei Umfragen. Aber das setzt sie um so mehr unter den Zwang, sich selbst von allem freizusprechen, was mit der Verursachung des jeweils bekämpften Übels zu tun hat. Die Gefahr ist also, daß sie sich endgültig mit reinen Heilbringern verwechseln, was sie natürlich nicht sind. Denn in ihnen stecken die gleichen Egoismen und Anfälligkeiten für moralische Korruption und Aggressivität wie in allen anderen.

Und so werden sie von diesen undurchschauten Motiven, die sie verleugnen, leicht hinterrücks überfallen und zur Strecke gebracht.

Man erinnere sich an die schlimmen Zerfallsprozesse innerhalb der westdeutschen Grünen, ihre Heimsuchung durch destruktive Rivalitäten und personalisierte Machtkämpfe, in denen sie getreulich die Mechanismen reproduzierten, die sie als Wurzel gesellschaftlicher Unverantwortlichkeit anprangerten. So desillusionierten sie Millionen, die ihnen als Wegbereitern des ökologischen Heils gehuldigt hatten. Vor allem aber wurden nun viele von ihnen jäh in jene Selbstzweifel gestürzt, vor denen sie ihr polarisierendes Verfolgungskonzept bisher bewahrt hatte.

In eine ungefähr vergleichbare Krise ist Greenpeace geraten, noch immer unangefochtener Hoffnungsträger Nummer eins im Widerstand gegen die Übel der Atomwaffentests und der Umweltvergiftung. In ihren oft heroischen Aktionen drückte die Organisation aus, was Hunderte von Millionen in aller Welt fühlten. So wie sie in armseligen Schlauchbooten Kriegsschiffe vor dem Muroroa-Atoll oder Verklappungsdampfer in der Nordsee herausforderten, konfrontierten sie die unverantwortlichen Mächtigen symbolisch mit dem weltweiten Unwillen der Ohnmächtigen. Mit gespendeten Milliarden bewies ein fasziniertes Massenpublikum, wie leidenschaftlich es sich damit identifizierte, was Greenpeace tat und sagte. Aber entstanden ist dann ein sich gegen Basis- und Außenkritik weitgehend abschottender internationaler Konzern, der mit seinem stattlichen Reichtum spektakuläre, aber zuletzt nur noch mäßig eindrückliche Aktionen inszeniert. »Der Spiegel« zitiert den enttäuscht ausgeschiedenen ehemaligen Bereichsleiter für »Energie und Atmosphäre« bei der deutschen Sektion mit der Diagnose: Greenpeace »wird dem Gegner immer ähnlicher«.

Auch diese Organisation sieht sich im eigenen Kreis destruktiven Elementen ausgesetzt, die sie bislang nur beim Gegner wahrgenommen hatte. Greenpeace könnte, wenn es nicht aufpaßt, zum Opfer seiner von außen unterstützten Selbstidealisierung werden und mit seiner Glaubwürdigkeit einen beträchtlichen Teil seiner politischen Chancen einbüßen.

Auch Teile der Friedensbewegung haben sich gelegentlich in einer vergleichbaren Falle gefangen, wenn sie, die eigene Friedensfähigkeit als Selbstverständlichkeit voraussetzend, zu einer reinen Anti-Raketen- oder Anti-Reagan- bzw. Anti-Bush-Bewegung schrumpften. Das Problem dieser inneren Widersprüchlichkeit mancher Friedensinitiativen wurde von mir bereits an anderer Stelle ausführlicher analysiert.*

Daß man mich nicht mißverstehe: Ungelöste, drängende Menschheitsprobleme wie die genannten benötigen engagierte Basisbewegungen von hoher Durchschlagskraft. Selbst seit Jahrzehnten in sozialen Bewegungen aktiv, möchte ich meine kritischen Befunde nicht etwa als grundsätzliche Zweifel an der unverzichtbaren Rolle der Grünen, von Greenpeace oder gar der Friedensbewegung gedeutet wissen. Künftig werden sich diese Initiativen als *noch wichtiger* als bisher erweisen. Aber ihre konstruktive Wirksamkeit wird wesentlich davon abhängen, inwieweit sie sich von moralischer Selbstüberschätzung und von paranoiden Projektionen freihalten bzw. freimachen können. Keine dieser Gruppierungen repräsentiert nur gerechte Unschuld. Jede muß sich intern mit den gleichen Triebkräften auseinandersetzen, die sie außerhalb als Ursprünge zerstörerischer Prozesse erkennt – also mit expansivem Egoismus, Machtwillen, Korruptionsanfälligkeit.

Bisher grassierte in den Bewegungen vielfach – seit 1968 – das Vorurteil: Psychologie und Gruppendynamik mündeten nur in Nabelschau und Entpolitisierung. Statt dessen sollte man nun begriffen haben: Gerade für die *Nichtbeachtung* ihrer sozialpsychologischen Gefährdungen haben die Grünen, haben Greenpeace und manche Gruppen der Friedensbewegung mit ihren autodestruktiven Prozessen bezahlt. Sie verfehlen ihre Themen, wenn sie diese jeweils nur in den *materiellen* Prozessen

* Als Psychoanalytiker in der Friedensbewegung, Psyche 39, S. 289–300, 1985

und Mißständen wahrnehmen und handelnd aufgreifen, anstatt zu erkennen, daß jede der zu bekämpfenden Gefahren von *Menschen gemacht wird, die nicht anders beschaffen sind als sie selbst.*

Dieses mögliche Mißverständnis vor Augen, hat Albert Einstein einst pointiert formuliert: »Nicht die Atombombe ist das Problem, sondern das Herz des Menschen.« An die Stelle der Atombombe könnte man auch Drogen, Pestizide, Kohlendioxid, Dioxin, Fluorchlorkohlenwasserstoffe usw. setzen.

Herz des Menschen – gemeint ist die innere Einstellung, die vom Herzen, vom Gewissen geleitete Vernunft – im Sinne etwa der »logique du cœur« eines Blaise Pascal. Jedenfalls sind es wir Menschen, aus deren Motiven die technisch-militärischen Bedrohungen folgen, die uns im nachhinein von außen begegnen. Die Anlage zu diesen Motiven schlummert in uns allen. Nur diese selbstkritische Einsicht kann die Gruppen der Öko- und der Friedensbewegung davor bewahren, von der Basis, die sie mitreißen wollen, abzuheben und am Ende an falscher Selbstidealisierung zu ersticken.

Gefährlich ist jedenfalls das Beharren auf dem Vorurteil, die psychischen Bedingungen, obwohl unmittelbar ursächlich mit den Prozessen der Umweltzerstörung und der Überrüstung verbunden, seien den politisch-technischen Prozessen nachgeordnet. Sich durch Psychologie von der technokratischen Pragmatik ablenken zu lassen galt bislang als kontraproduktiv. So rechtfertigte man die Verdrängungen, durch deren verhängnisvolle Auswirkungen man nun eines Besseren belehrt sein sollte.

Sonst führt der Weg des ökopazifistischen Protests wie anderer sozialer Bewegungen unweigerlich in einen *sektiererischen Fundamentalismus.* Er kommt durch eine allmähliche Verstärkung und Verfestigung des paranoiden Elements zustande. Es obsiegen die Radikalen, die einer Einbuße an Beachtung, politischem Einfluß und begründeten Selbstzweifeln durch eine kämpferische Verteidigung der Selbstidealisierung und durch eine Verschärfung der Verfolgungsideologie zu begegnen trachten.

Unbeirrbar verfallen sie in eine Dynamik, die ich an anderer Stelle als *Sektensyndrom* bezeichnet habe.* Sie sorgen für eine autoritäre Binnenstruktur. Interne Opponenten werden als vereinsschädigend diszipliniert und schließlich hinausgedrängt. Selbstkritische Diskussionen werden unterbunden, da angeblich kräftezehrend und integrationsgefährdend. Hartnäckig verschließt man vor der Pervertierung der eigenen Leitbilder die Augen. Nach außen hin schottet sich die fundamentalistisch-sektiererische Gruppe genauso paranoid ab wie gegen interne Abweichler. Das Wort führen die erbittertsten Scharfmacher, die ihren paranoiden Fanatismus als moralische Eindeutigkeit loben und unentwegt vor der Gefahr der Halbherzigkeit, der feigen Nachgiebigkeit, der Aufweichung oder des Verrats der klaren politischen Ziele warnen. Vorgeblich sorgen sie sich um die Identität der Gruppe und die Erhaltung ihrer politischen Widerstandskraft. Währenddessen durchschauen alle anderen außerhalb, daß das militante Gebaren nur mühsam den schon längst eingetretenen Identitätszerfall und das Schwinden an politischer Substanz tarnen soll.

Es ist ein gesundes Zeichen dafür, daß eine fundamentalistische Gruppe – selten genug geschieht es – sich von einer solchen paranoiden Verfassung zu kurieren anfängt, wenn sie innere Fraktionsbildungen zuläßt, unter denen die Fundamentalisten dann nur noch einen Flügel bilden. Ob diese aber als Minderheit das Zusammenleben mit den sogenannten Aufweichlern, Anpaßlern und Kompromißlern lange aushalten oder sich nicht lieber mit anderen fanatischen Radikalisten im näheren oder weiteren Umfeld zusammentun, bleibt immer fraglich.

---

* Kann ich als Psychoanalytiker zur Arbeit für den Frieden beitragen? In: P. Passett u. E. Modena (Hg.): Krieg und Frieden aus psychoanalytischer Sicht, Frankfurt a. M. (Verlag Stroemfeld/Roter Stern) 1983.

22. Kapitel

DER TEUFELSKOMPLEX

Die große Mehrheit betrachtet den Fundamentalismus aus der Distanz als ein eher exotisches, im Grunde anachronistisches Außenseiterphänomen, nicht ahnend, daß er als Versuchung auch und gerade in unserer rationalistischen Welt überall lauert. Die Hexen des Mittelalters haben nur andere Gestalten angenommen. Heute paktiert der projizierte Teufel zwar auch noch mit angeblichen Zerstörern der Sexualmoral, aber je nachdem zusätzlich mit feindlichen Kartellen und Ideologien, mit Staatschefs aus dem Reich der Finsternis und ihren alles unterwühlenden und zersetzenden Geheimdiensten.

Wenn man davon überzeugt ist, daß der Vatikan als älteste Regierung der Welt über die Verfassung der Menschen relativ am besten Bescheid weiß, so will es einiges heißen, daß er noch immer unbeirrt an der Existenz des Teufels festhält. Erst unlängst hat etwa Papst Paul VI. zum tausendsten Male wiederholt, die Abwehr des Teufels sei die dringendste Aufgabe der Kirche überhaupt. In diesem Dogma steckt die Diagnose: Ohne den Teufel im Nacken, ohne den Glauben an das Böse als Verfolger kann die Menschheit, gerade auch die westliche Industriegesellschaft, nicht leben. Die Menschen würden es mit sich selbst und miteinander nicht aushalten, würden sie ihre Destruktivität nicht ewig an der einen oder anderen Repräsentanz des Bösen abreagieren können. Sie können sich nur gut und in Ordnung fühlen, wenn sie zusammenhalten, um sich gemeinsam der Kräfte der

Finsternis zu erwehren, die sie je nach den geschichtlichen Umständen da oder dort festmachen. Die Hauptsache ist, daß in ihren Köpfen die Zweiweltenlehre haftet, die einst der Kirchenvater Augustin von dem persischen Sektengründer Mani übernommen hatte. Ohne ein feindliches Dunkelreich erginge es ihnen so wie heute den Kernenergie-Produzenten, die fürchten, daß sie auf ihrem tödlich strahlenden Material aus Mangel an Entsorgungsmöglichkeiten sitzenbleiben müßten. Solange es ein Teufelsreich gibt, kann die Menschheit noch immer heilige Kriege gegen dämonisierte Feinde und Unterwelten führen, anstatt an der eigenen angestauten Destruktivität zu ersticken.

Ist diese Diagnose etwa nicht angemessen? Ist Verfolgungsangst nicht tatsächlich immer noch für unsere moralisch unterentwickelten Gesellschaften ein unentbehrliches kollektives Drainagesystem zur Ableitung selbstzerstörerischer Energien? Braucht nicht insbesondere unsere westliche Kultur zur Stabilisierung ihres Selbstwertbewußtseins und ihres leidlichen Zusammenhalts die unterschiedlichsten Weltfeinde, gegen die sie in heiliger Entrüstung das Reich des Lichts und des Guten ewig aufs neue retten kann? Sogar der Club of Rome sagt in seinem jüngsten Bericht: »Offensichtlich brauchen die Menschen eine gemeinsame Motivation, genauer einen gemeinsamen Feind, als Ansporn zu gemeinsamem Handeln.«

H. M. Enzensberger hat sicher recht, wenn er schreibt, daß Feinde des Menschengeschlechts von geschichtlicher Bedeutung nur dadurch hervortreten, daß ganze Völker sie herbeiwünschen. Aber er hat wiederum darin unrecht, daß er damit nur die jeweiligen Untertanenvölker meint. Männer mit noch so gewaltiger Machtgier, moralischer Hemmungslosigkeit, grenzenloser Aggressivität und wahnhaften Größenideen sind und bleiben Psychopathen. Zum Rang von Menschheitsfeinden erheben sie nicht nur ihre eigenen Völker, von denen sie teils bewußt, teils unbewußt herbeigewünscht werden; sondern stets werden sie auch indirekt von den Völkern mit aufgebaut, die sich irgendwann später zum Widerstand gegen sie aufraffen.

Daß Hitler ein entmilitarisiertes Deutschland unbehindert in eine weltbedrohende Militärmacht verwandeln konnte, wäre niemals nur durch Ahnungslosigkeit, Gutgläubigkeit und ängstlichen Verständigungswillen des Auslandes zustande gekommen. Schon bald waren seine Allmachtswünsche durchschaubar, und über seine mörderische Judenverfolgung wußte man viel eher Bescheid, als sie offiziell zur Kenntnis genommen wurde. Man duldete ihn lange Zeit nicht nur aus Versehen oder Not, sondern weil man ihn dulden *wollte*. Erst mit erheblicher Verzögerung schlug die halbherzige Billigung in Flammen der Entrüstung um, deren allein man sich im Ausland später noch erinnern wollte, um sich aller Selbstzweifel zu entledigen.

Saddam Hussein als Persönlichkeit mit Hitler zu vergleichen, wie es Enzensberger tut, erscheint individualpsychologisch nicht unplausibel. In der Tat ähnelt er dem faschistischen Diktator in seinem enormen Machttrieb, seiner Megalomanie, seiner absoluten Skrupellosigkeit in der Entfaltung mörderischer Aggression. Aber auf unvergleichlich deutlichere Weise ist Saddam Hussein nicht nur indirekt, sondern geradewegs und offen zu einem Teufel von weltbedrohendem Format *systematisch hochstilisiert* worden. Auf einem Kongreß-Hearing hat dies der renommierte amerikanische Historiker A. Schlesinger unverblümt eingestanden: »Erst haben wir ihn (Saddam Hussein) aufgebaut, jetzt bezeichnen wir ihn als neuen Hitler.«

Natürlich dachte man in West und Ost noch nicht an einen späteren »Wüstensturm«, als man den provinziellen Potentaten des Dritte-Welt-Wüstenstaates mit immer mehr Waffen belieferte. Als der Iran noch das Böse schlechthin repräsentierte, war der irakische Präsident ja sogar ein hochwillkommener Helfer, dem man seine Giftgas-Verbrechen ungeniert nachsah. Amerikanische Firmen machten hervorragende Geschäfte mit ihm, dank der Finanzierungshilfen, die er lange Zeit von seinen arabischen Nachbarstaaten reichlich erhielt. Aber auch nach dem Irak/Iran-Krieg rüstete man ihn weiter hoch, inzwischen wohlwissend, daß er die Beherrschung der Golfregion anstrebte.

Als Saddam Hussein dann, sich in den Folgen verrechnend*, in Kuwait einmarschierte, wiederholte er nur, was vor ihm andere Aggressoren getan hatten, deren Verurteilung und Bestrafung das gleiche Amerika unterbunden hatte, das nunmehr die halbe Welt gegen ihn mobilisierte. J. Link zählt auf: ». . . wer anders als er (gemeint ist Präsident Bush, der Verf.) hat bis heute verhindert, daß Saddams Überfall auf den Iran am 23. September 1980 vom UNO-Sicherheitsrat als eben jene Aggression definiert wurde, die dann, als die von dem gleichen Saddam zehn Jahre später nur wenige Kilometer südwestlich gegen Kuwait wiederholt wurde, mit allen Scheinwerfern der Welt-Medienordnung angestrahlt wurde? Wer anders als er hat verhindert, daß der Türkei wegen ihrer militärischen Okkupation und Quasi-Annexion von Nordzypern (großer Teil eines souveränen Staates, der der UNO besondere Dienste geleistet hatte) ein Ultimatum gestellt wurde? Wer anders als er verhinderte irgendein Einschreiten gegen die Annexion der Westsahara durch Marokko, West-Papuas und Ost-Timors durch Indonesien usw. (um nur diese engen Bündnispartner von Bush auf seinem Prinzipienkreuzzug gegen Okkupationen und Annexionen aufzuzählen)?«

Freilich ging es ja diesmal auch um Ölquellen. Aber nicht bedacht wird oft, daß sich Saddam in diesem historischen Moment für eine weltpolitische Rolle anbot, die seit kurzem unbesetzt, aber offensichtlich schwer entbehrlich war. Seit Hitler hatte die westliche Welt ständig über einen Feind von Weltformat verfügt, der indirekt im eigenen Bereich Ordnung gestiftet hatte. Jahrzehntelang hatte Moskau im Westen für stabile Strukturen gesorgt, der NATO ihre Identität vermittelt und die USA in ihrer Führungsposition gestützt. Aber nun hatte Gorbatschow diese Ordnung durcheinandergebracht. Indem er das Feindbild »westlicher Imperialismus« löschte und zur Abrüstung blies, nahm er

---

* Wozu freilich die US-Botschafterin A. C. Glaspie in einem Gespräch mit ihm am 25. Juli 1990 beigetragen hatte, wie das von P. Salinger und E. Laurent veröffentlichte Protokoll beweist.

einerseits die bekannten Zerfallserscheinungen in seinem eigenen System in Kauf, andererseits brachte er damit auch den Westen, und an erster Stelle die Amerikaner, in Verlegenheit. Denn ohne den Moskauer Weltfeind war Amerika plötzlich als der große militärische Beschützer nur noch halb so wichtig. Machtpolitisch fiel sein fragwürdiger Reichtum an Atomraketen, Kampfflugzeugen und Atom-U-Booten nur noch mäßig ins Gewicht. Die amerikanische Selbstsicherheit geriet ins Wanken.

Kommentatoren begannen eine düstere Bilanz zu ziehen. In der Tat: die US-Wirtschaft lahmte, die Konkurrenten Japan und Europa waren im Begriff, unaufhaltsam vorbeizuziehen. Eine Rezession stand vor der Tür. Die Überschuldung hatte ein Rekordmaß erreicht. Aus dem reichsten Land war der Welt größter Schuldner mit einer Gesamtverschuldung von über 400 Milliarden Dollar geworden. Die soziale Verelendung in den Städten hatte trotz zehnjähriger Hochkonjunktur beängstigend zugenommen. Und nun hatte ausgerechnet die Moskauer Macht der Finsternis, zu Ronald Reagans Zeiten großartige Stütze des amerikanischen Selbstbewußtseins, mit ihrer Abrüstungsoffensive Washington vor aller Welt auch noch moralisch blamiert. Bushs Stern war im Sinken. Und die NATO wußte nicht mehr recht, wozu sie noch da war. Ein hoher Diplomat dieser Organisation sprach aus, was der Züricher »Tagesanzeiger« verriet: Saddam Hussein ist unser Retter!

Genau besehen hatte dieser nicht nur die NATO – vorläufig – gerettet. Indem er stellvertretend in die Schurkenrolle Moskaus einrückte, konnte auf der Gegenseite Amerika wieder den Part des Helden auf der Seite des Lichtreichs in dem großen Welttheater übernehmen und seine bereits ernsthaft bedrohte moralische, politische und militärische Führungsposition befestigen. Daher nun die Propagandaoffensive, die Saddam flugs in den Rang Hitlers beförderte und seine militärische Bedrohungskapazität – wie später eingestanden wurde – um ein Vielfaches übertrieb. Deshalb durften sich nun die Befürworter langfristiger gewaltfreier Sanktionen und einer friedenserhaltenden Nahostkonferenz nicht durchsetzen. Der Krieg mußte her, obwohl er sich bei einer Relation der Verluste von 300 zu 100 000 bis 150 000 im nachhinein als reine *Exekution* entlarven sollte. Das hinderte indessen nicht, ihn als eine wunderbare Errettung der Welt vor Verschlingung durch den höllischen Drachen zu feiern. Nach dem Sieg konnte Präsident Bush seine Amerikaner mit dem pathetischen Ausruf beglücken: »Wenn wir es vor der Operation Wüstensturm nicht wußten, so wissen wir es jetzt; nichts kann uns aufhalten!«

Daß Saddam nur als Symbolfigur des Drachenmythos gebraucht worden war, erfuhr die – bezeichnenderweise kaum verblüffte – Weltöffentlichkeit, als die Sieger den irakischen Aggressor, nachdem das Kriegsstück abgespielt war, sogleich ungeniert aus seiner Teufelsrolle entließen und erneut als Chef des irakischen Bollwerks gegen den nun wieder stärker verdächtigten schiitischen Iran akzeptierten. Als Weltfeind hatte er seine Schuldigkeit getan. Auf der Stelle war vergessen, daß man 100 000 bis 150 000 Menschen getötet, Millionen Flüchtlinge ins Elend geschickt, die Infrastruktur eines Landes zerstört und riesige ökologische Schäden in einem Krieg angerichtet hatte, der ja angeblich keineswegs gegen die Menschen geführt wurde, die seine Opfer wurden, sondern einzig und allein gegen den inzwischen wie Phönix aus der Asche wiedererstandenen Saddam.

Die Sorge, die vakante Verfolgerrolle nicht bald wieder besetzen zu können, erscheint wenig begründet. Die Rüstungsexporte aus den Industriestaaten in militante Dritte-Welt-Länder laufen schon wieder auf Hochtouren. Syrien hat sich mit Scud-Raketen eingedeckt. Pakistan, Brasilien und Iran forcieren ihre atomaren Programme. Noch immer überwiegt der Wettkampf auf den Rüstungsmärkten die Sorge vor der Proliferation gefährlicher Waffensysteme. Also schafft man mit offenen Augen alle Voraussetzungen für eine Nachfolgeschaft Saddams, obwohl doch die einzig vernünftige Lehre aus dem Golfkrieg für die Industrieländer hätte heißen müssen, durch radikale eigene Abrüstung und gemeinsame Rüstungsexportverbote (und deren Überwachung) eine Wiederholung des Golfdramas mit einiger Sicherheit zu verhindern.*

Aber dann gäbe es vielleicht keinen militanten Menschheitsfeind von Teufelsrang mehr. Es entfiele die einigende und stabilisierende Triebkraft, gemeinsam gegen einen hochgerüsteten Aggressor »nachrüsten« zu müssen. Man wüßte nicht mehr, gegen wen man zusammenzuhalten hätte. Leicht könnten dann viele Einheiten auseinanderbrechen. Vorher verdeckte religiöse, ideologische, rassistische und nationalistische Fundamentalismen und Egoismen, bereits jetzt in raschem Vordringen, könnten weltweites Chaos stiften, die empfindlichen Handels- und Finanznetze zerstören und militärische und ökologische Katastrophen unübersehbaren Ausmaßes anrichten. Die Flucht in den Golfkrieg – und es war eine solche nach der Überwindung der Ost-West-Konfrontation – war für Amerika, war für die westliche Welt im ganzen so etwas wie eine unbewußte Selbsthilfeaktion zur Stützung des bedrohten eigenen Gleichgewichts.

Der über Monate anhaltende Jubel und Bushs Beliebtheitsanstieg in Amerika vermitteln eine Ahnung davon, in welchem Maße solche – wie immer gedeuteten – Siege über das Weltböse gebraucht werden. Mit Hilfe seiner Propagandamaschine hatte Bush das Stück perfekt präpariert. Getreulich hatte er die Empfehlung Nietzsches befolgt: »Wenn einer zum Helden werden will, so muß die Schlange vorher zum Drachen gemacht worden sein, sonst fehlt ihm sein rechter Feind.« Die Bezwingung des übermächtigen, menschheitsfeindlichen Drachen ist ein vom Mythos vorgezeichnetes, offenbar immer noch unentbehrliches Ritual für unsere Kultur, eine als heroische Läuterung umgefälschte machtvolle Aggressionsabfuhr.

Unter der Oberfläche technokratischer Computergesellschaf-

---

* Zwar macht die Abrüstung taktischer Atomwaffen Fortschritte. Aber die Zahl der Langstreckenraketen ist immer noch beängstigend. Die USA verhindern einen von Präsident Gorbatschow vorgeschlagenen weltweiten Atomtest-Stopp. Der internationale Rüstungshandel floriert unvermindert weiter.

ten lebt wie eh und je der Traum vom verfolgenden Drachen, der die Erde austrocknen, Sonne und Mond verschlingen und die Schöpfung zerstören will. Er bedroht die Muttergöttin oder die Mutter des Kämpfers, der den Drachen töten muß. Diese in vielen Varianten bekannten männlichen Schöpfungsmythen weisen auf den Ödipuskomplex hin. Entsprechend sind es noch immer die Männer, die sich ihrer unsicheren Potenz nicht anders versichern zu können glauben als durch Mord des Vater-Drachen. Als würden sie damit die Mutter, und zugleich die weibliche Seite in sich selbst, befreien können. Aber einsehen müßten sie, daß das zerstörerische Prinzip in ihnen immer wieder neu ersteht, sooft sie seine Repräsentanten auch draußen erschlagen. Der einzige Ausweg aus dem Dilemma wäre, das Gefürchtete in sich selbst anzuerkennen, das heißt, die gefährliche Aggressivität des Vaters, anstatt sie als Projektion ewig weiterzuvererben, als eigene Anlage wahrzunehmen und sich mit ihr selbstkritisch auseinanderzusetzen.

Es war von symbolischer Bedeutung, als seinerzeit Ronald Reagan – es war noch Kalter Krieg – Michail Gorbatschow in Genf mit dem Gedanken überraschte: Wenn ein mächtiger, extraterrestrischer Feind die Erde angriffe, dann würden sie beide doch sofort gemeinsame Sache machen. Das heißt, die Angst vor einem beide gleichermaßen bedrohenden Verfolger, einem Vater-Drachen aus dem All, wäre nötig, um die Konfrontation auf der Erde zu überwinden.

Nun ist dieser Konflikt vorerst auch ohne außerirdischen Angreifer behoben worden. In der Polarisierung des Rests der Welt gegen Saddam lebte eine vergleichbare Konfliktstruktur noch einmal auf. Jetzt aber wäre die Chance für eine grundlegende Neubesinnung da. Indessen: eine Billion Dollar Rüstungsausgaben – unlängst errechnet – weisen eher darauf hin, daß wir nur eine Atempause vor dem nächsten Krieg durchleben. Zu Recht spricht man von Wahnsinnsrüstung oder Rüstungswahn, weil die psychische Kehrseite dieses materiellen Aufwands ein *gigantisches wahnhaftes Mißtrauen* darstellt; Mißtrauen als eine latente

Verfolgungsstimmung, die insgeheim nach dem nächsten Verfolger Ausschau hält. Wer wird es sein? Pakistan oder Brasilien etwa – als künftige Atommächte? Oder Japan, heute schon Amerikas bestgehaßter, erfolgreicherer Rivale im wirtschaftlichen Wettlauf? Oder wird man sich doch noch rechtzeitig gegen den eigentlichen, allen gemeinsamen Weltfeind verbünden, gegen den selbst produzierten Drachen in Gestalt des Nuklearismus (Lifton) und der Naturzerstörung?

23. Kapitel

GEWISSENSANGST

Gewissensangst ist Angst vor Schuld. In den Begriffen der Psychoanalyse beruht Gewissensangst auf einer Spannung zwischen den Instanzen Ich und Über-Ich. Wörtlich Freud: »Das Ich reagiert mit Angstgefühlen auf die Wahrnehmung, daß es hinter den von seinem Ideal, dem Über-Ich, gestellten Anforderungen zurückgeblieben ist.« Das Über-Ich, die Gewissensinstanz, ist erstens eine Art Erkenntnisorgan für Gutes und Schlechtes. Zweitens funktioniert es als Richter, gibt Befehle und droht mit Strafen. Aber es droht nicht nur, sondern verhängt – drittens – auch solche, wie es Chamisso beschreibt:

> Doch einen Richter gibt's, der Rache schafft,
> Gewissen heißet, der die scharfen Krallen
> ins Herz mir eingerissen voller Kraft ...

Nach christlicher Deutung macht sich im Gewissen die Stimme Gottes vernehmbar. Als Person und Ebenbild Gottes ist der Mensch mittels des Gewissens fähig, sittliche Werte zu erkennen und anzuwenden. Mit dem nachlassenden Einfluß der Kirche ist der unmittelbare Bezug des Gewissens auf Gott zurückgetreten. In romantisierter Sprache hat das der Philosoph M. Scheler in »Der Formalismus in der Ethik und die materiale Wertethik« ausgedrückt: »Das Gewissen in diesem Sinne gehört so durchaus zu dem mannigfachen Abendrot der untergehenden Sonne eines religiösen Glaubens.« Freud neigte zunächst dazu, das Über-Ich bzw. Gewissen nur als verinnerlichtes Erbe elterlicher Gebote und Verbote aufzufassen. Aber dann bemerkte er, daß sich auch unter dem Einfluß milder Eltern im Kind ein unverhältnismäßig strenges Über-Ich ausbilden könne. Also ließ sich das Gewissen nicht einfach als Abbild von Erziehungseinflüssen erklären. Daraufhin schwenkte Freud zu der Meinung um, daß das Über-Ich sich mit der Abwehr bilde, die das Kind gegen die Versuchung des Ödipuskomplexes aufwende. Damit sah er sich plötzlich wieder in der Nähe zu »der Behauptung der Philosophen und Gläubigen ..., daß der moralische Sinn dem Menschen nicht anerzogen oder von ihm im Gemeinschaftsleben erworben wird ...« (Abriß der Psychoanalyse, 9. Kap.)

Einen bedeutenden philosophisch-psychologischen Beitrag zur Klärung des Gewissensproblems hatte zuvor bereits Schopenhauer geliefert. Er ging von der schlichten Beobachtung aus, daß es offenbar eine allgemein-menschliche Anlage zu geben scheint, die Angst und Schuldgefühle hervorruft, wenn man Unrecht tut, anderen Schmerzen bereitet oder Leidenden Hilfe verweigert. Deshalb bestand er ähnlich wie vor ihm unter anderen Sokrates und Pascal darauf, daß wir geradezu instinktiv, aus einer inneren Ordnung heraus, mit einer moralischen Orientierung ausgestattet seien. Sokrates hatte gelehrt, daß in jedem Menschen ein latentes Wissen vorhanden sei, was das Gute und das Rechte ist. Es komme nur darauf an, ihm zu helfen, dieses Wissen zu entdecken. Und Pascal hatte für dieses latente gefühlsmäßige Wissen den berühmten Begriff von der »Logik des Herzens« geprägt. Er verstand darunter eine ewige und absolute Gesetzmäßigkeit des Fühlens, das sich auf Werte richtet. Schopenhauer rückte ein allgemein verbreitetes Gefühl in den Mittelpunkt – das Mitleid. Es ist die Angst, die beim Anblick fremden Leidens unmittelbar entsteht und dazu aufruft, den Leidenden beizustehen. Hier waltet also eine innere Stimme, die den einzelnen mit allem Leben unmittelbar verbindet, was Schopenhauer als Stütze für seine metaphysische Lehre verwendete, daß es jenseits aller Verschiedenheit der Individuen eine Wesenseinheit gebe, eine innere Verwandtschaft, so daß sich jeder in jedem anderen spiegele. Und daher rühre das Mysterium, daß jedes Individuum sich von fremdem Leid unmittelbar mitbetroffen fühlen müsse und Angst empfinde, wenn es rücksichtslos und ungerecht gegen andere handle. Das Fundament der Moralität wurzelt demnach also in der menschlichen Natur, in seiner Gewissenslage selbst.

An der allgemeinen Verbindlichkeit eines Gewissenskerns, wie sie in unterschiedlicher Weise u. a. Pascal, Schopenhauer, Scheler und Einstein vertreten, ist kaum zu zweifeln, sosehr dieser Kern auch durch unterschiedliche kulturelle und individuelle Erfahrungen überlagert und bis zur Unkenntlichkeit verdeckt werden kann. Allerdings liegt das Gewissen als moralische Triebfeder in permanentem Widerstreit insbesondere mit Egoismus und Aggressivität. Dieser Konflikt erzeugt je nach Stärke des Gewissens innere Spannung, spürbar als Gewissensdruck, als Angst vor Schuld.

Daß der moderne Zeitgeist moralische Sensibilität eher zurückdrängt, wurde schon erwähnt. Deshalb sieht es so aus, als verdiene Gewissensangst unter den diversen hier behandelten Angstformen nur beschränkte Aufmerksamkeit. Wie in unseren Längsschnittuntersuchungen bewiesen, geht zumindest in Deutschland die Bereitschaft zu introspektiver Nachdenklichkeit und zu Selbstvorwürfen stetig zurück, vor allem innerhalb der Jugend der höheren Bildungsschicht. Dabei handelt es sich eher um Gleichgültigkeit als um jene trotzige Auflehnung gegen das Gewissen, zu der etwa Shakespeares Richard III. seine Getreuen ermunterte:

> Gewissen ist ein Wort für Feige nur,
> zum Einhalt für den Starken erst erdacht:
> Uns ist die Wehr Gewissen, Schwert Gesetz.

Der moderne Trend geht schlicht in Richtung Abstumpfung: Moralische Aufregung ist ungesund, verdirbt den Appetit und stört den Schlaf. Gewissen wird zur Leerformel wie etwa vorgeführt durch die Abgeordneten des deutschen Parlaments, die, obwohl durch Grundgesetzartikel 38 und die parlamentarische Geschäftsordnung ausdrücklich ihrem Gewissen verpflichtet, fast immer nur den jeweils opportunistisch festgelegten Fraktionsgeboten folgen. Echter Gewissensdruck wird zum neurotischen Problem. Moralische Schuld erscheint als Kampfbegriff: Man lastet sie nur dem anderen an. Sonst taucht Schuld fast nur noch in der Kombination als *Schuldgefühl* auf, und dieses wird eher als Hemmung, als Hypersensibilität, als Symptom aufgefaßt.

Bezeichnendes Beispiel: In Berlin steht ein Mann vor Gericht, der einst als DDR-Grenzsoldat gemeinsam mit anderen auf einen Flüchtling an der Mauer geschossen hat. Von Verzweiflung über seine Tat überwältigt, bricht er wiederholt in Tränen aus. Daraufhin beantragt sein Anwalt ein psychiatrisches Gutachten. Begründung: »Ein Soldat, der weint, ist neurotisch.«

Um Gewissen als Triebkraft für Gesinnungsethik lächerlich zu machen, zitiert man wieder und wieder Max Weber: »Man muß ein Heiliger sein in allem, zum mindesten dem Wollen nach, muß leben wie Jesus, die Apostel, der heilige Franz und seinesgleichen, dann ist diese Ethik sinnvoll und Ausdruck einer Würde, sonst nicht.« Wer aber dürfte sich mit Jesus oder Franziskus vergleichen? Selbst K. Thiele-Dohrmann, Anwalt der »inneren Stimme« in seinem jüngst erschienenen lesenswerten Buch, fand für dieses nur den resignativen Titel: »Abschied vom Gewissen? Die allmähliche Auflösung unserer moralischen Instanz.«

Nichtsdestoweniger bleibt das Gewissen eine psychische Macht, die zwar durch antrainierte Abstumpfung geschwächt, durch Egokult überdeckt, durch Psychopharmaka betäubt oder durch Externalisierung verlagert, aber nicht aus der Welt geschafft werden kann. Wo auch immer soziale Rücksichtslosigkeit, Korruption und hemmungslose Selbstsucht herrschen, wahrt man zumindest den Anschein moralischer Tabus und ahndet von Zeit zu Zeit die gröbsten Verstöße durch Sündenbock-Opfer. Haben diese zelebrierten Skandale auch eher symbolische Bedeutung, so zeigen sie doch das untilgbare Bedürfnis nach moralischer Selbstachtung. Wenigstens bemüht man sich um ein entsprechendes Ansehen. Mehr noch: Alle Welt spendet großzügig für die Opfer von Erdbeben, Großunfällen und Hungerkatastrophen. Da paart sich echtes Mitfühlen mit einer Riesensumme heimlicher Sühneleistungen nach Art der spätmittelalterlichen Ablaßzahlungen.

In der Psychiatrie kommt Gewissensangst in vielfältigen Varianten und Maskierungen zum Vorschein. Sie drückt sich im Selbsthaß von Depressiven, in manchen Obsessionen von Zwangsneurotikern und Phobikern und in den Erscheinungsformen des moralischen Masochismus aus. Aber auch in vielen banalen Alltagskonflikten spielt Schuldangst als komplizierende Determinante eine erhebliche Rolle. In unzähligen Paar-, Familien- und Gruppenkonflikten gehen Streitigkeiten im Grunde darum, daß man Schuldige benötigt, um sich selbst rein und integer fühlen zu können. Unter vielen Beispielen sei ein typisches Modell herausgegriffen:

Ein Paar strebt nach jahrelangem kompliziertem Zusammenleben auseinander. Man ist einander überdrüssig und zermürbt sich in ewig wiederkehrenden irrationalen Streitereien. Insgeheim wünscht man die Trennung. Indessen schreckt beide der Gedanke, sich mit der Schuld über die fällige Entscheidung zu belasten. Jeder will als *Opfer*, keiner als *Täter* aus dem Konflikt herauskommen. Folgender kleiner Ausschnitt aus der Paartherapie mag dieses Phänomen verdeutlichen:

Er Physiker, sie Lehrerin, beide Mitte Dreißig, sind seit zehn Jahren kinderlos verheiratet. Er wirft ihr vor, daß sie sich nicht hinreichend um ihn kümmere. Sie beklagt seine mangelnde Einfühlungsbereitschaft und Züge von Herrschsucht. Sie wünschen sich eine Paartherapie, weil sie – wie sie sagen – immer noch aneinander hängen. In den ersten Therapiestunden ergehen sie sich in einer Flut gegenseitiger Vorwürfe. Jeder schildert sich als Opfer bedrückender Zumutungen durch den Partner.

Der Therapeut treibt die Konfrontation auf die Spitze, indem er sagt: »Sie werfen sich zwar gegenseitig lauter einzelne Versäumnisse, Ungerechtigkeiten, Kränkungen vor, aber eigentlich meinen Sie doch: Würde mich mein Partner wirklich lieben, würde er sich umstellen und mich anders behandeln. Also liebt er mich nicht mehr.«

Er: Ich hänge noch an ihr, aber ich fürchte, sie hat sich innerlich schon so weit von mir entfernt, daß ich da gar nichts mehr machen kann. Wahrscheinlich ist es nur noch die finanzielle Sicherheit, die sie bei mir hält.
Sie: Das mit der Sicherheit stimmt überhaupt nicht. Es ist allein meine Zuneigung, die mich an ihn bindet. Aber er stößt mich doch immer zurück ...
Therapeut: Mir fällt auf, daß eben jeder dem anderen eine Art Liebesgeständnis gemacht hat. Aber Sie sitzen nach wie vor beide mit bitterer Miene da, so als ob keiner dem anderen sein Bekenntnis glaubt. Ist meine Beobachtung richtig?

Beide bestätigen, daß sie dem Bekenntnis des Partners mißtrauen.

Darauf der Therapeut: »Wenn es Sie nun beide gar nicht erleichtert, vom Partner bestätigt zu bekommen, daß man noch geliebt werde und daß dieser nur die mangelnde Erwiderung des Gefühls beklagt, dann muß nun auch ich Ihre Beteuerungen bezweifeln. Und ich muß Sie einmal ganz hart fragen: Will nicht jeder von Ihnen doch die Beziehung aufgeben, und suchen Sie nicht nur beim anderen eine Rechtfertigung, weil jeder Angst hat, sich selber als schuldig zu erklären? Wartet nicht jeder von Ihnen nur darauf, daß der andere etwas ganz Schlimmes macht, daß der andere eine Bombe zündet, damit man selber ein Recht hat, davonzulaufen?«

Beide sind erst verblüfft, lassen sich dann aber zögernd auf die Deutung ein. In den folgenden Stunden kann jeder über die eigenen Ablehnungsgefühle offener reden. Die Übernahme der Trennungsimpulse in die eigene Verantwortung und die partielle Befreiung des Partners von projektiven Vorwürfen – deren Anlässe man wechselseitig mehr gesucht als bedauert hatte –, führen zu einer raschen Entspannung. Man wagt, ungeschützt davon zu sprechen, daß man von sich selbst enttäuscht ist, weil man etwas, was man sich fest vorgenommen und versprochen hatte, nicht durchhalten konnte. Ein katholischer Hintergrund macht die moralische Seite der Enttäuschung noch verständlicher. Die gewonnene Offenheit verbindet beide aufgrund des Wegfalls der ununterbrochenen Beschuldigungen und Streitigkeiten, zumindest zu einer neuen Art von Freundschaft, die ihnen die anstehende Trauerarbeit der Trennung erleichtert.

In meiner fast vierzigjährigen psychotherapeutischen Erfahrung habe ich viele Paare und Familien behandelt, die aggressive Konflikte hinter wechselseitiger Erpressung mit Schuldgefühlen verbargen. Das Muster ist stets das gleiche: Wer am meisten leidet, beansprucht die höchste Rücksichtnahme. Verschafft sich der eine mit Kopfschmerzen einen moralischen Vorsprung, zieht der andere mit ähnlichen oder vergleichbaren Beschwerden nach. Stets dominiert mit moralischem Terror, wer am ärgsten leidet. Werden Symptome in dieser Art als Vorwürfe herumgereicht, lernen in solchen Familien auch Kinder bald, daß es sie entlastet, wenn sie mit den Leiden der anderen mithalten, also eine eigene Not vorweisen können. So quälen sich am Ende alle miteinander und machen sich unglücklich, weil sie mit ihren Aggressionen nicht anders als in dieser Form des masochistischen Beschuldigens umzugehen wissen. Jedes Symptom, als gezielter Vorwurf gedacht, prallt an den Symptomen der anderen ab und schlägt in Selbstquälerei um. Dennoch kann sich das grausame Spiel so weit automatisieren, daß es in einer Paar- oder Familientherapie erhebliche Mühe kostet, es allmählich aufzulösen.

Schuldangst belastet neuerdings auch zahlreiche Eltern, die sich mehr oder weniger offen Probleme ihrer Kinder anlasten. Durch die seit Ende der sechziger Jahre gewaltig angeschwollene Literatur über Familien-Neurosen und Kinderpsychologie sind viele Eltern heute, wenn eines ihrer Kinder schlecht lernt, Hemmungen oder psychosomatische Symptome entwickelt, schnell bereit, nach eigener Urheberschaft zu fahnden. Schuldbewußt erscheinen sie beim Psychotherapeuten und erwarten, von ihm zu erfahren, was sie falsch gemacht haben und wie sie ihren Fehler vielleicht wiedergutmachen können.

Nun liegen die wirklich schädlichen Fehler, wie schon in »Eltern, Kind und Neurose« 1963 ausgeführt, selten nur in leicht korrigierbaren Irrtümern, in der Regel vielmehr in tiefer verankerten Motiven der Eltern. Unheilvoll wirksam ist ein Mangel in der inneren Einstellung. Unbewußt wird das Kind als Störenfried, als Instrument unerfüllten eigenen Ehrgeizes, als Partner zur Ausfüllung innerer Leere, als Abreaktions-Objekt, als Helfer in Ehestreitigkeiten usw. benutzt. Daß sie selbst es sind, die dem Kind das Leben schwermachen, spüren viele Eltern genau. Sie fühlen sich schuldig, aber gleichzeitig wirkt in ihnen unbewußt das schädliche Motiv weiter. Sie nehmen vielleicht willig die Erklärungen und Ratschläge des Therapeuten auf, aber bald gewinnen in ihnen genau wieder jene Tendenzen die Oberhand, die das Kind blockieren. Solche Beobachtungen haben dazu geführt, daß Erziehungsberatung zu einem großen Teil durch Familientherapie ersetzt wurde, die es erlaubt, die unbewältigten inneren Probleme der Eltern in die Therapie einzubeziehen.

Wie auf Elternseite Schuldangst mit unbewußter psychologischer Ausbeutung eines Kindes in Widerstreit geraten kann, sei an einer Fallskizze erläutert:

Ein höherer Finanzbeamter und seine fünf Jahre jüngere Frau, ehemals Medizinalassistentin, stellen ihren 14jährigen einzigen Sohn Johannes vor. Der Junge versagt in der Schule, weil er sich verweigert, wenn Lehrer und Aufgaben ihm nicht behagen. Weiteres Ärgernis erregt er durch allerhand Streiche, Aufsässigkeit,

Schwindeln und gelegentlich kleinere Klauereien. Die Mutter treibt er alle paar Wochen derart in Verzweiflung, daß sie weinend aus dem Haus flüchtet. Dann fällt der Vater abends mit drakonischen Strafen über ihn her.

Fortgesetzt konsultieren die Eltern Berater, Therapeuten und Schulpsychologen. Sie genieren sich vor den eigenen Eltern und der Nachbarschaft. Denn beide legen hohen Wert auf das äußere Ansehen der Familie, schon wegen der exponierten Stellung des Vaters. Aber beide gestehen zugleich, daß ihnen die eigene Anpassung an die spießbürgerlichen Normen ihres Umfeldes äußerst schwerfalle. Jeder sagt von sich, daß er sich nach außen so benehme, wie er eigentlich gar nicht sei. Beide haben eher unkonventionelle alternative Ansichten, die sie aber in der Öffentlichkeit verstecken. Dazu paßt, daß sie die kleinen Rebellionen, die sich Johannes außerhalb leistet, sogar insgeheim bewundern. »Eigentlich steckt das auch in mir, bekennt der Vater, nur: ich zeige das nicht.« Die Mutter wiederum ist Johannes ohnehin wehrlos verfallen. »Er ist wie ein Teil von mir, und mein Mann erscheint mir manchmal eher wie mein Bruder.«

Aber Johannes steht vor dem endgültigen Scheitern in der Schule. Die konsequente Nicht-Anpassung macht seine weitere soziale Eingliederung zu einem erheblichen Problem. Die Eltern überbieten einander in Selbstbeschuldigungen. Alles hätten sie an Johannes falsch gemacht. Sie hätten ihn viel zu früh zur Ordnung dressiert, hätten ihn nie mit ihren eigenen Problemen verschont. Sie seien als erzieherische Versager geradezu Musterfälle. Der Therapeut erlebt sich wie ein Beichtvater, den Sünder und Sünderin mit hemmungsloser Geständnisflut eindecken. Und dies sind keine Lippenbekenntnisse. Die radikale Selbstkritik kommt von Herzen: »Johannes ist unser Opfer, da gibt es nichts zu beschönigen!«

Aber diese ehrliche Schuldangst, die sie immer wieder zu beratenden Experten treibt, wird deutlich kompensiert durch jene heimlichen Befriedigungen, die ihnen Johannes beschert. Sosehr sich die Mutter periodisch durch ihn gequält fühlt, so sehr genießt sie ihn als heimlichen Ersatzpartner. Für den Vater lebt er aus, was dieser in sich unterdrückt. Letztlich übernimmt er stellvertretend für beide Eltern deren unausgelebten sozialen Protest, was er genau spürt. Belustigt hängt er an den Lippen des Vaters, als dieser das Sündenregister des Sohnes mit einem deutlichen Beiklang von Respekt für einige originelle Streiche vorträgt. Und er dürfte auch ahnen, daß er durch seine Rolle die elterliche Ehe zu stabilisieren hilft.

Obwohl in diesem Fall äußere Umstände einer Therapie im Wege standen, ist sehr zu bezweifeln, ob die Eltern sich auf ein solches Arrangement wirklich eingelassen hätten. Dem Therapeuten erschien es eher, als würden sie periodisch die eine oder andere fachliche Autorität als eine Art Beichtvater benutzen. Echte Schuldangst fördert von Zeit zu Zeit ihren Geständnisdrang. Den jeweiligen Therapeuten überschwemmen sie mit gescheiten selbstbezichtigenden Deutungen, so daß dieser mit beifälligen Zustimmungen kaum nachkommt. Dankbar nehmen sie auch von ihm die eine oder andere neue Einsicht auf – und scheiden schließlich mit dem Eindruck einer Art von Absolutionserfahrung. Was die Erleichterung verschafft, ist ein Prozeß der Externalisierung des Gewissens, ein Phänomen, das im folgenden noch ausführlicher zu untersuchen sein wird.

Bewußte oder leicht bewußt zu machende Gewissensangst, wie in den bisherigen Beispielen, bereitet dem Verständnis kaum Schwierigkeiten, anders als im Fall von *unbewußten,* nur aus Symptomen zu rekonstruierenden Schuldkonflikten. An die Wirksamkeit eines besonders strengen Über-Ich ist zu denken, wenn Menschen nach Erringung eines lange ersehnten Erfolgs anstatt mit froher Entlastung mit Verstimmung oder gar mit psychoneurotischen oder psychosomatischen Beschwerden reagieren. Es ist dies gar kein seltenes Phänomen: Jemand hat endlich eine Prüfung bestanden, eine unerwartete Anerkennung erfahren, einen erwünschten Partner gewonnen, einen großen sportlichen Sieg errungen, eine Beförderung erkämpft – und wird danach prompt von einer rätselhaften Melancholie, von

Schmerzen, Herzängsten oder einer aggressiven Reizbarkeit überfallen. Manche müssen sich versagen, aus dem Erfolg positive Konsequenzen zu ziehen. Sie stellen vielmehr alles mögliche an, um sich zu schädigen. Sie provozieren scheinbar sinnlos Partner, Freunde, Kollegen. Es ist, als wollten sie planmäßig die Genugtuung zerstören, die ihnen – wie es aussieht – doch eindeutig zustände; als müßten sie sich zur Strafe für etwas Unverdientes erniedrigen.

Da wird eine junge Frau jahrelang von ihrem jähzornigen und sozial erfolglosen Mann beschimpft und sogar mißhandelt, bis sie nach langem Zögern die Trennung wagt. Endlich von der Tortur befreit, wird sie nach einiger Zeit von einem attraktiven, einfühlsamen Bekannten umworben. Sie verliebt sich in ihn. Bald ist die Heirat beschlossen, die für sie auch eine erfreuliche Befreiung aus wirtschaftlichen Schwierigkeiten bedeutet, in die sie durch ihren leichtsinnigen Mann hineinmanövriert worden ist. Aber im engen Wortsinn kann sie ihr Glück nicht fassen. Obwohl sie, wie sie selber sagt, einen Partner gewonnen hat, so wie sie sich ihn kaum zu erträumen gewagt hätte, ist sie bald eine kranke Frau. In rascher Folge plagen sie Migräne-Anfälle. Nur mit Anstrengung spielt sie eine glückliche Partnerin. Während sie bei ihrem geschiedenen Mann sexuell voll erlebnisfähig war, sind ihre sexuellen Gefühle neuerdings wie abgestorben. Meist schläft sie mit ihrem Mann nur, um ihm eine Freude zu machen. Nur ausnahmsweise gelangt sie noch zu einem Orgasmus.

Allmählich läßt sich in einer Therapie das Rätsel klären: In einer streng konfessionellen Gemeinde aufgewachsen, in der der Pfarrer sonntags Verstöße gegen kirchliche Sexualmoral mit Namensnennung von der Kanzel anzuprangern pflegte, war sie als Kind von ihrem Vater verführt worden. Wie es oft geschieht, hatte sie dieses Ereignis verschwiegen und sich als furchtbares eigenes Versagen angerechnet. Von anhaltenden Minderwertigkeitsgefühlen heimgesucht, war es für sie eine Art unbewußter Buße, daß sie sich in der ersten Ehe einen Mann erkor, von dem sie von vornherein ahnte, daß er ihr viel Leiden bereiten würde.

Aber die Demütigungen, die sie durch ihn erfuhr, ermöglichten ihr ein Ausleben sexueller Gefühle. Ihr strenges Über-Ich erlaubte ihr nur in der Rolle als unterdrücktes Opfer, nicht aber als geliebte und geachtete Frau sexuelle Befriedigung.

Freud hat ein solches Verhalten als »*moralischen Masochismus*« beschrieben. In »Das Ich und das Es« nannte er es eine befremdende Erfahrung, »daß es Personen gibt, bei denen die Selbstkritik und das Gewissen ... unbewußt sind und als unbewußt die wichtigsten Wirkungen äußern«. Er hatte erfahren, daß »eine Neurose, die allen therapeutischen Bemühungen getrotzt hat, verschwinden kann, wenn die Person in das Elend einer unglücklichen Ehe geraten ist, ihr Vermögen verloren oder eine bedrohliche organische Krankheit erworben hat. Eine Form des Leidens ist dann durch eine andere abgelöst worden, und wir sehen, es kam nur darauf an, ein gewisses Maß an Leiden festzuhalten.« Der Masochist muß »gegen seinen eigenen Vorteil arbeiten, die Aussichten zerstören, die sich ihm in der realen Welt eröffnen, und eventuell seine eigene reale Existenz vernichten« (»Das ökonomische Problem des Masochismus«).

Unbewußte Gewissensangst kann sogar zu Straftaten verleiten, die in einer Weise verübt werden, daß die Entdeckung unausbleiblich ist. Ich habe in meinem Buch »Der Gotteskomplex« einen lange analysierten Masochisten beschrieben, der wiederholt seinen Vater bestahl und darüber verzweifelt war, wenn dieser ihn nicht zur Rechenschaft zog. Der Druck des eigenen Über-Ich ist schwerer auszuhalten als äußere Bestrafung. Der Masochist macht unter Umständen nur deshalb Schulden, weil er – da er sich ohnehin nicht sorglos machen darf – sich lieber von außen als von seinem Über-Ich quälen lassen will.

Sogenannte notorische Pechvögel sind in Wahrheit oft moralische Masochisten. Angedeutet findet man das Phänomen auch bei manchen Sportlern, von denen man sagt, sie hätten Angst zu gewinnen. Aus unbewußter Hemmung müssen sie einen Elfmeter verschießen, kurz vor dem Sieg in einem Tennismatch versagen, durch Fehlstarts eine Disqualifikation provozieren, einen entscheidenden Start verschlafen, den Staffelstab verlieren oder dergleichen. Gerade, wenn es besonders darauf ankommt, müssen sie sich den Erfolg zunichte machen.

Unbewußte Schuldangst ist alles andere als eine Rarität. Ähnlich wie Schamangst ist sie ein überaus häufiger Grund dafür, daß Menschen sich immer wieder selbst Hindernisse in den Weg legen und ihre Talente längst nicht ausschöpfen. Ohne es zu wissen, gehorchen sie einer inneren Stimme, die ihnen eine einigermaßen ausgeglichene Verfassung nur gönnt, wenn sie sich eher klein machen und besondere Lasten auf sich nehmen. Sie vertragen es einfach nicht, wenn es ihnen »zu gut« geht. Im wirtschaftlichen Konkurrenzkampf lassen sie sich besonders leicht unterdrücken und ausbeuten.

Gewissensangst, ob bewußt oder unbewußt, ist eine besonders peinliche Angstform. Gegen Trennungsangst kann man bis zu einem gewissen Grad durch Vermeidung von Trennungskonflikten angehen. Wer sich schämt, kann notfalls denen aus dem Weg gehen, vor denen er sich schämt. Verfolgungsangst ermöglicht Flucht vor dem oder Abwehrmaßnahmen gegen den Verfolger. Wird man aber ausschließlich von der inneren Gewissensinstanz verfolgt, ist man dieser Angst ziemlich wehrlos ausgeliefert. Die gegen das Ich gerichteten Vorwürfe können das Selbstwertbewußtsein bis zu ohnmächtiger Verzweiflung lädieren. Wo der Glaube an einen verzeihenden Gott geschwunden ist, der früher als Helfer angerufen zu werden pflegte, ist es wesentlich schwerer geworden, Halt und Trost zu finden. Psychotherapeuten sind zwar nützliche Bundesgenossen zur Überwindung neurotischer Varianten von Schuldgefühlen. Aber sie sind unzuständig für Schuld und Sühne.

In pathologischer Steigerung kann Gewissensangst zu der sogenannten *Schulddepression* führen – in Analogie zur Angstneurose als Extremvariante der Trennungsangst und zur Verfolgungspsychose als äußerstem Grad von Mißtrauensangst. In der Depression schwellen die Selbstvorwürfe nicht selten zu einem regelrechten Versündigungswahn an. Die Betreffenden beschäftigen sich nur noch mit ihren echten oder vermeintlichen Lastern oder Verfehlungen. Unfähig, sich mit ihren angeblichen Schlechtigkeiten noch zu ertragen, sehen einige im Suizid die letzte verbleibende Lösung. Für Psychiater und Psychotherapeuten ist es mitunter eine überaus schwierige Aufgabe, diese Tendenz rechtzeitig zu erkennen. Denn wer echte Suizidabsicht hegt, pflegt sie vor seiner Umgebung zu verbergen, um sich in der Vorbereitung und Durchführung nicht hindern zu lassen. Um so sorgfältiger müssen Angehörige, Freunde und ein stets zu Rate zu ziehender Arzt einen gefährdeten Depressiven beobachten, um in kritischen Fällen eine eventuell unumgängliche klinische Behandlung veranlassen zu können.

24. Kapitel

Verwandlung von Gewissensangst in Strafangst

Dem Gewissen kann man, wenn man seine Stimme überhaupt vernimmt, nicht entweichen. Aber in der kindlichen Entwicklung verbünden sich zwei Interessen, um diese Stimme zu schwächen. Viele Eltern beanspruchen für sich die Autorität, darüber zu entscheiden, was gut und was böse ist. Sie manipulieren das moralische Empfinden des Kindes in ihrem Sinne. Wen oder was sie als schlecht betrachten, soll auch das Kind ablehnen. Wo das Kind Recht und Unrecht anders sieht als sie, soll es sich ihrem Urteil unterwerfen. Je unsicherer Eltern selbst sind, um so wichtiger pflegt es für sie zu sein, eine blinde Anerkennung ihrer Maßstäbe durchzusetzen. Sie bemerken gar nicht oder wollen gar nicht bemerken, daß sich im Kind selbst bald Ansätze für jenes natürliche Empfinden für Wert und Unwert zeigen, das Pascal mit seiner »Logik des Herzens« gemeint hat. Dafür fehlt es ihnen an Einfühlung, aber auch an Respekt. Es ist für sie – mehr oder weniger bewußt – eine *Machtfrage*, vom Kind in einer unbezweifelbaren Autoritätsrolle bestätigt zu werden.

Das Kind lernt: Gut bin ich, wenn ich mich so verhalte, daß ich geliebt werde. Schlecht bin ich, wenn ich durch mein Verhalten Liebesentzug provoziere. Wenn die Eltern ihren Druck nicht bis zu radikaler Einschnürung und zu überzogenem Autonomieverbot erhöhen, mag es dem Kind ganz recht sein, die moralische Orientierung ganz an jene zu delegieren. Es entwickelt sich eine typische Struktur: Das Kind gesteht, was es denkt und tut, und lernt durch Lob oder Tadel, ob es anständig oder unanständig ist. Der Vorteil für das Kind, die Eltern absolut zu idealisieren und für unfehlbar zu halten, liegt darin, daß es sich, wenn es sich kritiklos anpaßt, sicher und geborgen fühlen kann. Es erleichtert sein Herz, wenn es eine Schuldlast bei einer äußeren Instanz loswerden kann, deren Urteil, wie auch immer es ausfällt, das Problem anscheinend aus der Welt schafft. Oft forcieren Eltern dieses Geständnisritual als angebliche Erziehung zu Wahrhaftigkeit, während es ihnen in Wirklichkeit eher um totale Kontrolle geht.

Auf diese Weise wird jedenfalls ein Prozeß angebahnt, den man *Externalisierung des Gewissens* nennt. Überall bieten sich Vorschriften, Verordnungen und hierarchische Strukturen an, die nahelegen, gehorsame Anpassung mit moralischer Integrität gleichzusetzen. In autoritären Gesellschaften beansprucht die jeweilige Führung wie selbstverständlich moralische Unfehlbarkeit. Im totalitären Sozialismus sprach man z. B. zynisch von einem sozialistischen Gewissen, die Ideologie der Staatspartei ungeniert zum verbindlichen Sittengesetz erhebend. In grotesker Perfektion verstand es das Nazi-Regime, die Gesellschaft mit Bestimmungen und Anweisungen so durchzuorganisieren, daß jeder Schritt mit gedankenlosem Gehorchen zu vollziehen war. Das sogenannte Führerprinzip war praktisch ein reines Unterwerfungs-, ein moralisches Entmündigungsprinzip. Absolute Hörigkeit wurde bis in die höchsten Ränge hinauf verlangt – und praktiziert.

Hannah Arendt zitiert ein bezeichnendes Bekenntnis des mächtigen Hitler-Generals Jodl aus dem Nürnberger Prozeß. Gefragt, warum er und die anderen ehrbewußten Generäle mit unkritischer Loyalität einem Mörder gehorcht hätten, antwortete Jodl, es sei nicht Aufgabe des Soldaten, sich zum Richter über seinen Oberbefehlshaber aufzuwerfen. Das möge die Geschichte tun oder Gott im Himmel.

Eher noch aufschlußreicher war eine Reaktion Adolf Eichmanns während seines Jerusalemer Prozesses: Bei der Aufzählung der langen Reihe seiner furchtbaren Verbrechen blieb er völlig unbewegt. Aber einmal war er plötzlich ganz verdattert. Das war, als er es ausnahmsweise versehentlich unterlassen hatte, sich bei der Anrede durch den Präsidenten des israelischen Gerichtes zu erheben, und deswegen ermahnt wurde. Da, zum ersten Mal, verriet er Verlegenheit und Unruhe und stotterte eine verworrene Entschuldigung.

Das war also für ihn ein Anlaß, sich zu genieren. Dem Gerichtspräsidenten, seinem momentanen Vorgesetzten, ungehorsam zu sein brachte ihn aus der Fassung. Dieser banale Disziplinverstoß bewirkte, was die Konfrontation mit seiner Schuld an der Organisation des Völkermordes nicht vermocht hatte.

Einen beträchtlichen Teil meines Buches »Flüchten oder Standhalten« habe ich seinerzeit der Darstellung von Untersuchungen und Beobachtungen aus der Nachkriegszeit gewidmet, die beweisen, wie verbreitet auch in modernen liberalen Gesellschaften die Versuchung ist, Ungehorsam mehr als moralische Schuld zu fürchten. Das berühmte, oft kopierte Milgram-Experiment und ähnliche Versuche verbieten jeden Zweifel daran, daß die Externalisierung des Gewissens auch in den heutigen westlichen Demokratien epidemisch verbreitet ist. Die Gleichschaltungsmechanismen funktionieren hier nur viel weniger sichtbar und entziehen sich auch weitgehend dem individuellen Bewußtsein, das sich seines stetigen Fortschritts an Selbstbestimmung gewiß zu sein glaubt. Verwechselt wird der tatsächlich vorhandene Spielraum für autonome Entscheidungen mit dem sinkenden Mut, die Nachteile des Image auf sich zu nehmen, ein »schwieriger«, »unbequemer«, »komplizierter«, »unflexibler«, gar »sturer« Mitarbeiter zu sein. Wer »Probleme« macht, kommt langsamer oder gar nicht voran, also macht man sie nicht und übt sich lieber in dem skrupellosen Konformismus, der heute als sogenannte Stromlinienförmigkeit einen Großteil der mittleren Generation charakterisiert.

Die schleichende moralische Entmündigung bzw. Selbstentmündigung wird mit Bedacht verleugnet. Verständlich, weil nichts das individuelle Selbstwertgefühl schlimmer kränkt als das Eingeständnis, sich in die Enteignung des persönlichen Gewissens gefügt zu haben. Viele Millionen konnten unter dem Faschismus und dem Stalinismus konfliktfrei mitfunktionieren oder sogar zu Tätern werden, weil sie längst in der Externalisierung ihres Über-Ich geübt waren, das heißt, ihre innere Stimme unterdrückten, wenn die Treue zur Führung und deren Vorschriften auf dem Spiel stand. Es tat ihnen gewiß oft leid, wenn sie Unrecht mit ansahen oder sich auch daran aktiv beteiligen mußten. Aber sie folgten jener Weisung, wonach das Gewissen zum inneren Schweinehund erklärt wurde, den man besiegen müsse, um dem Willen des Führers und seinen Vorschriften zu gehorchen.

Es war eher irritierend, als von vielen zunächst untergetauchten Nazi-Schuldigen bekannt wurde, daß sie nach 1945 ein bravbürgerliches Leben geführt hatten und hilfsbereite Nachbarn und wohlgelittene Arbeitskollegen gewesen waren. In den meisten Fällen hatten sie keine tiefgreifende moralische Wandlung durchgemacht. Was zum Vorschein kam, war ihre »Normalität«, die ihnen in einer veränderten Gesellschaftsordnung eine ziemlich unauffällige Integration möglich machte. Auch unter denen, die unter dem Stalinismus zu Tätern geworden sind, wird man im nachhinein nur eine Minderheit von abweichenden Charakteren finden, hingegen mehrheitlich nur besonders anpassungsbereite, unter gewandelten Bedingungen durchschnittlich erscheinende Mitbürger.

Lieber hätte man es, man könnte aus den Täterbiographien auf besondere charakterliche Bösartigkeit schließen. Nur gelegentlich stößt man auf einen politischen Täter mit einer zivilen Verbrecherkarriere. Mit Hilfe falscher Verallgemeinerung versucht man sich dann einzureden, die Unmenschlichkeiten des überwundenen diktatorischen Systems seien das Werk einer kriminellen Führungsclique mit Hilfe eines Gefolges menschlich deformierter Handlanger gewesen. Auf keinen Fall möchte eine Mehrheit jedoch die psychologische Nähe zu jenen »Normalen« anerkennen, die fürchten lassen, daß man unter gegebenen Umständen inhumanen Befehlen gegenüber genauso folgsam gewesen wäre und vielleicht künftig sein würde.

Sozialpsychologische Experimente wie das von Milgram beweisen: Eine Mehrheit ist jederzeit bereit, sich inneren Gewissenszweifeln zu entziehen, wenn ihr innerhalb einer gegebenen sozialen Ordnung ein inhumanes Handeln als Loyalitätspflicht erklärt wird, sogar ohne daß mit konkreten Sanktionen gedroht werden muß. Voraussetzung ist offenbar jene von Kindheit auf wirksame Außenverlagerung des Über-Ich zu Lasten der autonomen moralischen Sensibilität. Die Willfährigkeit großer Bevölkerungsteile in Diktaturperioden wird deshalb nachträglich oft als einmalige Krankheit oder als schlechthin unbegreifliche Verirrung hingestellt. Unbegreiflich, weil man durch ein Begreifen an die eigene moralische Korrumpierbarkeit erinnert würde.

Bezeichnend in diesem Zusammenhang ist die allmähliche Veränderung im Gebrauch von Begriffen wie Treue, Pflicht, Solidarität. Zuerst sollte man doch seinem Gewissen treu bleiben, so wie es Einstein in einem der letzten Briefe vor seinem Tod gefordert hat: »Ich selber entscheide als Individuum. Ich denke, dies soll seinem Gewissen gemäß handeln, auch wenn das zu einem Konflikt mit den Staatsgesetzen führt.«

»Dies über alles, sei dir selber treu!« lehrt Polonius den Laertes mit der Begründung, daß davon die Redlichkeit und Verläßlichkeit gegen andere abhänge. Aber nicht diese Treue, sondern genau umgekehrt die gegenüber dem Staat, den Gesetzen, der Partei, dem Betrieb, dem Vorgesetzten, am Ende gar gegenüber dem Präsidenten der führenden Supermacht wird inzwischen als Loyalitäts- bzw. Solidaritätspflicht beschworen. Treue, Pflicht, Solidarität meinen nur noch Gehorsam – nicht gegenüber einer autonomen moralischen Instanz, nicht gegenüber jener verbindlichen »logique du cœur« in der eigenen Brust, sondern nur noch gegenüber jeweiligen äußeren Autoritäten.

Die Verklärung schlichter Gefügigkeit zu einer hohen Tugend soll der Entmündigung einen freundlicheren Anstrich geben und das Selbstwertgefühl schonen. Zugleich aber verfolgen Machtträger damit gern das Ziel, sich mit ihrer Ideologie und ihren Vorschriften *in der Brust der Geführten* als *neue moralische Autorität* zu verankern. Sie wollen dann das geschwächte Gewissen nicht nur als äußere Kontroll- und Zensurstelle kompensieren, sondern als Stimme einer *verinnerlichten Instanz* wirksam werden lassen. Kommt dieser Vorgang zustande, schließt sich ein Kreis: Die Gewissensangst hatte sich in einem ersten Schritt in Strafangst verwandelt. Nun entsteht sie durch eine Art psychologischer Implantation als mutierte »Gewissensangst« neu. Wer diesem Prozeß erliegt, erlebt sich am Ende nicht mehr gelenkt von einem fremden Über-Ich-Substitut, sondern von einer entsprechend umprogrammierten eigenen Zentrale. Er ist einer regelrechten *Moralpervertierung* erlegen.

Befördert wird eine solche Pervertierung durch Integration in Gemeinschaften, in denen die entsprechende geistige Umerziehung systematisch kontrolliert wird. Sektenartige Vereinigungen und regelrechte Sekten erzeugen Menschen, die im Zusammenhang mit einem veränderten Gesamtweltbild die Sektennormen als unfehlbare Offenbarung befolgen und bei Mißachtung in tiefste Schuldängste verfallen. Allerdings bedarf es meist einer guruartigen Führergestalt, die mit ihrer Integrationskraft die jeweilige Außenseiterkultur zusammenhält.

In großem Umfang haben Faschismus und Stalinismus solche Moralpervertierung zustande gebracht. Man denke nur an die Fälle, in denen eine Verinnerlichung der jeweiligen Heils- und Morallehre Menschen dazu trieb, engste Freunde und selbst Familienangehörige zu denunzieren, die nur sogenannte staats- und parteifeindliche Äußerungen getan hatten. Gewiß spielten da mitunter auch private Ressentiments und Rachewünsche mit. Aber »idealistische«, das heißt subjektiv als moralisch empfundene Beweggründe waren keine Ausnahme.

Nach der Befreiung aus einer Sekte oder nach dem Zusammenbruch eines totalitären Systems reagiert ein Teil der Menschen mit schweren Depressionen. Es sind die Opfer der moralischen Gehirnwäsche, die nach Wegfall äußeren Drucks jetzt nicht aufatmen können, sondern sich als leer und minderwertig erleben. Sie selbst, so fühlen sie, sind gescheitert. Mit dem äußeren haben sie auch den inneren Halt verloren. Die Einigkeit mit ihrem pervertierten Ich-Ideal hatte sie gestützt. Dessen Zusammenbruch macht sie so hilflos wie kleine Kinder, die durch vermeintliches Schlechtsein die Mutter vertrieben zu haben glauben. Nach Verlust ihrer Sekte sind manche ehemalige Mitglieder unmittelbar selbstmordgefährdet.

An der Welle von Depressionen im östlichen Deutschland nach dem Zusammenbruch des SED-Regimes waren gewiß auch viele beteiligt, die – ohne persönlich Unrecht begangen zu haben – die Zerstörung des Systems, dessen Teil sie ja waren, unbewußt als eigene Zerstörung erlebten. Sogar manche, die sich durch Zweifel und Vorbehalte gegen eine innere »Gleichschaltung« geschützt geglaubt hatten, erfuhren zu ihrer Bestürzung, daß ihre Identität durch die Krise bis zu verheerenden Selbstvorwürfen und tiefer Verunsicherung erschüttert wurde. An der Leidenschaft, mit der H. J. Maaz diesen Prozeß in seinem »Gefühlsstau«-Buch verfolgt, erkennt man das Ringen eines davon selbst Ergriffenen.

25. Kapitel

Gewissensangst und Erinnerungsarbeit

Oft wird lieber von Vergangenheits*bewältigung* statt von Erinnerungsarbeit geredet. Bewältigung ist ohnehin zu einem Standardbegriff geworden. Es heißt von Krankheiten, Leiden, Ängsten, Schuld, daß sie bewältigt würden oder bewältigt werden sollten. Aber an dem Wort hängt eine Geschichte, die seine Verwendung belastet. Es leitet sich her von bewaltigen oder begewaltigen, was einst so viel bedeutete wie überwältigen oder bezwingen, auch speziell »frawen bewaltigen und schwechen«. Die Sprache ist verräterisch. Auf der Suche, für einen sinnvollen Umgang mit der Hitler-Vergangenheit einen passenden Ausdruck zu finden, drängte sich ausgerechnet dieser männliche Begriff auf, als gehe es darum, die Erinnerung durch einen Kraftakt zu überwältigen.

Was indessen gefordert ist, läßt sich eher mit *Trauerarbeit* (A. und M. Mitscherlich) oder *Erinnerungsarbeit* beschreiben. Jedenfalls ist es eine psychische Arbeit, die auch und gerade eine passive Öffnung für Schuld und Mitfühlen enthält; ein Lernprozeß, der zum Tragen von etwas fast Unerträglichem führen soll. Es geht hier nicht um den Mut, ein Übel aktiv zu bezwingen, vielmehr um jenen anderen, schwierigeren Mut, sich einer schmerzenden Gewissensangst zu stellen und als Antrieb zu nutzen, um die Zukunft für alle Zeit vor einem Rückfall in das Erinnerte zu schützen.

Ist dieser Lernprozeß nun im deutschen Westen in Gang gekommen und vielleicht sogar verheißungsvoll fortgeschritten? Oder gelten heute noch die skeptischen Urteile von K. Jaspers (1966) oder von A. und M. Mitscherlich (1967), die ihn damals schmerzlich vermißten und um so eindringlicher anmahnten?

Margarete Mitscherlich, zusammen mit ihrem Mann 1967 Autorin des Buches »Die Unfähigkeit zu trauern«, schrieb unlängst in »Emma«: »Bisher hatte ich den Eindruck, die Verdrängung der Vergangenheit sei erfolgreich gewesen, wir seien unfähig zum trauernden und erinnernden Rückblick, zur Konfrontation mit unserer historischen Schuld. Das scheint sich jetzt zu ändern. Die Vergangenheit ist den Deutschen heute präsenter als je zuvor.«

Aufgrund eigener empirischer Befunde, die noch näher zu erläutern sein werden, stimme ich Margarete Mitscherlich vorweg voll zu. Zunächst sei indessen gefragt: Warum kam es anfangs zu der radikalen Verdrängung, und warum hat es so lange gedauert, ehe sich eine ermutigende Erinnerungsarbeit durchsetzen konnte?

Ein Phänomen, das unlängst die Ostdeutschen unmittelbar nach dem Zusammenbruch des DDR-Systems in abgeschwächter Form darboten, führten die Westdeutschen nach 1945 in aller Deutlichkeit vor: In der totalen materiellen, geistigen und moralischen Niederlage war das Rückschauen für die meisten zunächst unerträglich. Nur indem man erst einmal davon wegblickte, was man von gestern mitschleppte an Verirrung, Schande und Schuld, konnte man sich aus lähmender Verzweiflung in eine vage Hoffnung retten. Und die holte man sich durch rasche Identifizierung mit der Siegermacht. Wie das aussah, habe ich in »Chance des Gewissens« zu beschreiben versucht:

»Typisch war das Bild der aus Gefangenschaft heimkehrenden ›Helden‹, die von ihren weniger deformierten Frauen wie hilflose Kinder an die Hand genommen und wieder lebensfähig gemacht werden mußten. Aber wer sagte ihnen jetzt, wer sie waren, welche Sprache sie sprechen, welchen Konzepten sie folgen sollten? All das lieferten uns im Westen umgehend die Sieger, an deren Spitze die Amerikaner. Die funktionierten wie ein neues Animationssystem, das die Identitätsleere ausfüllte. Es war durchaus keine mühsame, sondern eine ersehnte, rettende Anpassung, freilich ein eher mechanischer Prozeß; eine Flucht aus einer Hörigkeit in die nächste. Aber zum Schutz der Selbstachtung mußte man sich natürlich als eigene Überzeugung einreden, was in Wirklichkeit nur vertauschte Abhängigkeit war. Das scheinbar schlagartig funktionierende demokratische Gewissen schlug von außen. Es sprach Englisch. Ein Volk von verwaisten Kindern war in neuer Vormundschaft untergekommen.«

Auch die Ostdeutschen entdeckten nach dem Fall der Mauer schnell ein neues Über-Ich, das ihr Identitätsvakuum kompensieren sollte. Es hieß u. a. Kohl, D-Mark, Marktwirtschaft. Wie ihre westlichen Landsleute nach 1945, rettete sich die Mehrheit der Ostdeutschen in eine überstürzte Identifizierung mit den Siegern: Eigentlich waren wir immer schon so wie ihr, durften es nur nicht sein, weil eine Verbrecherbande uns daran gehindert hat! Inzwischen gereut viele ihre anfängliche Selbstverleugnung. Ein Teil hat mit masochistischen Minderwertigkeitsgefühlen zu kämpfen, ein anderer rächt sich an dem enttäuschenden Ideal, indem er es total zerstört und die verklärten westlichen Heilbringer in pure Betrüger und pure Ausbeuter verwandelt.

Meine eigene Unfähigkeit, als 1946 heimgekehrter Soldat mit der Vergangenheit umzugehen, habe ich in »Die Chance des Gewissens« beschrieben. Es gab eine Angst zu versinken, während man die Kraft suchte, in einer zerbombten und moralisch zertrümmerten Welt etwas Neues anzufangen – in Armut, aber in stimulierender Freiheit. Wir hätten damals über das viele Verschwiegene aus den letzten Jahren das öffentliche Gespräch gebraucht. Aber dieses behinderte vor allem die große Mehrheit der ehedem glatt Angepaßten, die bald wieder in den alten Sesseln saßen und ihre guten Gründe dafür hatten, die rückblickenden Mahner und Warner als querulatorische Störenfriede und lästige Bremser abzutun. Später hat man diesen Typus »Wendehälse« genannt. Da gab es viele, die in ihrem Innern nicht viel zu wenden hatten. Ohne Mühe paktierten sie als opportunistische Taktiker mit der neuen wie zuvor mit der alten Ordnung. Es war für sie nur eine Frage der neuen Tugenden Elastizität und Flexibilität, oben zu bleiben oder schnell wieder nach oben zu kommen, sich zu den *winners* statt zu den *losers* zu schlagen.

Dann erlebte man die Nürnberger Prozesse und die offiziellen Entnazifizierungsverfahren als Reinwaschungsrituale. Die Nürnberger Enthüllungen riefen ein kurzes Entsetzen hervor. Aber die Reaktion im Land war zwiespältig. Man wußte, daß die Mehrheit von Mitverantwortlichen heil davonkam. Und es entstanden auch Ressentiments: Da war die Selbstgerechtigkeit der Sieger, die kein Wort über eigene Schuld, über Katyn, über die Flächenbombardements deutscher Städte und über Hiroshima und Nagasaki verloren. Blockiert wurde die Erinnerungsarbeit aber auch dadurch, daß nur die Verfolgten und die aktiven Widerständler über ihr durchgemachtes Leid sprechen durften, während alle übrigen spürten, daß sie über ihre Gefallenen, ihre eigenen Verletzungen, ihre Vertreibungstragödien besser nicht redeten, damit es nicht so aussähe, als wollten sie ihre Opfer etwa gegen den Holocaust aufrechnen.

So bildete sich aus den verschiedensten, zum Teil konträren Lagern eine geheime Allianz des Schweigens. In ihr trafen sich die glatt Verdrängenden, die trotzig Verbohrten, aber auch viele Ratlose, die mit ihrem Drang, über Schuld und Trauer zu reden, vor der Wand eines übermächtigen Widerstandes kapitulierten.

In einem Projekt unserer Gießener Arbeitsgruppe, das sich mit der Verarbeitung der Hitlerzeit über drei Generationen beschäftigte, fanden wir mannigfache Belege dafür, daß die Kriegsgeneration mit ihren Kindern über ihre Vergangenheit nur wenig geredet hatte. In vielen Familien weiß man noch heute nicht genau, was die Eltern bzw. Großeltern damals gemacht und gedacht haben. Diese hatten Angst zu sprechen, und die Kinder hatten Angst zu fragen. Als dann die 68er-Generation nicht nur fragte, sondern gleich mit einer handfesten Rebellion über die verschweigenden und verleugnenden Eltern und ihre Wirtschaftswunder-Selbstzufriedenheit herfiel, sorgte sie prompt für eine gewaltige, aber nicht nur heillose Verwirrung. Wenn jene Rebellion im nachhinein meist auch als total gescheitert hingestellt wird, so ist dieses Pauschalurteil zu einseitig. Zwar ist richtig, daß die Bewegung, weil sie sich schließlich in großen Teilen als pubertäre antiautoritäre Revolte totlief, momentan keinen differenzierten Beitrag zur Aufarbeitung des Faschismusproblems leistete. Aber sie durchbrach die in zwei Jahrzehnten verhärtete Front der Verdrängung. Unerbittlich verfolgte sie die Spuren verschleierter Schuld, aber mußte am Ende darüber erschrecken, daß sie in ihrer aggressiven Radikalität ein Element eigener Inhumanität offenbarte, gegen die sie sich ohne jeden Selbstzweifel engagiert hatte.

Es ist ein typisches Phänomen: Was die eine Generation verdrängt, bürdet sie unbewußt der nächsten auf. Diese spürt, was sie stellvertretend austragen soll, und klagt die Eltern dafür an, was diese nicht eingestehen und sühnen wollen. Aber unbewußt verfallen die Nachkommen zunächst der Identifikation mit dem Schulderbe, und so wird das Verdrängte zu einer Art Explosivkörper, den jede Seite der anderen zuschieben möchte, obwohl jede innerlich daran Anteil hat. Denn dies ist eine von vielen, gerade auch von manchen Politikern unbegriffene Wahrheit: Auch die Söhne und Töchter und selbst die Enkel übernehmen, ob sie es wollen oder nicht, von ihren Vorfahren unbewußt, was diese an großen Konflikten nicht verarbeitet haben. Wenn es im 2. Buch Mose heißt, daß Gott die Missetaten der Väter bis ins dritte und vierte Glied heimsuche, so findet die Psychoanalyse dafür jedenfalls eine Entsprechung in solchen unbewußten Konflikttraditionen.

Aber die Weitergabe von Schuldkonflikten eröffnet jeder folgenden Generation die Chance, das Problem auf neue Art anzugehen. Die Angst, die zwischen der Generation unter Hitler und ihren Söhnen und Töchtern noch zu groß war, um eine konstruktive Auseinandersetzung mit den Geschehnissen zu ermöglichen, ist zwischen Großeltern und Enkeln schon deutlich ermäßigt. Großväter und Großmütter fürchten nicht mehr, von ihren Enkelsöhnen und Enkeltöchtern moralisch vernichtet zu werden. Und diese wollen die Großelternzeit vor allem besser verstehen, um sich selber besser zu verstehen.

Jedenfalls ist an zahlreichen Spuren erkennbar, daß in den siebziger und noch ausgeprägter in den achtziger Jahren der Mut der Bundesdeutschen gewachsen ist, sich der Erinnerung gemeinsam ehrlicher zu stellen. In vielen Gemeinden, in Universitäten, Schulen, in der Kirche und in großen Berufsgruppen wurde jeweils untersucht, wie man sich unter Hitler verhalten, was man speziell den Juden angetan hatte, ob es Widerständler gab und was mit diesen geschehen war. Neuerdings wird die Sorge immer deutlicher, die Zeitzeugen-Generation könnte sterben, ohne daß viele bisher immer noch zugedeckte wichtige Vorgänge und Taten enthüllt worden wären. Und diese Sorge entspringt zuallerletzt kriminalistischem Eifer, vielmehr wollen die Jungen die Wahrheit wissen, wo sie selber herkommen, und die Alten sind vielfach froh, daß sie sich endlich anvertrauen können; daß man irgendwie mit ihnen mitzutragen bereit ist, was sie bislang allein mit sich herumgeschleppt haben. Die Holocaust-Generation braucht diese Unterstützung, um sich zur Offenheit zu ermutigen.

Vor zwei Jahren haben wir als eine Arbeitsgruppe am Gießener Zentrum für Psychosomatische Medizin 1450 Studenten und Studentinnen unserer Universität differenziert über politische Meinungen und über ihre psychologische Selbsteinschätzung befragt. Es waren zu gleichen Teilen Studierende aus den Fächern Medizin, Naturwissenschaften, Wirtschaftswissenschaften und Psychologie.*

86 Prozent (!) der Befragten erklärten, daß die Auseinandersetzung mit der Hitlerzeit für die Deutschen nach wie vor wichtig sei. Bemerkenswert war nun noch besonders die Verknüpfung

---

* Die Studie ist 1990 erschienen im Rahmen des vom Verf. herausgegebenen Buches »Russen und Deutsche« (Hoffmann und Campe).

dieser Aussage mit anderen Antworten. Da wir für die Beantwortung unserer Fragen eine Sieben-Punkte-Skala vorgegeben hatten, ließen sich Korrelationen wie die folgenden errechnen:
Je wichtiger den Studenten und Studentinnen die Erinnerung an die Hitlerzeit erschien,
– um so offener zeigten sie sich für eine kritische Wahrnehmung sozialer Ungerechtigkeiten in der eigenen Gesellschaft (z. B. Benachteiligung alter Leute und Kinder),
– um so mehr verrieten sie von sozialer Sensibilität (Bereitschaft, anderen zu vertrauen, Mitempfinden mit den Sorgen anderer)
– und um so fremder war ihnen ein Feindbild-Denken.
Auch wenn diese 1450 Studenten und Studentinnen nicht als repräsentativ für die westdeutsche Jugend oder gar für die Gesamtbevölkerung gewertet werden dürfen, so bieten ihre Antworten doch bemerkenswerte Hinweise. Zunächst deuten sie darauf hin, daß das Interesse der Jugend für die Nazi-Vergangenheit, auch wenn es im Durchschnitt nicht die Höhe von 86 Prozent erreicht, jedenfalls bedeutend größer sein dürfte, als von manchen führenden Politikern angenommen wird. Paart sich das Zurückblicken mit sozialer Empfindsamkeit und mit einem Abbau nationaler Vorurteile, wie wir es bei unseren Befragten errechnen konnten, so gibt das Margarete Mitscherlich darin recht, daß die von ihr 1967 noch vermißte Trauerarbeit offensichtlich doch in Gang gekommen ist.

Daß der einzelne Mensch um so weniger versucht ist, sich mittels negativer Projektionen an anderen abzureagieren, je mutiger er persönliche Schuldkonflikte aufzuarbeiten lernt, ist aus der Psychoanalyse wohlbekannt. Aber wie es mit der individuellen inneren Anteilnahme an einer nur indirekt vermittelten Schuld des eigenen Volkes steht, ob, wie und mit welchen Konsequenzen sie stattfindet, war immer umstritten. Bei der vielfachen Verneinung von Kollektivschuld wurde gar nicht erst danach gefragt, was die Aufdeckung des Holocaust und der anderen Nazi-Menschenrechtsverbrechen im Inneren vieler anrichtete, die nicht unmittelbar verstrickt waren, aber dem System gedient hatten, das auf die Unmenschlichkeiten erkennbar ausgerichtet war. Nun meldet sich sogar eine Mehrheit der studentischen Jugend, die von Auschwitz überwiegend bereits durch zwei Generationen getrennt ist, mit dem Bedürfnis nach weiterer Auseinandersetzung mit jener Vergangenheit.

Die Befunde unserer Untersuchung weisen auf einen engen Zusammenhang zwischen innerer Anteilnahme an einer historischen Schuld und besonderer Neigung zu Vertrauen, Fürsorglichkeit und Verständigung hin. Zwar kann man vermuten, daß eine von vornherein vorhandene soziale Sensibilität eher zu einem offenen Umgang mit belastender Vergangenheit disponiert. Aber anzuerkennen ist unbedingt auch die umgekehrte Wirkung: der entsühnende Effekt der Aufarbeitung, die Befreiung von positiven sozialen Energien, die Stärkung der Kraft zu Versöhnlichkeit, zu Friedensfähigkeit; die Stimulierung einer spezifischen Wachsamkeit, um wiederauflebenden faschistischen Tendenzen rechtzeitig wehren zu können. So begründet sich die resümierende Formel: »Erinnern hilft Vorbeugen!«, der sich die ärztliche Friedensbewegung (IPPNW) als Motto bedient.

Bezeichnenderweise kommt Versöhnung sprachgeschichtlich von Entsühnung. »Durch Güte und Treu wird Missethat versünet«, heißt es in den Sprüchen Salomos (16,6). Noch Luther gebrauchte Versöhnung im Sinne von Entsündigung. Das Ritual des alten jüdischen Versöhnungsfestes, wie im 3. Buch Mose beschrieben, beruht auf dem Prinzip, daß erst die Missetaten des Volkes Israel offen zu bekennen waren, ehe Aaron den Sündenbock in die Wüste schicken durfte. Der Bezug zu Sünde und Entsündigung klingt noch in dem mittelalterlichen Versüenen oder Versünen an, erhalten geblieben in der zweiten Strophe des alten Weihnachtsliedes als »Christ ist erschienen, uns zu versühnen«.

Die von uns befragten deutschen Studenten erwarten bezeichnenderweise um so eher eine Entwicklung freundschaftlicher Beziehung zu den Russen, je wichtiger ihnen zugleich noch eine Auseinandersetzung mit der Hitlerzeit ist. Parallel haben Moskauer psychologische Kolleginnen und Kollegen, mit denen wir das Projekt gemeinsam entwickelt hatten, ermittelt: Je mehr russische Studenten Wert darauf legen, daß sich die russische Bevölkerung noch mit der Stalinzeit auseinandersetzt, um so mehr erscheinen ihnen die Deutschen sympathisch. Beiderseits wird also der Zusammenhang zwischen Bereitschaft zu selbstkritischer Erinnerungsarbeit und zur Offenheit für internationale Verständigung klar erkennbar.

Es gibt Gründe für die Annahme, daß die Friedens- und Abrüstungsinitiative der Sowjetunion unter Gorbatschow erst möglich wurde, nachdem man sich endlich entschlossen hatte, den Terror und die Verbrechen des Stalinismus rückhaltlos aufzudecken und anzuprangern. Diese offizielle selbstkritische Konfrontation mit der Vergangenheit führte zwar in eine schwere Identitäts- und Orientierungskrise, ließ aber zugleich die Kräfte wachsen, die der friedlichen Revolution zum Siege verhalfen. Zugleich war sie die Voraussetzung für jene tolerante Öffnung nach außen, die den Kalten Krieg beendet, den osteuropäischen Satellitenländern die Freiheit und uns Deutschen die Vereinigung gebracht hat.

Das Problem der Erinnerungsarbeit stellt sich für die im Handstreich vereinten West- und Ostdeutschen zur Zeit in recht unterschiedlicher Weise. Die Frage ist, inwieweit sie dabei eher blockieren oder helfen können. Der negative Anteil der Wechselwirkung tritt zur Zeit kraß hervor: Für die Westler bietet das SED-Unrechtssystem eine Fülle von Handhaben, sich von eigener moralischer Belastung im Blick auf den Sumpf des Stasi-Staates zu entlasten. Warum sich noch über Gestapo und Nazi-KZs aufregen, da die Verbrechen Honeckers und Mielkes doch aktuell auf den Nägeln brennen? Müssen wir Westler nicht jetzt erst einmal nur denen im Osten beistehen, sich von ihren Seilschaften zu befreien und ihre Schuldigen zu richten? Die westlichen Medien folgen überwiegend diesem Trend. Laufend ermuntern sie dazu, sich in frommer Empörung an neu aufgedeckten Ost-Skandalen zu weiden. Schalck-Golodkowski ist über Monate zu einer unentbehrlichen moralischen Entsorgungsfigur geworden.

Die Ostdeutschen wiederum stehen sowohl vor der durch verlogene Propaganda nie verarbeiteten Nazi-Schuld wie vor der moralischen Katastrophe ihrer Gleichschaltung unter dem Ulbricht-Honecker-Stalinismus. Die Hoffnung vieler, durch Vertauschung des SED-Über-Ich mit einem westlichen Über-Ich sich schnell aus ihrem Identitätsvakuum zu retten, ist fehlgeschlagen. Wut auf die als Sieger einmarschierenden westlichen Herrscher, die erst einmal Arbeitslosigkeit statt Wohlstand brachten, lenkte von manchen Selbstvorwürfen ab. Lähmend wirkt die Erkenntnis, daß sich Hauptverantwortliche der Strafverfolgung entziehen können, während Massen mittlerer und kleiner willfähriger Funktionäre nicht nur ungeschoren bleiben, vielmehr längst wieder obenauf sind. Business as usual. Der Betrieb muß weiterlaufen.

Wen wundert's, daß diejenigen am schnellsten umlernen, denen schon unter Honecker ihre Gabe zu geschmeidiger Anpassung zur Karriere verhalf? Schließlich ist Moral auch nicht gerade das Erfolgsrezept des westlichen Marktsystems. Wendigkeit und Taktik versprechen mehr. Also haben es die kritischen und selbstkritischen östlichen Rufer nach Erinnerungsarbeit, nach Aufdeckung und Aufarbeitung von Schuld, überaus schwer. Man folgt ihnen nur so weit, als man sich zur gemeinsamen Abreaktion spektakuläre Prozesse gegen prominente alte Machthaber wünscht, aber in der eigenen Verdrängung nicht behindert wird.

Die westdeutschen Reaktionen nach 1945 zeigen modellhaft eine fundamentale Schwierigkeit auf: War eine große Mehrheit schuldhaft in ein Unrechtssystem verwickelt, besteht unmittelbar nach dessen Zusammenbruch kaum die Kraft zu einem unverzüglich durchgreifenden befriedigenden Reinigungsprozeß. So wie in Westdeutschland erst unter Mithilfe der beiden nächstfolgenden Generationen eine Aufarbeitung in Schritten, zum Teil auch durch Krisen, vorankam, so wird auch im Osten vieles von dem erst später wieder aufbrechen, was jetzt eilig zugedeckt wird. Diese Aussicht macht freilich keineswegs die Anstrengung entbehrlich, die Schuldigen des Stasi-Systems, wo immer man ihrer habhaft werden kann, unverzüglich zur Rechenschaft zu ziehen und ihnen den Wiedereinstieg in Schlüsselpositionen entschlossen zu verwehren. Wichtig ist, daß die Wachen, die Unbestechlichen, die Pioniere der friedlichen Revolution, die Schorlemmers, Gaucks, Krusches, Falckes, Boleys, Ullmanns usw., keine Ruhe geben. Auch wenn es kaum sichtbar ist, bieten sie schon heute vielen Halt, die sich in der Stille mit dem eigenen und dem gemeinsamen Versagen sehr wohl innerlich auseinandersetzen und dringend hoffen, daß es außer der Flucht in oberflächlichen, egoistischen Materialismus doch noch eine andere Konsequenz aus dem Desaster geben müsse. Die deshalb, weil der Honecker-Staat die vorgeblich vertretenen humanistischen Ideale verraten hat, sich noch lange nicht mit einem opportunistischen Pragmatismus abfinden wollen, vielmehr nach einer neuen, die Lehre aus der Erinnerung beherzigenden Orientierung suchen. Diese vielen brauchen fortgesetzt wegweisende Zeichen der bahnbrechenden Geister von 1989, um sich den Mut dafür zu erhalten, gegen die momentan im Umfeld vorherrschende Verdrängung Widerstand zu leisten und Kräfte für unausbleibliche Aufarbeitungsprozesse zu sammeln. Unzweifelhaft schlummert im Osten ein zur Zeit nur verdecktes moralisches Potential, das, wenn es sich erst stärker bemerkbar machen wird, auch in den selbstzufriedenen und selbstgerechten Westen aufrüttelnd hineinwirken könnte, freilich noch nicht heute und morgen.

Aber was ist mit den rechtsradikalen Gruppen, die mit ihren Parolen und Aktionen genau die Tendenzen wiederaufleben lassen, an deren Überwindung eine demokratische Mehrheit beharrlich gearbeitet hat? Das folgende 27. Kapitel über »Fremdenangst und Fremdenhaß« wird sich der Analyse speziell dieser Minderheit widmen, die – so Schreckliches sie auch anrichtet –

das Urteil über die positiven Verarbeitungsprozesse einer Bevölkerungs*mehrheit* nicht widerlegt. Indessen macht sie eine unleugbare gesellschaftliche Spaltung deutlich. Zum Vorschein kommt ein Potential, das durch Verbote und Tabuisierung nur lange gehindert war, ein hartnäckiges, mit faschistischer Ideologie verquicktes Ressentiment auszuagieren. Die jungen Skinheads und die erklärten Neofaschisten, die brandschatzend und prügelnd über Ausländer herfallen, fühlen ihren Rücken gestärkt durch jenen Teil der Älteren, der niemals fähig war, mit deutscher Schmach und Schande anders als mit Verfälschung und Verleugnung umzugehen. Daß dieser immer nur oberflächlich getarnte Ungeist sich nun in aller Öffentlichkeit demaskiert, hat bei allem Schaden vielleicht darin sein Gutes, daß es die in der Erinnerungsarbeit fortgeschrittene Mehrheit zu beweisen nötigt, daß unsere durch Jahrzehnte von außen abgestützte Demokratie inzwischen innerlich fest genug verwurzelt ist, um einen solchen makabren Angriff auf ihre humanistische Substanz entschlossen abwehren zu können.

26. Kapitel

Fremdenangst und Fremdenhass

Die Welle der Ausschreitungen gegen Asylbewerber und Ausländer, die sich im Herbst 1991 zu einer regelrechten Epidemie auswuchs, erzeugte Entsetzen, Verwirrung und Ratlosigkeit. Warum mußte das passieren und warum gerade jetzt?

Zur Erklärung verweist man auf die anschwellende Zuwanderung von Flüchtlingen und Übersiedlern, die sich mit den wirtschaftlichen Belastungen der Vereinigung – Wohnungsnot, Arbeitslosigkeit, Steuererhöhungen usw. – kreuzt. Aber was sich jetzt entlarvt, lag unter der Oberfläche schon lange auf der Lauer, konnte sich nur nicht artikulieren. Man vergesse nicht, daß erst die Entlassung aus den beiden Blöcken des Kalten Krieges uns plötzlich vereinigte Deutsche erstmalig seit Jahrzehnten auf die Probe stellt, zu erkennen zu geben, wie wir ohne äußere Abstützung mit unseren Problemen umzugehen vermögen. Unser doppelter Satellitenstatus hatte uns nach 1945 eine im Westen subtilere, im Osten totalitäre Vormundschaft beschert, die uns nur in Grenzen erlaubte, uns selbst zu definieren. Aber nun sind wir auf uns selbst angewiesen, und die Aufgaben der ökonomisch-technischen Organisation der Vereinigung und der Integration in die internationalen Bündnisse entbinden uns nicht von der Notwendigkeit, uns mit der *Innenseite* unserer Gesellschaft zu beschäftigen und uns der Verankerung unserer humanistisch-demokratischen Leitbilder, die wir immerfort beschwören, zu vergewissern.

Plötzlich erkennen wir die Schwierigkeit, als einander entfremdete Teile eines Volkes eine komplizierte Periode mit erheblichen Einschränkungen und Opfern durchzustehen, ohne von den automatisch fälligen Spannungen in primitive Mechanismen aggressiver Abreaktion abzugleiten. Daß in unserem Volk eine lange unterschätzte, wiewohl begrenzte Minderheit auf dem Sprung ist, bei entsprechender Verführung Sündenbockreaktionen zu entwickeln, dürfte uns eigentlich nicht verwundern. Schon vor Jahren machten die Wahlerfolge der Republikaner dieses Potential sichtbar. Fremdenangst und Fremdenhaß waren die Motive, auf die sich ihre Propaganda stützte. Nur weil der Rechtsradikalismus damals gerade über kein besonders zugkräftiges Feindbild verfügte, kroch er für eine Weile wieder in seine Verstecke.

An unserem Psychosomatischen Zentrum fragten wir uns damals: Welche Bedingungen müssen Minderheiten erfüllen, daß sich an ihnen rechtsradikales Ressentiment entzünden kann? Wer sind eigentlich »*Fremde*« dieser Art? Nur Ausländer, Angehörige fremder Kulturen? Oder passen auch Gruppen von Landsleuten in dieses Schema, wenn sie nur irgendwie »anders« sind und zur Ausgrenzung und Ächtung geeignet scheinen? Wir arbeiteten 1989 an einem Forschungsprojekt über die psychosozialen Aspekte von Aids, insbesondere über Diskriminierung und Stigmatisierung. In diesem Zusammenhang führten wir (M. Bock, A. Köhl, M. Reimitz, R. Schürhoff, H. J. Wirth und der Verf.) in der Bundesrepublik eine repräsentative Erhebung durch und stellten zu unserer Überraschung fest, *daß die Deutschen im Durchschnitt türkische Gastarbeiter, Asylbewerber und sogar Zigeuner weniger unsympathisch fanden als Homosexuelle, Prostituierte und Drogenabhängige.* Die auf dem »Sympathie-Thermometer« erreichten Werte betrugen für türkische Gastarbeiter 45 Prozent, für Asylbewerber 36 Prozent, für Zigeuner 34 Prozent, für Homosexuelle 27 Prozent, für Prostituierte und Drogenabhängige je 22 Prozent. Allerdings war Aids seinerzeit das Sensationsthema der Medien. Schwule, Prostituierte und

Fixer waren als »Verbreiter« der Seuche gebrandmarkt, und die gleichen politischen Kräfte, die heute die Asyldebatte mit den schärfsten Forderungen anheizen, plädierten damals für strengste Überwachung der Aids-Risikogruppen, für Aids-Zwangstests sowie Intensivierung von Polizeiaktionen und strafrechtlichen Maßnahmen. Eine seuchenhygienische Absonderung von Aids-Infizierten befürworteten von den Anhängern der Republikaner 47 Prozent, der CDU 36 Prozent (CSU konnte, da nicht bundesweit vertreten, nicht berücksichtigt werden), der SPD 31 Prozent, der FDP 28 Prozent und der Grünen 11 Prozent. 31 Prozent der Deutschen waren 1989 geneigt, einer Wiedereinführung des Verbots homosexuellen Geschlechtsverkehrs zuzustimmen.

Die Aufregung über Aids sorgte also vor zwei Jahren dafür, daß die mit der Ansteckungsgefahr identifizierten Gruppen mehr Fremdenangst erzeugten als Ausländer und Asylbewerber. Die besondere Beunruhigung durch die sogenannten Aids-Risikogruppen erklärte sich natürlich auch durch die sexuelle Komponente der Gefahr. Aids rührt an die Verdrängung eigener triebhafter Versuchungen. Das gewollte Fremd- und Anderssein diente im Falle der Aids-Hysterie eben auch der Verleugnung einer in Wirklichkeit besonders nahen, aber um so mehr befürchteten Verwandtschaft (s. 20. Kapitel).

Unsere Untersuchungen führten uns zu dem Schluß, daß die neuerdings zu Pogromen ausgeartete Kampagne gegen Ausländer sich nur zum Teil an deren rassischen oder spezifischen soziokulturellen Merkmalen entzündet, zugleich einem verschiebbaren Ressentiment entspringt, das sich so oder so abreagieren will und sich gerade dort anzuheften pflegt, wo sich das Sündenbock-Image momentan am einleuchtendsten aufbauen läßt. Das Grundübel steckt in der relativen Intoleranz für psychosoziale Belastungen, wodurch eine Regression auf die Stufe archaischer aggressiver Abwehr von Verunsicherung begünstigt wird. Es ist schwer zu übersehen, daß von dieser deutschen Schwäche nach 1945 mehr übriggeblieben ist, als man lange Zeit zugestehen wollte.

Der Argwohn, dem wir Deutschen bei unseren Nachbarn immer noch häufig begegnen, ist also, sosehr wir uns gegen ihn verwahren wollen, so unbegründet nicht. Die musterhafte Bravheit, mit der wir unsere bundesdeutsche Demokratie entwickelt und gepflegt haben, wurde über die Jahrzehnte durch das Korsett unseres kontrollierten Satellitenstatus abgestützt. Lange Zeit haben wir uns gehorsam ganz bescheiden und klein gemacht, so klein, daß E. Noelle-Neumann über den scheinbar verlorengegangenen deutschen Nationalstolz noch 1987 in ihrem Buch »Die verletzte Nation« laut wehklagte. Aber mit dem Triumph über den Zusammenbruch im Osten und über die neue Machtstellung in Europa kroch hervor, was man an uns nicht zu Unrecht fürchtet: die mangelhafte Balance zwischen Kleinheits- und Größenideen, zwischen Minderwertigkeitsgefühlen und Selbstverklärung.

Nach Hitler und Auschwitz jahrzehntelang geduckt, sah sich eine unbelehrte Minderheit durch den plötzlichen neuen Spielraum zu einer fatalen, überkompensatorischen Weltmeisterstimmung ermuntert und verleitet – Ausdruck eines ataktischen Schwankens, das zwischen Abheben nach oben und autoritätsergebener Unterwürfigkeit nie recht zum Gleichgewicht einer soliden, unverkrampften Selbstsicherheit gefunden hat. Auf die Euphorie von 1990 folgte ein Katzenjammer, auf die überschwenglich halluzinierte gesamtdeutsche Harmonie jähe Enttäuschung, Zerwürfnis, Pessimismus – gemeinsamer Nährboden für das Wuchern jenes Ressentiments, das sich dann in West und Ost wie nach koordinierter Planung in den ausländerfeindlichen Pogromen auszutoben begann. Hier wie dort unter dem gleichen wieder ausgegrabenen peinlichen Symbol der Reichskriegsflagge. Hoyerswerda, Greifswald, Hünxe sind längst zum Symbol des neuen häßlichen Deutschen geworden.

Wie gefährlich ist das Übel? Jedenfalls kann man es noch weit gefährlicher machen, wenn es die Parteien durch opportunistisches Polarisieren schüren. Man kann es aber auch bald eindämmen, wenn eine besonnene Mehrheit die beschämende Erbärmlichkeit des Ressentiments hinreichend sichtbar macht und den Randalierern in parteiübergreifender demokratischer Solidarität entschlossen entgegentritt. Obendrein sollte das verheerende Auslandsecho manchen rechtslastigen Sympathisanten den Kopf zurechtrücken und daran erinnern, wie not es uns Deutschen tut, mit allem Engagement jenem Ungeist zu wehren, mit dem wir noch unlängst die Welt in Angst und Schrecken versetzt haben.

Während ich diesen Text verfasse, wird bekannt, daß laut Emnid unlängst 34 Prozent der Deutschen die ausländerfeindlichen Aktionen der Rechtsradikalen mit Verständnis begleiten. Momentan überwiegt im Bild der Parteien peinlicher Streit darüber, wer mit welchen Mitteln die Flüchtlinge wirksamer fernhalten oder rascher wieder hinauswerfen kann, was den Anschein erweckt, als seien diese die verantwortlichen Täter, die Urheber ihrer eigenen Verfolgung – als gebühre nicht die allererste Anstrengung der Abwehr des Gewaltpotentials und seiner Wurzeln in einem wiederauflebenden rechtsradikalen Ungeist. Mit dem Vorwurf des »Mißbrauchs des Asylrechts« schürt man den Argwohn, nicht Elend und Angst vertrieben die Flüchtlinge aus den Ländern, ihrer Sprache und ihrer vertrauten Kultur, sondern die hinterhältige Absicht, unsere noble Rechtsordnung zu untergraben. Erst unlängst glaubte man in der größten Regierungspartei, als die Republikaner im Aufwind schienen, nach rechts tendierenden Wählergruppen nachlaufen zu müssen, indem man alles versuchte, um die Anerkennung der polnischen Westgrenze hinauszuzögern. Nichts wäre schlimmer, als den gleichen Kräften erneut taktisch-opportunistische Zugeständnisse zu machen. Es ist schon ein schlimmes Zeichen, wenn Spitzen seiner eigenen Partei es dem Bundespräsidenten als »unglückliche« Fehlleistung ankreiden, daß er Täter und Opfer klar benannte und sich demonstrativ vor die Verfolgten stellte.

Angst vor den Gefahren dieser Entwicklung veranlaßte im Oktober 1991 den Vorstand der Ärzte zur Verhütung des Atomkrieges und für Soziale Verantwortung (IPPNW), mit folgendem vom Verfasser formulierten Aufruf an die deutsche Öffentlichkeit zu treten:

> *Schützt die Opfer, wehret den Tätern!*

34 Prozent der Deutschen bekunden Verständnis für rechtsradikale Ausländerfeindlichkeit. Ist das unsere Lehre aus unserer furchtbaren Vergangenheit?

Wo bleibt der bundesweite Aufschrei über die Schande der Pogrome? Warum scheint der Politik die Abwehr der Flüchtlinge wichtiger als deren Schutz vor blutigem Terror?

Bedroht wird unsere Demokratie doch nicht von den aus Not hier Zuflucht Suchenden, vielmehr allein von denen, die jene mit barbarischer Gewalt verfolgen!

Wir Ärzte für Frieden und Soziale Verantwortung fordern von unseren Politikern, daß sie, statt auf die Wählerstimmen jener 34 Prozent zu schielen, mit der unentwegt beschworenen humanistischen Pflicht unserer Wertegemeinschaft entschlossener ernst machen.

Mit allen ihren Beteuerungen, nationales Denken durch internationales Zusammenwachsen überwinden zu wollen, sind sie unglaubwürdig, wenn sie darin versagen, im eigenen Land friedliches Zusammenleben mit fremden Minderheiten zu sichern.

Zugleich rufen wir unsere Mitglieder und Freunde und die große Mehrheit unseres Volkes, die unsere tiefe Scham und Entrüstung über die Flüchtlingsverfolgung teilen, dazu auf, in jedem Dorf und jeder Stadt unseres Landes Solidarität mit den bedrohten Ausländern zu demonstrieren und aktiv zu deren Schutz vor Übergriffen beizutragen.

Es interessierte unsere Forschungsgruppe, inwieweit Argwohn oder Sympathie gegenüber Fremden von psychologischen Persönlichkeitsmerkmalen abhängt. Wir schlossen mit dieser Frage an andere Untersuchungen an, in denen wir erforscht hatten, wie sich in politischen Meinungen psychologische Charakterzüge abbilden. R. Schürhoff von unserem Zentrum hat überprüft, wie jeweils die Deutschen psychologisch beschaffen sind, die für Türken, Asylbewerber und Spätaussiedler entweder positive oder negative Gefühle hegen. Er hat diese drei Gruppen in einer Cluster-Analyse (ein spezielles statistisches Verfahren) zusammengefaßt und mit Hilfe des von Beckmann und dem Verfasser entwickelten Gießen-Tests psychologisch analysiert. Die Befunde wurden aus der repräsentativen Erhebung gewonnen, die wir im Rahmen unseres Aids-Projektes anstellten.

Ausgeprägte *Antipathie* gegen Türken, Asylbewerber und Spätaussiedler äußern demnach diejenigen Deutschen, die sich persönlich überhaupt als eher mißtrauisch und kontaktunsicher beschreiben. Wie sie sagen, tun sie sich in der Zusammenarbeit mit anderen schwer. Sie sondern sich lieber ab. Um andere Menschen machen sie sich verhältnismäßig wenig Sorgen. In der Liebe aus sich herauszugehen liegt ihnen gar nicht. Im Umgang mit dem anderen Geschlecht erleben sie sich eher als recht befangen. Im ganzen haben sie ein schwaches Selbstwertbewußtsein. Weiterhin ließ sich errechnen, daß Fremdenantipathie stärker in der unteren Bildungsschicht, dagegen wenig unter Anhängern der Grünen und der FDP verbreitet ist.

Umgekehrt *fehlt* diese Antipathie weitgehend bei denjenigen Deutschen, die sich als kontaktfreudig, kooperativ, liebesfähig und fürsorglich beschreiben und an ihrem Selbstwert wenig zweifeln. Sie gehören überproportional häufig der höheren Bildungsschicht an und finden innerhalb der Parteiwählergruppen die deutlichste Unterstützung von den Grünen.

Dies sind gewiß keine sensationellen, unerwarteten Befunde. Sie ergänzen zum Teil die zum Verständnis von Verfolgungsangst in früheren Kapiteln vorgetragenen Einsichten. Von Fremden sieht sich also vergleichsweise am wenigsten bedroht, wer insgesamt ein entspanntes, offenes Verhältnis zu seiner Umgebung hat. Interessant scheint, daß nicht nur fürsorgliche Gefühle, sondern auch erotische Unbefangenheit und Hingabefähigkeit zu den Merkmalen zählen, die offensichtlich eher vor Fremdenangst und -haß schützen. Bedenkt man, daß unter den Vorurteilen gegen Ausländer und Asylbewerber oft ein ausgeprägtes Sexualmißtrauen eine Rolle spielt (Vermutung hoher Potenz, Promiskuität, viele Kinder), erscheint durchaus plausibel, daß, wer mit seiner eigenen Sexualität ungezwungen und befriedigend umgehen kann, in dieser Hinsicht weniger Grund zu Ressentiment gegen fremde Zuwanderer hat.

Das Kapitel sollte nicht ohne erneute Erinnerung daran abgeschlossen werden, daß wir Deutschen wie die übrigen westlichen Industriegesellschaften in dem anwachsenden Flüchtlingsproblem indirekt einem eigenen ursächlichen Versagen begegnen. Die Armutsflüchtlinge aus den Elendsgebieten der Welt, im Verhältnis zu den politisch Verfolgten ein wachsender Anteil, konfrontieren uns mit der Schuld des rücksichtslosen Egoismus der Industrieländer, der durch Mißbrauch der eigenen wirtschaftlichen Macht die Kluft zu der notleidenden Hälfte der Menschheit stetig erweitert. Allein ihr Schuldendienst zwingt die Länder der Dritten Welt, jährlich 50 Milliarden Dollar netto an ihre wohlhabenden Gläubiger zu zahlen. Ihre zunehmende Verarmung erzeugt einen explosiven Druck, dessen sich die zunehmend von Flüchtlingen gesuchten Zufluchtsstaaten mit noch so rigorosen Abschottungs- und Abschiebungsverordnungen auf die Dauer kaum werden erwehren können.

Mit der Weigerung, in den Elendsflüchtlingen eine Widerspiegelung eigener selbstsüchtiger Rücksichtslosigkeit zu erkennen, wächst von Tag zu Tag die Gefahr, die Chance einer eben noch rechtzeitigen Abhilfe zu verpassen. Diese Verblendung rechtfertigt die heraufdämmernde Besorgnis, daß unsere Industriegesellschaften mit ihrem verantwortungslosen egoistischen Expansionismus ein globales Inferno von Chaos und Gewalt heraufbeschwören könnten. Hier liegt der Ursprung einer nur zu berechtigten Angst, die nach einem Begriff des Philosophen W. Schulz als »Weltangst« bezeichnet werden kann – Thema des Schlußkapitels dieses Buches.

27. Kapitel

Kriegsangst im Kindergarten

Während viele Millionen europäischer Kinder vom Zweiten Weltkrieg unmittelbar betroffen waren – durch Bombenschäden, Evakuierungen, Vertreibung, Besetzung, Auseinanderreißung der Familien, Verlust der Väter usw. –, spielte sich der Golfkrieg fern von Europa ab. Dennoch drang er tief in das Seelenleben vieler Kinder bis ins Kindergartenalter hinab ein. Noch ist es zu früh für einen systematischen Vergleich internationaler kinderpsychologischer Beobachtungen. Deshalb beschränken sich die folgenden Mitteilungen auf deutsche Erfahrungen.

Vorweg ein Wort zu einem beliebten Vorurteil, zugleich Vorwurf, beispielhaft von J. Oelkers in der »Frankfurter Allgemeinen Zeitung« am 20. 2. 1991 formuliert: Es heißt da, die oft beobachtete und beschriebene Angst von Kindern im Golfkrieg sei vor allem eine »Inszenierung« der Erwachsenen gewesen. Unter diesen hätten eben viele ihre eigene Untergangsvision bedenkenlos auf die Kinder übertragen, anstatt deren Unschuld zu schützen. Ja, man habe die Kinder vielfach sogar zur Mobilisation apokalyptischer Gefühle mißbraucht, indem man sie als Partner in einem ihnen nicht angemessenen Erwachsenenstatus überfordert habe.

Daß die Kriegsreaktionen der Kinder weitgehend als Antwort darauf zu lesen sind, was von den Erwachsenen direkt oder indirekt in sie eingedrungen ist, wird niemand bezweifeln. Die Eltern hatten es jedoch nur bedingt in der Hand, was sie den

Kindern vermittelten. Ängstlich bemüht, ihre Kinder mit Gesprächen und Fernsehsendungen über den Krieg zu verschonen, mußten zahlreiche Eltern dennoch bestürzt feststellen, daß ihre Abschirmungsstrategie nur sehr beschränkten Erfolg hatte. Zum einen kam, was zu Hause ausgespart wurde, über Schule und Kindergarten dennoch in die kindlichen Köpfe hinein. Zum anderen verfielen Eltern oft der üblichen Selbsttäuschung, sie könnten vor den Kindern verheimlichen, was sie selbst beunruhigte. Es ist geradezu erstaunlich, wie hartnäckig sich diese Unterschätzung der kindlichen Einfühlungsfähigkeit trotz aller gegenteiligen Aufklärung durch Kinder- und Familientherapeuten erhalten hat. So entwickelten Kinder mitunter besonders bedrückende Phantasien, wenn sie ihren Eltern anmerkten, daß diese ihnen eine unechte Gelassenheit vorspielten. Umgekehrt bedeutete es, wie psychotherapeutische Erfahrungen zeigten, für viele Kinder eher eine Erleichterung, wenn man mit ihnen vernünftig über die Ereignisse sprach und ihnen vor allem auch Gelegenheit gab, über die eigenen Vorstellungen und Gefühle zu reden.

Im übrigen spiegeln Kinder nicht, wie man ihnen meist unterstellt, nur die Projektionen der Erwachsenen wider. Sie verarbeiten je nach Alter und Entwicklungsstand psychosoziale Einflüsse auf eine durchaus eigenständige Weise. Wenn sie der Golfkrieg zum Teil heftiger entsetzte als die Erwachsenen, so tut man das gern als naive emotionale Übertreibung ab. Aber man kann sich auch fragen, ob solche Kinder nicht die wahre Bedeutung des Geschehens treffender erfaßt haben als die in der Kunst des schnellen Vergessens und Verdrängens wohltrainierten Älteren.

Schulen, Kindergärten und Elterngruppen haben vielfach Psychotherapeuten eingeladen, weil man Rat suchte, wie man mit den irritierten Kindern umgehen sollte oder hätte umgehen sollen. Die Fragen lauteten also: Wie können wir besser verstehen, was in den Kindern und Jugendlichen vorgeht, und wie sollen wir darauf verantwortlich reagieren? Daß die Erwachsenen bei solchen Einladungen auch indirekt Hilfe für sich selbst erwarteten, war oft unverkennbar.

Nachstehend seien einige Erfahrungen aus einem konfessionellen Kindergarten mitgeteilt. Zwei Monate nach Kriegsende trafen sich mit mir Personal dieses Kindergartens (in dem siebzig Kinder betreut werden) und mehrere Eltern in der Turnhalle der Einrichtung.

Die Leiterin des Kindergartens berichtet, viele Kinder seien in den ersten Tagen nach Kriegsausbruch äußerst aufgeregt und bedrückt gewesen. Sie hätten die Erzieherinnen mit Fragen bestürmt und sich nur schwer aufs Spielen konzentrieren können. Man habe dann tägliche Meditationsstunden eingerichtet. Für eine Mark konnten die Kinder Kerzen kaufen. Beim Licht der Kerzen habe man Friedenslieder und einen jüdischen Kanon gesungen oder auch nur ganz still beieinander gesessen. Die Kinder hätten eifrig Kerzen gekauft, und viele hätten gewünscht, an einem täglichen freiwilligen Friedensgottesdienst in der Kapelle teilzunehmen, auch noch lange nach Beendigung des Krieges.

Offenbar haben Mädchen und Jungen zum Teil sehr unterschiedlich auf den Krieg reagiert. Bei den Mädchen überwogen offene Angst, Entsetzen und Traurigkeit.

Eine Mutter: »Meine Tochter wollte wissen. ›Töten die auch Frauen und Kinder? Und werden auch Tiere getötet?‹ Sie konnte keine Nacht mehr durchschlafen. Sie träumte von Räubern und Hexen und flüchtete sich regelmäßig zu uns ins Bett. Das macht sie übrigens auch gelegentlich heute noch.«

Eine andere Mutter: Für ihre Tochter sei der Tod bisher nichts Endgültiges gewesen. So habe sie oft davon gesprochen, irgendwann würde sie ihrem gestorbenen Lieblingshund Bommy wiederbegegnen. Nun aber lasse sie der Gedanke an den Tod nicht mehr los. Sie könne nicht verstehen, daß ganze Armeen mit Flugzeugen und Bomben systematisch massenhaft unschuldiges Leben vernichten.

Ein Vater: Auch seine vierjährige Tochter beschäftige sich jetzt erstmalig voller Angst mit dem Tod. Und den bringe sie mit Aggressivität in Verbindung. Sie könne zu Hause keine Spannung und kein lautes Wort mehr ertragen. Wenn er auch nur eine harmlose Meinungsverschiedenheit mit seiner Frau austrage, gehe sie gleich dazwischen: Hört auf zu streiten! Diese Überempfindlichkeit bestehe nach dem Krieg fort.

Eine Mutter: »Unsere Tochter hätte noch viel mehr Gespräche gebraucht. Sie wollte von mir wissen, ob ich zu einer Demonstration gegangen sei. Für sie wäre es besser gewesen, wenn der ganze Kindergarten zur Demonstration auf den Marktplatz der Stadt gezogen wäre. Sie wollte unbedingt, daß alle etwas täten, um den Krieg zu stoppen.«

Anders als die Mehrheit der Mädchen versuchten sich mehrere Jungen anscheinend in typisch aggressiver Weise mit dem Krieg auseinanderzusetzen.

Ein Vater: »Weil unser Sohn immer schon sehr ängstlich war, haben meine Frau und ich in der Vorphase des Krieges und erst recht nach seinem Ausbruch alles versucht, um die Ereignisse herunterzuspielen. Erst wenn die Kinder im Bett waren, haben wir uns vor den Fernseher gesetzt und uns die Nachrichten angehört. Aber alles Vertuschen war vergeblich. Der Junge wurde sehr unruhig. Eigenartigerweise spielte er mit mir: Papa, ich schieß' dich tot! ›Und was ist dann mit dir?‹ Ich antwortete: ›Dann fall' ich eben tot um.‹«

Eine Mutter: Ihr vierjähriger Sohn habe mit Bauklötzchen eine gute und eine böse Burg gebaut, aber dann auf beide Bomben geworfen. Sie habe ihm angemerkt, daß er damit nur seine Angst überspielt habe.

Zwei andere Mütter berichten über eine gleichlautende Erfahrung: Ihre Söhne hätten zu Hause Saddam Hussein gespielt. »Ich war ganz erschreckt«, berichtet die eine, »daß meiner nichts anderes im Kopf hatte, als ausgerechnet mit peng, peng um sich zu schießen und als Saddam Hussein Krieg zu spielen.«

Gemeinsam sprechen wir über die Bedeutung der Beobachtungen. Daß Mädchen und Jungen bereits im Kindergartenalter unterschiedlich auf Bilder von Gewalttätigkeit reagieren, kommt hier wieder einmal zum Ausdruck. Mädchen identifizieren sich eher mit den Opfern, Jungen reagieren statt dessen nicht selten mit einem Mechanismus, den Anna Freud in »Das Ich und die Abwehrmechanismen« als Identifikation mit dem Aggressor bezeichnet und beschrieben hat; sie übernehmen in der Phantasie die Rolle des Angreifers, vor dem sie sich fürchten. So mimen sie beispielsweise einen bellenden Hund, nachdem sie sich gerade von einem solchen bedroht gefühlt hatten. Man will so stark sein wie Saddam Hussein, wenn alle Welt vor diesem zittert, und möchte anderen spielerisch die Angst einjagen, an der man selbst insgeheim leidet. Das kann man dann sogar mit dem Vater probieren – als Reaktion auf aktualisierte ödipale Ängste.

Offensichtlich hat diese Kinder wie unendlich viele andere ihres Alters die zwangsweise Konfrontation mit dem Tod stark mitgenommen, und zwar mit einem Tod als gewaltsame, planvolle Zerstörung des Lebens. Viele Kinder im Kindergartenalter phantasieren den Tod noch als irgendwie zum Leben gehörig, so wie das zitierte kleine Mädchen sicher ist, ihren gestorbenen Hund wiederzutreffen. Aber daß Massen von Menschen mit Tötungsmaschinen systematisch menschliches und tierisches Leben vernichten, bedeutet für das kindliche Bewußtsein – nicht nur in dieser Altersphase – einen katastrophalen Schock. Wenn man also schon nach Schuldigen fahndet, die kindliche Kriegsangst »inszenieren«, ohne Respekt vor den Grenzen des für sie Zumutbaren, so sind es doch eindeutig die Urheber eines Krieges und nicht Eltern, Erzieherinnen und Lehrer, die Kindern etwas für diese Unfaßbares in eingängige Rationalität übersetzen sollen.

In unserem Gespräch gestehen Eltern und Erzieherinnen ein, daß sie sich den Kindern in der Notzeit des Krieges besonders nahe gefühlt hätten, nicht zuletzt durch eigene Erschütterung und Besorgnis. »Was sollte ich denn sagen«, gesteht eine Mutter, »als ich von meiner Tochter gefragt wurde: Warum müssen die diesen Krieg machen? Hätten die den Streit nicht anders beenden können? – Da hatte ich doch selber keine vernünftige Erklärung, die ihr eingeleuchtet hätte.«

Einig ist man sich indessen darüber, daß man den Kindern jedenfalls am besten Halt geben konnte, wenn man sich ihren Fragen offen stellte und nicht auswich. Und die Eltern dankten dem Kindergarten dafür, daß er mit seinen verschiedenen Angeboten des Gesprächs, des Meditierens und Singens den Kindern geholfen hatte, einiges davon aktiv auszudrücken, was sie innerlich bewegte.

28. Kapitel

Kriegsangst in einer 5. Klasse

Die ostdeutsche Schuljugend hatte während des Golfkrieges zusätzlich mit der schwierigen Verarbeitung der tiefgreifenden geistig-politisch-wirtschaftlichen Umstellungskrise in ihrem Landesteil zu tun. Dagegen wurden die westdeutschen Schüler und Schülerinnen, von denen nachstehende Beobachtungen stammen, voll von dem Kriegstrauma getroffen. Zusammenfassend läßt sich sagen, daß diese westdeutsche Schuljugend von der militärischen Gewalt am Golf viel tiefer aufgewühlt wurde, als man ihr zugetraut hätte.

Die internationale Abrüstung war voll im Gange. Die Bedrohung durch Ostraketen war verschwunden. Die rote Armee schickte sich zum Abmarsch aus Ostdeutschland an. Der Golf war weit weg, und nichts sprach zunächst dafür, daß deutsche Soldaten dort ihr Leben riskieren müßten. Dennoch nahm sich eine Mehrheit der hiesigen Jugend den Krieg so zu Herzen, als bedrohe er unmittelbar ihr eigenes Schicksal. War es Hysterie, wie die Kriegsbefürworter eilig diagnostizierten, oder hatten die Jungen und Mädchen etwa mit dem Eindruck sogar recht, daß dieser räumlich entfernte Krieg sie dennoch unmittelbar betraf?

Dazu äußern sich in den nachfolgenden Protokollen Schüler und Schülerinnen, die ich zu interviewen Gelegenheit hatte. Man wird wieder teils Nuancen, teils markantere Unterschiede zwischen den Geschlechtern bemerken und außerdem den Einfluß des Alters erkennen. Erwartungsgemäß treten vor der Pubertät

Gefühle von Ohnmacht und Hilflosigkeit stärker hervor, während sich postpubertär die Reaktionsformen bereits deutlich den aktiveren Antwortmustern des Erwachsenenalters annähern.

Das erste Gespräch, aus dem die folgenden Ausschnitte entnommen sind, fand am 21. Januar 1991 in einer hessischen Gesamtschule mit Mädchen und Jungen aus zwei 5. Klassen statt. Es wurde in Teilen vom ZDF in der Jugendsendung »logo« am 22. Januar 1991 gesendet.*

Verfasser: Ihr habt ja alle gehört, daß ein Krieg ausgebrochen ist am Golf. Und nun möchte ich euch mal fragen, wie ihr darüber denkt und was ihr dazu so fühlt. Will jemand von euch dazu was sagen?

Mädchen 1: Wir können uns das eigentlich gar nicht so richtig vorstellen. Bei uns ist ja kein Krieg. Aber im Irak sind ja auch viele Kinder, und die haben jetzt sicherlich Angst, weil, die können ja auch ganz schnell sterben. Die sind in einer Minute dann vielleicht schon tot.

Mädchen 2: Ja, also, ich find's ganz schlimm, daß da so viele Leute sterben, die überhaupt nichts mit dem Krieg zu tun haben, auch ganz viele Kinder halt.

Mädchen 3: Die total unschuldig sind, die nichts dafür können.

Verfasser: Habt ihr eine Vorstellung davon, daß dieser Krieg nötig war, also daß man ihn nicht vermeiden konnte?

Mädchen 4: Nee, das ist doch auch unsere Welt, die sie kaputtmachen, in der müssen wir ja auch später leben und auch die anderen Kinder im Irak.

Mädchen 2: Und wenn sie Kuwait befreit haben, dann ist bestimmt nichts mehr da von Kuwait.

Junge 1: Was haben die nun eigentlich davon?

Verfasser: Ihr wißt sicher, daß dieser Herrscher vom Irak mit seinen Soldaten erst mal Kuwait besetzt hat. Das war der

---

* Ich danke dem ZDF für die Erlaubnis zur Verwendung der Video-Aufzeichnung.

Grund, weswegen die Amerikaner dann gesagt haben, das darf sich die Welt nicht gefallen lassen. Aber du stellst nun die Frage, ist deswegen ein Krieg nötig?

Mädchen 3: Nee, also, ich finde das ganz schön schlimm, daß die so einfach den Krieg anfangen. Man kann sich ja auch einigen, und die müßten nicht so 'ne Frist ablaufen lassen oder so. Es sind ja eigentlich schon genug Menschen gegen den Krieg. Und trotzdem werden gerade auch die eingesperrt, die gegen den Krieg sind.

Verfasser: Du hast vielleicht gehört, daß gerade in Amerika mehr als tausend Menschen eingesperrt worden sind, die gegen diesen Krieg demonstriert hatten. Euer Gedanke ist also: Das ist auch eure Welt, die jetzt kaputtgemacht wird, und das soll nicht sein. Haben alle von euch die gleiche Meinung, oder gibt es auch welche, die anderer Meinung sind?

Mädchen 1: Der Krieg hat ja auch Auswirkungen auf die Ozonschicht und so, wenn die vielleicht das Öl anbrennen. Ich meine, später werden dann alle merken, was das für Auswirkungen auf der ganzen Welt hat. Das könnte rüberziehen und die Sonne dunkel machen.

Verfasser: Wie erklärt ihr euch, daß so ein Krieg zustande kommt?

Mädchen 6: Vielleicht, weil sie sich großtun wollen, wenn sie nachher gewinnen, daß sie das gute Land sind dadurch, daß sie Kuwait gerettet haben.

Junge 2: Obwohl man im Krieg auch viele umgebracht hat damit. Trotzdem freut sich Bush darüber, daß er es geschafft hat, wenn er gewonnen hat.

Mädchen 6: Ich glaube eher, daß es den USA und dem Irak ums Öl geht. Öl ist ja, was früher Gold war für die Menschen. Weil alles aus Öl heute ist. Plastik ist auch aus Öl. Und deshalb denke ich, daß sie sich eher darum streiten. Dabei ist es ihnen egal, ob da tausend Menschen oder eine Million Menschen sterben.

Mädchen 6: Aber die ganze Welt leidet den Krieg mit. Und die alle können nichts dafür, sie müssen aber trotzdem mitleiden.

Verfasser: Aber noch mal zurück zu der Frage, warum dieser Krieg?

Mädchen 3: Ich glaube, der Präsident Saddam Hussein hat immer Waffen und auch verschiedene Materialien von anderen Ländern bekommen. Und dadurch hat er viele Schulden. Und wenn er so viele Schulden hat, denkt er sich, Kuwait ist ein reiches Land, das kann ich ja mal überfallen. Ich bin mächtiger.

Mädchen 4: Die hätten ja auch erst noch mal länger darüber sprechen können oder das Ultimatum länger machen können und nicht gleich mit dem Krieg losmachen müssen. Krieg hat noch nie was gebracht. Und es gibt sicher auch andere Lösungen. In letzter Minute sind ja noch ein paar Politiker hingereist und haben versucht, den Krieg zurückzuhalten. Aber ich hätte das viel länger gemacht, damit man sich noch was überlegen oder was unternehmen kann. Es war viel zu kurz, um noch etwas Richtiges zu machen.

Mädchen 1: Ja, aber der Hussein zerstört jetzt alles. Die Natur hängt davon ab. Wenn der jetzt die Ölfelder anzündet, dann ist die ganze Welt davon betroffen. Und wenn das so weitergeht, kann die ganze Natur zerstört werden.

Verfasser: Wie geht's euch so, wenn ihr hier nun zur Schule geht, beschäftigt euch das mit dem Krieg eigentlich sehr? Denkt ihr viel darüber nach, oder geht es sonst so wie alle Tage?

Mädchen 4: Nee, also, ich bet' auch immer für den Frieden. Daß das bald aufhört oder so. Aber der Hussein und der Bush, die haben jetzt ihren Stolz, die wollen nicht aufhören, weil der andere dann denkt, der drüben hat sich ergeben. Die sind die großen Champions oder so.

Mädchen 7: Ich bete auch dafür. Ich war auch schon mal bei einer Mahnwache.

Junge 3: Also, ich glaub' nicht, daß man einfach so weiterleben kann. Weil, die Zeitungen und das Fernsehen berichten ja laufend darüber, und mich beschäftigt das schon ziemlich doll. Ich finde auch, daß da viel zuwenig unternommen worden ist. Und jetzt reist auch keiner mehr hin und appelliert wenigstens für den Frieden.

Mädchen 8: Ich habe jetzt bald Geburtstag, und daß da Krieg ist, das ist sehr schlimm.

Mädchen 1: Ich finde, die Menschen hätten sich mal ein Beispiel am Zweiten Weltkrieg nehmen sollen, was da alles passiert ist und wie viele Leute da gestorben sind. Die hätten viel lieber diskutieren und sich klarwerden sollen, was sie da eigentlich machen. Das bringt ja nichts.

Mädchen 6: Die denken ja nicht darüber nach, was das für Auswirkungen für die ganze Erde hat. Daß auch die Umwelt kaputtgeht. Es wird ihnen sicher irgendwann leid tun.

Mädchen 1: Ich kann einfach nicht richtig lernen, weil ich immer daran denken muß.

Junge 3: Wenn man abends ins Bett geht oder so, dann hört man da dauernd die Flieger oben fliegen, und da denkt man, die gehen jetzt da rüber. Oder sie kommen zurück und bringen Verletzte oder so was.

Mädchen 1: Ich muß immer daran denken, wieviel Menschen da sterben, und das finde ich ganz schlimm.

Verfasser: Und was machst du dann, kannst du mit deiner Mutter darüber reden?

Mädchen 1: Na ja, aber ich finde mich da immer mitschuldig, daß ich da nichts machen kann irgendwie. Ich meine, wir gehen auch mit auf Demos. Aber ich glaube nicht, daß das irgendwas nützen kann.

Junge 4: Ich finde das alles Schwachsinn. Wenn die Krieg machen wollen, dann könnten die doch einen kleinen Boxkampf miteinander machen. Das wäre die einfachste Lösung, da würde niemand umgebracht.

Mädchen 6: Die Andrea hat gemeint, daß die vielleicht einfach mit einem Boot auf eine einsame Insel fahren sollten, der Bush und der Hussein, und sich da irgendwie zusammenkloppen. Dann kommen wenigstens nicht unschuldige Kinder oder Eltern zu Tode, die damit nichts zu tun haben.

Mädchen 1: Dem Saddam Hussein ist es vielleicht ganz egal, ob er stirbt oder nicht.
Mädchen 6: Es gibt ja sogar auch viele Soldaten, die sterben wollen. Sie sagen, wir sterben für unseren Allah. Der beschützt uns schon irgendwie.
Verfasser: Mir fällt auf, daß hier mehr Mädchen als Jungen sind, wie kommt das eigentlich?
Mädchen 7: Also, alle Lehrer haben gesagt, hier kann mitmachen, wer sich getraut, den Mund aufzumachen.
Mädchen 8: Bei uns hat die Lehrerin welche rausgesucht, die unterschiedliche Meinungen haben.
Verfasser zu Mädchen 9: Was meinst du eigentlich? Du hast noch nichts gesagt.
Mädchen 9: Mein Vater ist bei der Bundeswehr, und ich habe schon Angst, daß der auch runter muß. Wenn die die Türkei angreifen, muß er vielleicht auch da runter. Aber er weiß noch nichts Genaues.
Verfasser: Aber was denkst du, was dann passieren würde?
Mädchen 9: Ich würde ihn einfach nicht lassen. Aber er hat schon gemeint, er muß da runter und kann seine Freunde nicht im Stich lassen.
Verfasser: Und deine Mutter, was sagt die?
Mädchen 9: Die habe ich noch nicht gefragt. Aber die würde ihn auch nicht lassen, glaube ich.
Mädchen 1: Also, ich habe nicht Angst, daß der Krieg hierher kommt. Aber in der Stadt ist halt das Depot von den Amerikanern. Und wenn von hier nichts mehr kommt, dann haben die da unten nicht, was sie brauchen. Ich habe eher Angst, daß die hier Terroranschläge machen, also irgendwelche Bomben dann auch bei uns werfen.
Verfasser: Also, daß die Iraker hier Attentate machen und daß ihr davon auch getroffen werden könntet?
Mädchen 1: Ja, daß wir davon was abkriegen.
Mädchen 6: Ja, diese Depots sind ja auch total nah dran.
Mädchen 4: Die Politiker müßten mehr tun. Die könnten jetzt

ruhig etwas unternehmen, also nicht ewig nur herumlabern, sondern hinfahren und mit dem Hussein reden.

[...]

Verfasser: Habt ihr das Gefühl, daß ihr auch als Kinder etwas machen könntet?

Mädchen 4: Kinder müßten eigentlich viel mehr Macht haben. Die wissen ja auch ziemlich, was da eigentlich so läuft. Kinder haben ja auch ihre eigene Meinung.

Mädchen 9: Zu uns sagen die Erwachsenen: Wenn ihr Streit habt, sollt ihr nicht gleich kämpfen. Und die Politiker machen's selber.

Verfasser: Die Politiker machen also das, was ihr nicht tun sollt.

Mädchen 2: Ja, die sind noch viel schlimmer. Die dürfen auch andere zum Tode führen.

Mädchen 4: Es könnte ja auch mal 'ne Kinderpartei geben. Nur halt mit Kindern, die auch darüber sprechen und denen die Politiker dann zuhören, daß die sich um die Ideen der Kinder kümmern. Wir lesen ja auch alles, was auf der Welt passiert. Und da könnten wir auch sicherlich viel dazu sagen. Man könnte Kinder wählen, und die könnten auch mal den Politikern sagen, was sie wollen. Aber die Politiker hören gar nicht die Meinung anderer.

Mädchen 9: Ich glaube, daß Kinder jetzt z. B. eine friedlichere Lösung finden würden als Erwachsene. Bloß die Kinder, das sagen die, wenn die unter 18 sind, ach, die Kleinen sind ja nichts wert, und auf die muß man nicht hören.

Mädchen 8: Ja, wenn in einem großen Saal z. B. rechts der Hussein wäre und links der Bush, und oben wären wir alle, die Kinder, also von jeder Stadt ein oder zwei. Und wir würden uns etwas ausmachen und würden denen mal die Meinung sagen, wie wir das finden. Vielleicht die auch überreden, daß sie eine politische Lösung finden.

Mädchen 4: Am liebsten würde ich ja mal zu dem Hussein und zu dem Bush hinfahren und denen sagen, was ich finde und wie doof das ist, daß sie da Krieg machen. Aber ich wüßte ja nicht, wie ich da hinkommen soll. Ich möchte denen sagen, daß es nichts bringt, wenn die ganze Welt zerstört wird. Das kann nicht gut sein.

Junge 2: Ich fände es gut, wenn so wie bei »logo« auch in großen Nachrichtensendungen ein paar Kinder sich äußern könnten. Es wäre z. B. gut zu hören, was die Kinder am Golf jetzt so erleben. Darüber sollte mal vier bis fünf Minuten gesprochen werden.

Mädchen 8: Man könnte dann das aufnehmen und dem Hussein und dem Bush zuschicken oder anderen Politikern. Die müßten sich das mal anhören.

Mädchen 4: Die gucken sich bestimmt nicht »logo« an oder so. Man müßte sich vielleicht mal ein paar Adressen besorgen und einfach zu Politikern hingehen. Zu denen kommen meistens nur Leute, die für die Zeitung oder fürs Fernsehen was aufnehmen wollen. Da sollten auch mal Kinder kommen und mit denen reden.

Verfasser: Hören euch eure Eltern zu, wenn ihr sie über den Krieg fragt?

Mädchen 5: Ja, meine Mutti, die hört mir immer zu und sagt mir auch dann die richtige Antwort.

Junge 1: Vorgestern hatten wir 'ne Stunde, da hat unser Lehrer mit uns auch nur über den Krieg geredet.

Verfasser: Fandest du das gut, hat er euch auch zugehört?

Junge 1: Ja, der hat uns zugehört, und er hat uns auf unsere Fragen geantwortet.

Mädchen 1: Aber ich meine, man darf nicht zu oft darüber sprechen, sonst kriegt man zuviel Angst.

Mädchen 7: Ich habe im Fernsehen gesehen, wie die Raketen abgeschossen haben. Irgendwie schön sah das schon aus, wie das so leuchtete, aber es ist trotzdem ganz schlimm.

Mädchen 6: Ja, es sieht witzig aus.

Mädchen 7: Wie Feuerwerk.

Junge 3: Wie Silvester, nur ist es eben nicht so. Silvester geht's ja ohne kämpfen.

Mädchen 5: Wenn ich abends ins Bett gehe, kann ich meistens nicht einschlafen, und dann möchte ich, daß, wenn ich morgens aufwache, daß das alles ein Traum war.

Junge 2: Wenn ich abends nicht einschlafen kann und daran denken muß oder Angst habe, dann schreibe ich das meistens auf.

Verfasser: Das ist eine gute Sache, sich das aufzuschreiben. Zeigst du das dann auch, oder ist es nur für dich?

Junge 2: Das ist nur für mich so.

Mädchen 5: Gestern hab' ich mich schon richtig gefreut, daß ich hier heute etwas richtig loswerden kann. Ich habe so 'ne Uhr, die tickt ganz laut, gerade wenn ich einschlafe. Da denke ich, vielleicht stirbt jetzt jemand, gerade jetzt, wo ich daran denke. Und das ist dann immer total schlimm. Und dann freue ich mich, daß jetzt der nächste Tag ist, und versuch' es auch immer zu vergessen. Ich versuche manchmal auch den Gedanken an den Tod zu vergessen, so daß es dann weggeht. Aber wenn man dann wieder so ein Bild sieht oder einfach nur ein Wort darüber hört, dann kommt das wieder in meinen Kopf. Da muß ich mir vorstellen, was da so alles passiert.

Verfasser: Aber ich denke, ihr habt ja auch noch euer eigenes Leben. Ihr habt ein Recht, daß ihr euch eures Lebens freut. Und du hast z. B. ein Recht, deinen Geburtstag zu feiern. Ihr habt das Recht, daß ihr euer Leben weiterführt und auch plant.

Mädchen 7: Also ich finde, das Blödeste an dem Krieg ist, die Amerikaner haben ja den Irakern vorher die Waffen geliefert.

Mädchen 4: Aber wir auch.

Verfasser: Wie findet ihr das eigentlich?

Mädchen 7: Ja, Deutschland hat auch ganz viele Waffen geliefert.

Mädchen 8: Aber auch Frankreich.

Mädchen 7: Und da haben die das große Geld gemacht.

Junge 2: Also, wenn ich ein Soldat wäre da unten am Golf, ich würde mich da ganz schön blöd fühlen, wenn ich da von dem Giftgas, was mein Land hergestellt hat, vergiftet würde.

Junge 3: Die Leute haben ja nur die Waffen dahin geliefert, weil die Iraker vorher mit dem Iran gekämpft haben. Da wollten sie, daß die Iraker gewinnen.
Mädchen 7: Es war aber trotzdem kein Recht, da Waffen hinzuliefern.
Verfasser: Wärt ihr dafür, daß man den Export, also die Ausfuhr von Waffen überhaupt verbietet?
Mehrere Kinder: Ja, sofort.

In dem etwa einstündigen Gespräch kommt auch noch das Thema auf, daß man in den letzten Tagen Familien der amerikanischen Garnison belästigte und schikanierte. Auf Autos von Amerikanern wurden Sprüche gekratzt wie: »Ami, go home!« Nachts waren Mülleimer vor den Wohnungen amerikanischer Soldaten und Zivilangestellten ausgekippt worden. Einhellig lehnen die Kinder diese Ausschreitungen ab. Und man bedauert die Kinder von amerikanischen Soldaten, die jetzt zum Golf und dort ihr Leben auf Spiel setzen müssen.

Daß sich zu dieser Gesprächsrunde deutlich weniger Jungen als Mädchen eingefunden haben, dürfte kaum ein Zufall sein. Im Gespräch selbst halten sich die Jungen, wie sich zeigt, eher zurück. Nur einer gesteht offen seine Angst ein, aber er weiß sich zu entlasten, indem er aufschreibt, was ihm durch den Kopf geht. Vornehmlich fällt den Jungen sonst der Kampfaspekt des Krieges ein. Sie denken an einen Präsidenten, der siegen will, was es auch immer an Opfern koste; an Soldaten, die gegen Waffen kämpfen, die das eigene Land geliefert hat; an einen Stellvertreter-Boxkampf Bush gegen Saddam. Sie machen aber auch konstruktive Vorschläge: Politiker sollen zum Golf hinfahren, das Fernsehen soll in Nachrichtensendungen auch Kinder zu Wort kommen lassen, damit man erfahre, was die Kinder in der Golfregion erleben. Typischerweise drücken die Mädchen im Durchschnitt offener Angst und Leiden in verschiedenen Ebenen aus.

Nur sporadisch meldet sich Angst vor konkreter eigener Bedrohung. Immerhin hält man irakische Terroranschläge für möglich. Und bedrückt sind alle über Ausschreitungen gegen amerikanische Familien in der Stadt.

Sehr eindrucksvoll wird eine *mitleidende Angst* geschildert. Man denkt an die Massen unschuldiger Opfer, zumal an die wehrlos betroffenen Frauen und Kinder. Es will nicht in die Köpfe, daß der Krieg zu Lasten von Millionen ausgetragen wird, die mit den Gründen, aus denen er geführt wird, nichts zu tun haben. Diese mitfühlende Angst, von der auch später noch die Rede sein wird, steigert sich bis zur Dimension *tiefer Schuldangst*, deutlich bei dem Mädchen, das sagt: »Ich finde mich immer mitschuldig, daß ich da nichts machen kann irgendwie!« Man denke: Eine Elfjährige, die sich für diese ferne Gewalt mitverantwortlich fühlt! Sie ist es übrigens auch, die besonders intensiv wünscht, daß die Politiker auch Kindern zuhören sollten.

Das ohnmächtige Mitleiden mit den betroffenen Menschen, auch den Tieren der Region, geht schließlich in eine Art von *Globalangst* über: »Die ganze Welt leidet den Krieg mit!« – »Die Natur hängt davon ab.« – »Wenn der (Saddam Hussein) jetzt die Ölfelder anzündet, dann ist die ganze Welt davon betroffen.« – »Die denken ja nicht darüber nach, was das für Auswirkungen für die ganze Erde hat. Daß auch die Umwelt kaputtgeht.«

Alle differenzierbaren Angstinhalte vereinigen sich in der übermächtigen Idee des Todes durch Gewalt – Tod der Menschen, Tod allen Lebens überhaupt. Es ist eine Horrorvision, der das Ich kaum mehr standhalten kann. So nimmt die Überflutung des Ich gelegentlich panikartigen Charakter an, annähernd den Anfällen bei der Angstneurose vergleichbar: Man kann Gespräche über den Krieg kaum mehr aushalten, verliert Schlaf und Konzentration und verfällt z. B. der Zwangsvorstellung, daß bei jedem Uhrticken ein Mensch getötet werde. Aber in die Phantasie von hilfloser Überwältigung mischt sich auch Auflehnung: Warum können die da oben sich nicht einigen? Warum war ihnen das Öl wichtiger als der Gedanke an die leidenden Menschen? Warum wollen sie Champions sein und können aus Stolz nicht nachgeben? Warum haben die anderen, gerade auch die Deutschen, dem Saddam Hussein die Waffen geliefert?

Und was könnte man vielleicht selber bewirken? Zwei Mädchen glauben an die Kraft des Gebets. Die Mehrzahl will für Kinder mehr politische Macht – Gespräche mit Politikern, vielleicht sogar eine Kinderpartei gründen. Man will mehr Gehör für Kinder in den Medien: »Da könnten wir viel dazu sagen – aber die Politiker hören ja gar nicht die Meinung anderer!«

Wie tief diese Altersgruppe der Elf-, Zwölfjährigen durch den Golfkrieg aufgewühlt wurde, läßt der protokollierte Gesprächsausschnitt erahnen. Man spürt die Hilflosigkeit der Kinder beim Versuch, die Verrücktheit eines Krieges zu begreifen, der das Bild einer von den Erwachsenen scheinbar vernünftig regierten Welt zerstört. Keine der offiziellen Rechtfertigungen hält ihrer intuitiven moralischen Kritik stand. Verzweifelt entwerfen sie aus dem Stegreif Ideen, was man alles hätte tun sollen oder jetzt tun müßte. Indessen kostet es sie alle Mühe, die eigene Beunruhigung auszuhalten. Das Mitfühlen mit Leiden und Tod, die Hilflosigkeit der Empörung übersteigen ihre Kräfte. Daher das dringende Verlangen, sich mit Eltern und Lehrern auszutauschen, Verständnis für die eigenen Gefühle zu finden und offene Antworten zu bekommen.

Ein Glück war es seinerzeit für Kinder, wenn ihre erwachsenen Bezugspersonen sich geduldig, einfühlsam und stützend auf sie einließen. Inzwischen haben sich die Kinder zwar oberflächlich längst wieder beruhigt. Aber man täusche sich nicht. In der Tiefe hat jener Schock Spuren hinterlassen – Angst, Unsicherheitsgefühle. Andererseits hat er natürlich auch das Wachstum jener Verdrängungskräfte stimuliert, die es einer Mehrheit der erwachsenen Okay-Gesellschaft ermöglichen, sich von derlei Katastrophen nicht mehr bis auf den Grund erschüttern zu lassen. Von angestiegener Fähigkeit und Bereitschaft zum Verdrängen zeugt die deutlich gelassenere Reaktion auf den nachfolgenden Jugoslawien-Krieg.

29. Kapitel

KRIEGSANGST JUGENDLICHER

Daß der Golfkrieg die deutsche Schuljugend in Massen zu Demonstrationen und Mahnwachen auf die Straßen treiben würde, hätte man ihr vorher kaum zugetraut. Also stimmte das Bild einer oberflächlich coolen hedonistischen Yuppie-Generation nicht mehr? Jedenfalls deckte der Krieg auf, daß diese Jugend nicht einfach mit den äußerlichen Merkmalen ihres Lebensstils zu verwechseln ist. Für kurze Zeit gewährte sie Einblick in eine psychische Tiefenschicht, in der dieser Krieg latente Angst, Verzweiflung, aber auch sehr viel Engagementbereitschaft zum Vorschein brachte.

Die große Mehrzahl der spontan demonstrierenden Schülerinnen und Schüler hatte sich zuvor nie um die Friedensbewegung gekümmert. Aber nun hielt es sie nicht mehr zu Hause, da sie den militärischen Gewaltausbruch am Golf wie eine schwere persönliche psychische Verletzung empfanden. Die Jugendlichen mußten öffentlich kundtun, daß sie diese ungeheuerliche unmenschliche Zumutung nicht einfach hinzunehmen bereit waren.

In drei Oberschulen, in denen ich mir – auf Einladung – ausführlich anhören konnte, was hier die Jugendlichen zum Krieg dachten, vernahm ich in vielen Varianten, was ein 16jähriger am 28. Januar 1991 in typischer Weise so ausdrückte: »Für mich ist eine Hoffnung zerstört worden. Ich dachte echt, die Menschen werden vernünftiger. Nach der Wende im Osten hatte man das Gefühl, eine neue politische Ära bräche an. Aber jetzt auch die

Gewalt im Baltikum. Das alles ist ein Rückschlag um fünfzig Jahre.«

Ähnlich eine 18jährige: »Was im November 1989 in der DDR passiert ist und überhaupt im Osten, das waren lauter neue gute Sachen. Man hat gedacht, es würde wirklich besser auf dieser Welt. Und jetzt das! Der totale Rückschritt. Man verliert den Glauben an die Menschen!«

Heftig kritisiert wurde auch immer wieder die Entmündigung durch die Zensur der Kriegsberichte. Vielleicht sorge diese Zensur dafür, daß man den Krieg besser aushalten könne, weil man keine Bilder von zerfetzten Menschen, statt dessen nur blitzsaubere Kriegsschiffe, schnittige Kampfflugzeuge und Raketen – allenfalls Gebäudetreffer im Fadenkreuz von Zielgeräten wie in Videospielen zu Gesicht bekomme. Aber man wisse ja im Kopf, daß dies nicht die Wirklichkeit sei. Man komme sich verdummt und verarscht vor. Den Politikern sollte man pausenlos die Bilder des realen Grauens vorführen, damit sie ihre Verantwortungslosigkeit begriffen und mit der Gewalt aufhörten. Enthüllte der Krieg bei einem erheblichen Teil der Jugendlichen eine vorher unterschätzte politische Wachsamkeit, so riß er andere aus einer kindlichen Ahnungslosigkeit heraus.

In der Einschätzung dieser Generation hatte man sich vielfach von Merkmalen täuschen lassen, die auf eine frühe echte Verselbständigung hinzudeuten schienen. Die Vorverlegung sexueller Erfahrungen, die Entwicklung eigener Sprachformen und eines speziellen Lebensstils ließen sich voreilig als Zeichen von Autonomie und Selbstsicherheit interpretieren, so wie auch der Befund der neuen Shell-Studie, wonach die Jugendlichen anscheinend immer weniger auf Urteil und Rat der Eltern geben. Aber die Art, in der ein erheblicher Teil der Jugend seine Golfkriegsangst ausdrückte, entlarvte ein verdecktes heimliches Geborgenheitsgefühl, das nun zusammenbrach. In der Tiefe ihres Erschreckens und ihrer Verwirrung kamen viele 16-, 17jährige den um fünf Jahre Jüngeren erstaunlich nahe.

Diese Jugend ist in einem schonenden Klima aufgewachsen.

Im Westen haben viele im Schoß der privilegierten Mehrheit den wachsenden Wohlstand der günstigen Konjunkturjahre genossen. Zwar nistete sich die Ahnung von den langfristigen ökologischen Gefährdungen ein (wovon noch die Rede sein wird), indessen boten die augenblicklichen Befriedigungsmöglichkeiten hinreichend Ablenkung, und die aktuelle Politik meldete einen Fortschritt nach dem anderen: Ost-West-Entspannung, Beginn der Abrüstung, Fall der Mauer, Abzug der Russen usw. – lauter Hilfen, das Bewußtsein auf einen engeren Horizont eines freundlichen Jetzt und Hier zu begrenzen. Das Negative spaltete man ab, wiegte sich in der Illusion einer beschützten Geborgenheit, die politischen Geschäfte in den Händen einer zwar nicht gerade idealisierten, aber hinreichend kompetenten Führungsschicht wähnend, die ihre Sache zuletzt doch immer besser zu machen schien. Elend und Gewalt, die man aus der Realität ausblendete, holte man sich per Horrorvideos als Nervenkitzel in die Köpfe, je nach Bedarf an- und abschaltbar. Nun plötzlich die Verwirrung durch diesen Krieg, den man nicht verstand und der jäh und von Grund auf das Vertrauen in die Machtelite erschütterte, unter deren elterlicher Verantwortung man sich noch in einer Art Schonraum ausleben zu können glaubte.

In etwa drückte dies eine 16jährige Oberschülerin aus: »Ich bin irgendwie gänzlich desillusioniert. Ich habe an die Politik geglaubt, und das Vertrauen ist jetzt zerstört. Ich war sicher, daß rationale Argumente das Problem lösen würden. Mein Glaube an die Politik ist erschüttert. Gut, man hat immer schon Bilder von schrecklichen Zuständen in anderen Ländern gesehen, aber das war weit weg. Da hat man den Fernseher abgeschaltet, und aus war's. *Im Grunde sind wir in einer heilen Welt aufgewachsen, wo das alles nur im Fernsehen stattfand, was jetzt so nah abläuft.*«

Stellvertretend für viele schildert dieses Mädchen das Erwachen aus einem Bewußtseinszustand, der an die »Sanatoriumswelt« der latenten Angstneurotiker erinnert. Die Abschirmung eines eingeengten Realitätsbewußtseins, zum Teil auch durch

Zuflucht in magisch-mystische Denkformen des New Age, wurde nun schlagartig durchbrochen. Daher jetzt das Klagen über das Gefühl der Schutzlosigkeit und Verlorenheit – wie im Stich gelassen von den Mächtigen, denen man, ohne es äußerlich merken zu lassen, eine fürsorglichere Steuerung der Politik zugetraut hatte.

Im Verlauf des Krieges formierten sich unter den Jugendlichen – ähnlich wie innerhalb der Gesamtbevölkerung – drei Fraktionen. Die *Hauptgruppe* bildeten die eigentlichen Pazifisten. Sie ließen sich nicht ausreden, daß Saddam Hussein ohne kriegerische Gewalt auf die Knie zu zwingen gewesen wäre und daß der Krieg den Verbrechen des Diktators Zerstörungen eines vielfach größeren Ausmaßes hinzufügen würde, ohne die Probleme der Region zu lösen und Israel den Frieden zu bringen. Diese Pazifisten prangerten Saddam als Aggressor an, verlangten eine sofortige Aufgabe Kuwaits, verurteilten scharf seine Raketenüberfälle auf Israel, aber verlangten nun vor allem auch einen Angriffsstopp von den Amerikanern, deren pausenlose Raketen- und Bombenangriffe den Bildschirm beherrschten.

Eine zweite *kleinere Fraktion* machte einseitig gegen die Amerikaner Front, konnte also mit Recht als antiamerikanistisch etikettiert werden.

Eine allmählich wachsende *dritte Gruppierung* folgte der offiziellen deutschen Politik, die sich nach dem 15. Januar 1991 schnell in die alliierte Front mit logistischen und finanziellen Hilfen eingereiht hatte, identifizierte sich mit dem Krieg und ereiferte sich gegen die Pazifisten.

Es ist schon bemerkenswert, daß ein großer Teil der Jugendlichen der Versuchung widerstand, die Bestürzung über das militärische Inferno in undifferenzierte parteiische Wut zu verwandeln, obwohl auf sie entsprechend massiver Druck wirkte.

Dieser Druck erklärt sich aus der offiziellen Außerkraftsetzung der bislang gültigen moralischen Normen in einem Krieg durch die Verkehrung des »Du sollst nicht töten!« in »Du sollst töten!« Die gemeinsame Kontrolle des Aggressionstriebes gelingt normalerweise durch das Vertrauen in eine Ordnung, die Gewalt verbietet und bestraft, unverwandt das Ziel einer fortschreitenden Humanisierung des menschlichen Zusammenlebens vor Augen. Wenn nun Amerika, oberste Hüterin der westlichen Wertegemeinschaft, zugleich Schutzmacht der Deutschen, zum organisierten Töten mit unbeschreiblichem Vernichtungspotential auszog, so hing die dadurch ausgelöste Erregung auch mit der Irritierung der individuellen Aggressionsabwehr zusammen.

Als einfachste Lösung bot sich natürlich an, die aufgelockerte Eigenaggressivität unmittelbar parteiisch zu binden, entweder in eindeutiger Entrüstung über den offiziellen Feind oder aber umgekehrt gegen die verbündete Supermacht. Aber in den ausführlichen Diskussionen in den Schulen und auf Veranstaltungen schien es mir, daß eine Mehrheit der Jugendlichen dieser regressiven Polarisierung tatsächlich weitgehend zu entgehen vermochte. Sie reagierte zwar äußerst entsetzt und tief enttäuscht, ohne indessen in primitives Schwarzweiß-Denken zu verfallen. Viele bedachten differenziert die historischen Hintergründe des Nahostkonfliktes, die Brutalität des irakischen Diktators, die Rolle des Öls, die zwiespältige UNO-Politik, die Verschwendung der Kriegsgelder zu Lasten der Hilfen für die armen Länder und für die Umwelt.

Ein Argument fand ich bei den Jugendgruppen, mit denen ich sprechen konnte, immer wieder: Wir Deutschen jedenfalls sollten weder jetzt noch künftig bei irgendeiner militärischen Gewalt mittun. Wir sollten uns lieber als feige beschimpfen, als uns in irgendwelche kriegerischen Abenteuer verwickeln lassen, die nicht mehr in eine Zeit paßten, da vordringlich internationale Probleme von fundamentaler Bedeutung für das künftige Überleben gemeinsam zu lösen seien. Ein schlichtes, eindeutiges Votum haben *101 196 junge deutsche Männer* abgegeben, die im ersten Halbjahr 1991 den Dienst mit der Waffe verweigerten. Das waren 169 Prozent mehr als im Vorjahr. Der zuständige Parlamentarische Staatssekretär nannte den Anstieg dramatisch. Seiner Interpretation, daß der Golfkrieg diese Reaktion ausgelöst habe, wurde von keiner Seite widersprochen.

Demonstrationen und Kriegsdienstverweigerung waren für alle Welt sichtbare Zeichen der Angst und des Protests von Millionen deutschen Jugendlichen. Unsichtbar blieben die *depressiven und psychosomatischen Reaktionen,* die uns Ärzten und Psychotherapeuten reichlich zu Gesicht kamen: nervöse Erschöpfung, Schlaflosigkeit, Alpträume, zwanghafte Befürchtungen, anfallartige Unruhezustände, Kopfschmerzen, unklare vegetative Beschwerden. Bei weiblichen Jugendlichen sahen wir solche Symptome häufiger. In Zweierbeziehungen prallten nicht selten offene weibliche Depressivität und männliche Verdrängungsbemühungen aufeinander, so etwa in dem folgenden, mir sehr eindrucksvoll erscheinenden Beispiel.

Eine 19jährige Deutsch-Holländerin lebt mit ihrem gleichaltrigen Freund in einer Wohngemeinschaft zusammen. Wegen einer allergischen Erkrankung wird sie internistisch und gelegentlich auch psychotherapeutisch betreut. Vier Monate zuvor ist sie schwanger geworden. Neun Tage nach Ausbruch des Golfkrieges entwickelt sich beim Psychotherapeuten dieses Gespräch:

Patientin: Ich habe eigentlich jedes Gefühl verloren für die ganze Schwangerschaft. Ich weiß, daß es albern ist, vom Verstand her . . . (sie weint)
Therapeut: Hängt das jetzt mit dem Krieg zusammen?
Patientin: Ja, wir waren am Samstag auf 'ner Demo hier in der Stadt. Ich hab' zwar schon vorher gemerkt, daß ich's aufsauge, aber ich konnte mich halt irgendwo noch ablenken. Danach habe ich überhaupt nicht mehr geschlafen, ich kann überhaupt nicht mehr abschalten. Ich war ständig nur noch mit den Gedanken beim Krieg, halt so ein richtiges Ohnmachtsgefühl. Da verliert man doch einfach sämtliche Freude. Man will Hoffnung haben.

Therapeut: Was befürchtest du denn konkret?
Patientin: Ja, einfach schon die Umweltzerstörung. Wer weiß, ob mein Kind dann noch die Sonne richtig sehen kann ...
Therapeut: Na, so schlimm wird's wohl nicht werden.
Patientin: Aber wer weiß, was wird, wenn sie jetzt anfangen, die Ölfelder anzustecken. Ich denke mir, es hat zwei große Kriege gegeben, und das muß doch irgendwo genug sein. Das hätte doch den Menschen zeigen müssen, daß sie jetzt ein bißchen mehr Geduld haben als vier, fünf Monate ...
Therapeut: Du meinst, man hätte auf die Wirkung der Sanktionen länger warten sollen?
Patientin: Aber die waren ja gleich mit ihren Waffen da. Und der Krieg gibt ihnen einen Grund, daß sie dann weiter aufrüsten können. Das bringt dann noch Gewinn, und wie viele Menschen draufgehen, ist scheißegal.
Und jetzt diese dämliche Zensur. Ich finde, das ist richtige Volksverarschung – ich kann eigentlich überhaupt nichts mehr weitermachen. Ich hab' den Kopf überhaupt nicht frei für irgendwas.
Terapeut: Und dein Freund, kann der dir helfen?
Patientin: Der war am Anfang auch sehr geschockt. Jetzt denke ich, der ist einfach überfordert. Er zieht sich zurück, und das ist bei ihm immer das Zeichen dafür, wenn er mit sich selbst nicht klarkommt.
Therapeut: Zieht er sich auch von dir zurück?
Patientin: Na ja, er geht grundsätzlich auf Distanz. Ich überfordere ihn vielleicht auch damit, wenn es mir so schlecht geht ...
Er ist halt mit auf die Demonstration gegangen. Aber jetzt ist es einfach so, daß er's wohl vollkommen verdrängt. Ich hab' das Gefühl, er will, daß jetzt alles von ihm abprallt.
Therapeut: Aber am Anfang war er auch geschockt?
Patientin: Ja, er ist immer noch in Unruhe. Aber will das loswerden, indem er sich bewegt. Er muß was machen. Er kann nicht mehr darüber reden.
Therapeut: Was macht er denn?

Patientin: Er fängt an zu bauen, so als ob er sich selber etwas Gutes tun wollte. Er war gestern auch wieder total lieb zu mir. Aber es wäre ja auch von mir nicht fair, wenn ich ihn mit runterziehen würde.

Therapeut: Es ist ja oft so, daß Männer es schwer haben, so etwas an sich heranzulassen.

Patientin: Ich denke, wenn es um die Abtreibung geht, dann sagen sie, schon eine gerade erst geteilte Zelle hat ein Recht auf Leben. Aber jetzt ist es, als hätten viele Kinder, Menschen überhaupt, die wirklich schon leben, kein Recht mehr darauf. Der Mensch an sich fällt total hinten runter. Da steht viel anderes im Vordergrund, z. B. daß die Rüstungsindustrie daraus Gewinn ziehen kann. Ich glaube, die Interessen der Politiker und der Rüstungsindustrie gehen so ziemlich parallel. Ich mein', die Befürworter dieses Krieges sollten sich wirklich die Bilder angucken, die jetzt wegzensiert werden. Sie sollten sich mal das Gemetzel ansehen, das sie anrichten. Die Politiker haben ihren Hintern in Sicherheit, egal was es geben wird.

Therapeut: Wie kann ich dir nun bei diesen Gedanken helfen, daß du zunächst dein Kind wieder ernst nehmen und fühlen kannst?

Patientin: Der Gedanke, ein Kind zu haben, freut mich schon sehr. Früher hatte ich einen Zwiespalt, ob ich überhaupt Kinder haben will. Aber jetzt möchte ich's haben. Mir fehlt im Augenblick nur vollkommen das Gefühl dafür. Vom Verstand ist das alles da, aber einfach nicht vom Gefühl.

Therapeut: Und du denkst, das ist jetzt durch deine Traurigkeit wegen des Krieges?

Patientin: Ja, ich denke schon, daß das zusammenhängt. Ich meine, es ist einfach unverantwortlich, was da allein an der Natur kaputtgeht. Und das Klima kann man ja nicht immer wieder herrichten. Ich stelle mir das mit dem Giftgas vor. Da leiden ja heute noch viele Menschen drunter. Ich halte diesen Typ Saddam Hussein nicht für dumm oder ungefährlich. Wenn er jetzt schon angefangen hat, die Felder anzustecken,

dann ist ihm noch viel mehr zuzutrauen. Aber ich meine, beide Seiten haben schuld. Ich bin gegen Bush und gegen Hussein ...
Ich erschrecke mich, weil es einfach Leute gibt, die noch so einen Krieg für notwendig halten. Die haben's nicht kapiert, und ich bezweifle, ob sie es hinterher kapieren werden. Daß die sagen, nun haben wir soviel kaputtgemacht und verseucht, jetzt werden wir uns umstellen.

Therapeut: Aber das kann doch nur anders werden, wenn lauter Leute wie du sich gegen solche Politik wehren.

Patientin: Na ja, es hat mir auch schon etwas auf der Demonstration gebracht, daß ich zumindest das Gefühl hatte, man kann ein bißchen was tun. Aber dann kommen die Politiker und interpretieren in die Demonstration wieder was rein, was gar nicht stimmt. Das soll antiamerikanisch sein. Ich glaube, die haben sich nur überlegt, wie man die Friedensbewegung am besten kaputtmachen und moralisch diffamieren kann.

Therapeut: Willst du weiter auf Demonstrationen gehen?

Patientin: Im Augenblick weiß ich nicht, wie ich es noch verarbeiten würde. Das ist so ein Zwiespalt in mir. Einerseits möchte ich gern abschalten und Abstand gewinnen, andererseits möchte ich's aber gerade nicht verdrängen. Ich hänge halt irgendwie dazwischen. Aber im Augenblick habe ich nicht mehr die Kraft. Ich muß auch sehen, wo ich selber bleib'.

Therapeut: Das ist ja auch wegen deiner Schwangerschaft wichtig. Du mußt die Kraft behalten, in dich hineinzuhorchen. Ich kenne dich ja als einen Menschen, der sehr liebesfähig ist. Und du brauchst Hoffnung, daß du dich auch auf die Zukunft deines Kindes freuen kannst.

Patientin: Es wäre leichter, wenn man wüßte, daß man was bewirken kann.
Na ja, eigentlich ist es bei mir auch keine Hoffnungslosigkeit. Vielleicht habe ich in die Menschen nur zuviel reingesetzt an Wünschen, und jetzt muß ich da eine große Enttäuschung verarbeiten.

30. Kapitel

Die Friedensbewegung in der Auseinandersetzung zweier Ängste

Friedensbewegungen gibt es in vielen Ländern. Manche pazifistische Organisationen sind ohnehin international organisiert. Aber nirgends hat das Friedensengagement ein ähnliches Ausmaß erreicht wie in Deutschland. Daß es sich in den achtziger Jahren in der ehemaligen DDR weniger als in Westdeutschland sichtbar machen konnte, lag am Druck der Staatspartei, die das Thema Frieden für sich zu vereinnahmen versuchte. Dennoch konnte sich auch dort mit Hilfe der evangelischen Kirche eine kleinere unabhängige Friedensbewegung entfalten, die zum Beispiel regelmäßig »Friedensdekaden« und »Friedenswerkstätten« abhielt. Führend in diesen Initiativen waren regimekritische Persönlichkeiten, die mehrheitlich später in der friedlichen Revolution 1989 eine herausragende Rolle spielten.

Warum aber ist der Pazifismus gerade in Deutschland so mächtig geworden? An einer speziellen deutschen Wesensart kann es kaum liegen, bedenkt man, daß sich dieses Volk noch unlängst ausdrücklich seines Militarismus rühmte. Man erinnere sich: 1914 veröffentlichten 93 berühmte deutsche Naturwissenschaftler, Ärzte, Dichter, Künstler und sogar Geistliche jenen großen »Aufruf an die Kulturwelt«, in dem es wörtlich hieß: »Ohne deutschen Militarismus wäre die deutsche Kultur vom Erdboden getilgt ... Deutsches Heer und Deutsches Volk sind eins. Dieses Bewußtsein verbrüdert heute siebzig Millionen Deutsche ohne Unterschied der Bildung, des Standes und der Partei.«

25 Jahre später stürzte deutscher Nazi-Militarismus die Welt in die zweite große Kriegskatastrophe dieses Jahrhunderts. Also ist die heute so eindrucksvolle deutsche Kriegsangst gewiß nicht Ausdruck einer im Volkscharakter angelegten besonderen Sanftheit. Wie kann man sie aber sonst erklären? Und warum sind andere, etwa Engländer und Amerikaner, von ihr kaum oder doch nur in sehr geringem Umfang befallen? Warum konnten die Briten ihren siegreichen Falkland-Krieg, die Amerikaner ihre militärischen Triumphe in Grenada, Panama und am Persischen Golf unbeschwert als herrliche Großtaten feiern?

Die Antwort liegt nahe: Kein Volk ist mit einer aggressiven militaristischen Stärkepolitik so verheerend gescheitert wie das deutsche, und zwar gleich zweimal in diesem Jahrhundert. Der Zweite Weltkrieg hatte die Scharte des Ersten auswetzen, die Depression und die Minderwertigkeitsgefühle nach Versailles durch eine erfolgreiche Überkompensation endgültig kurieren sollen. Statt dessen machte der Hitler-Krieg mit seinen Verbrechen, mit Auschwitz, nicht nur diese Überkompensation zunichte, sondern betäubte vorläufig jedes nationale Identitätsgefühl überhaupt. So wie die Medizin einen anaphylaktischen Schock kennt, der nach vorheriger Allergisierung durch eine bestimmte Substanz droht, so gerieten die Deutschen mit ihrem neuerlichen Scheitern in eine Art von psychisch-moralischem anaphylaktischem Schock. Das war keine Schlappe mehr, die durch einen späteren Sieg zu tilgen, keine Scharte, die je auszuwetzen war. Es blieb eine klaffende Wunde, die allerdings im Westen durch den Schutz- und Stützverband der oberflächlichen Amerikanisierung bald wieder abgedeckt wurde. Unter diesem Verband spielte sich aber in der Stille ein Prozeß von der Art ab, wie er im 25. Kapitel über »Gewissensangst und Erinnerungsarbeit« skizziert wurde. Der deutsche Pazifismus ist zweifellos vor allem eine Frucht dieses Prozesses. Aber wie ist nun mit diesem Resultat umzugehen? Und wie ist es zu bewerten?

Nach dem Fall der Mauer kam die hiesige antimilitaristische Strömung den Bonner Regierenden zunächst als Argument nicht ungelegen, um die Furcht des Auslands vor einem Wiederaufleben großdeutscher Stärkepolitik zu beschwichtigen. Rasch aber wandelte sich die Einschätzung, als Amerika nach Saddams Kuwait-Überfall zur Kriegsvorbereitung blies. Je weiter der Uhrzeiger des Ultimatums vorrückte, um so deutlicher nahm der Pazifismus in den Augen der hiesigen Regierung und ihrer gefälligen Medien die gleichen negativen Züge an wie während der Krisenphase der Raketenstationierung im Kalten Krieg. Der amerikanische Präsident erwartete natürlich deutschen Beistand. Müßte dieser aus Verfassungsgründen auf Logistik, Materiallieferungen und Geld beschränkt bleiben, so sollte doch um Himmels willen kein Zweifel an prinzipieller Gefolgschaftstreue aufkommen.

So kollidierten bereits im Vorfeld des Krieges *zwei deutsche Ängste*: die *Kriegsangst* der Pazifisten und die *Autoritätsangst* des offiziellen Bonn mitsamt seinem großen Gefolge. Diese zweite Angst erklärt sich einerseits aus der über Jahrzehnte benötigten Rolle der USA als Schutzmacht, andererseits aus ihrer Rolle als *Identitätsstütze*. Schließlich war es Amerika, das den Westdeutschen nach 1945 eine zumindest oberflächliche rasche Entsorgung der Vergangenheitslast und eine nahezu bruchlose Aufnahme in die westliche Gemeinschaft ermöglicht hatte. Der Schwierigkeit, sich als ehemaliger Hitlerstaat selbständig definieren und erklären zu müssen, blieb man so lange weitgehend enthoben, als man die Schutzmacht vormundschaftlich in allen internationalen Fragen für sich denken und entscheiden lassen konnte.

Wie wichtig diese Anlehnung als Angstschutz war, wurde vor dem Golfkrieg während des Kalten Ost-West-Krieges wiederholt daran deutlich, welche panische Erregung Vokabeln wie »Abkoppelung« oder »Antiamerikanismus« hervorriefen. Bezeichnend, daß von »Amerikanismus« – der sich von selbst verstand, aber nicht gerade mit dieser Bezeichnung vorzeigbar erschien – nie die Rede war.

Daß diese *Abkoppelungsangst* am Anfang der achtziger Jahre während der Stationierungs-Kontroverse zu einem besonderen

Höhepunkt eskalierte, erscheint leicht erklärlich. Ich erinnere mich in diesem Zusammenhang an eine Bemerkung des vormaligen Bundeskanzlers kurz vor seiner Amtsübergabe an Helmut Kohl. In einem persönlichen Gespräch verriet er mir: Er sehe bei seinem designierten Nachfolger die Neigung voraus, heute schon immer das zu tun, was die Amerikaner morgen oder übermorgen von uns erwarten würden.

Aber genau diese Einschätzung dürfte in der damaligen Raketenkrise dem neuen Kanzler entscheidende Sympathien im Volk eingetragen haben. Washington empfing den weniger eigenwilligen Helmut Kohl mit offenen Armen und belohnte dessen nie wankende Gefügigkeit mit fortan ungetrübter Gunst für den deutschen Mustersatelliten. Natürlich hieß das nie Gefügigkeit, sondern immer nur Loyalität oder Solidarität; aber wie man die Anpassung auch nennen mochte – der Golfkrieg stellte sie auf die Probe. Und das zeigte sich, wie gesagt, auch bereits in der Vorbereitungsphase. Natürlich wußte man in Bonn und in den großen Redaktionen, daß die Friedensbewegung, als sie im Herbst immer lauter vor dem Krieg warnte, in ihrer großen Mehrheit nicht antiamerikanisch dachte, zumal sie nichts anderes forderte als Ex-Verteidigungsminister McNamara oder Ex-Sicherheitsberater Brzezinski und viele US-Senatoren und Abgeordnete. Ebenso wußte man, daß die deutsche Friedensbewegung den Rückzug des Aggressors aus Kuwait nicht minder entschieden verlangte wie die UNO. Immerhin ahnte man schon früh, daß die Pazifisten das deutsche Treue-Image belasten könnten. Die überwiegend konformistischen Medien taten bis kurz vor Auslaufen der Ultimatumsfrist alles, um Demonstrationen und Tagungen der Friedensbewegung totzuschweigen oder als lächerliche Marginalien zu behandeln.

Keiner erfuhr, daß die Deutschen Ärzte gegen Atomkrieg (IPPNW) schon im August 1990 die Aggression Husseins, allerdings auch seine deutschen Rüstungslieferanten geißelten – obwohl diese offizielle Presseerklärung allen Agenturen und größeren Zeitungen zuging. Nicht eine einzige größere Zeitung verbreitete den Text. Daß dieselbe Ärzteorganisation mit über 2000 Kongreßteilnehmern, darunter Delegierte aus Israel und den arabischen Ländern, am 6. Oktober 1990 in Bonn von Saddam Hussein die unverzügliche Freigabe Kuwaits, aber zugleich den Stopp der alliierten Kriegsvorbereitungen verlangte, blieb der Öffentlichkeit ebenso weitgehend verborgen wie gleichlautende Forderungen von 6000 Demonstranten am 24. November 1990 auf dem Bonner Marktplatz. So behielt man sich in den angepaßten Medien vor, was man zu melden versäumt hatte, später als nicht geschehen zu erklären und blauäugig zu fragen: »Warum habt ihr denn so lange nichts zu Kuwait gesagt?«

Für die Angst, die amerikanische Administration zu verstimmen, sei ein ebenso instruktives wie trauriges Beispiel deutscher Journalistenfeigheit angeführt: Einen Monat vor Ende des Ultimatums entwarf ich mit Unterstützung des Mediziners Karl Bonhoeffer, des Politologen Andreas Buro, des Pädagogen Andreas Flitner und des Theologen Martin Stöhr einen Appell an den Präsidenten und den Kongreß der Vereinigten Staaten, den binnen weniger Tage *500 deutsche Professoren* unterschrieben. Wäre die Verbreitung weniger schwierig gewesen, hätten sich gewiß ein paar tausend angeschlossen. Aber auch so wurde es immerhin die in dieser Art größte gemeinsame Aktion deutscher Hochschulprofessoren. Die meisten von ihnen hatten sich bislang noch nie an einer solchen Initiative aktiv beteiligt. Es war die Besorgnis über die akute Kriegsgefahr, die sie erstmals zu einem öffentlichen Schritt trieb. Dies war der Text des Schreibens:

Appell an den Präsidenten und den
Kongreß der Vereinigten Staaten von
Amerika

Wir wenden uns an Sie aus dem Land, von dem aus ein verbrecherischer Diktator die Welt vor einem halben Jahrhundert in den mörderischen 2. Weltkrieg gestürzt hat. Damals gab es keine handlungsfähigen Vereinten Nationen und also auch nicht das

Mittel eines solidarischen Handelsembargos, um jenes menschenverachtende Regime mit nichtkriegerischen Mitteln auf die Knie zu zwingen.

Nach einer Überwindung des Ost-West-Konfliktes verfügt die Weltgemeinschaft der Völker heute erstmalig über die Macht, Aggressoren durch einträchtige Sanktionen in die Schranken zu weisen. So erscheint es ganz ausgeschlossen, daß Saddam Hussein über längere Zeit dem Druck der von den UN beschlossenen wirksamen Wirtschaftsblockade widerstehen kann.

Statt dessen erlebt die Welt die Vorbereitung eines multinationalen Krieges, der zigtausend Soldaten, darunter viele Amerikaner, aber auch in großer Zahl Frauen und Kinder unmittelbar töten, der Millionen Menschen und die Völker in der weiteren Region in Mitleidenschaft ziehen und unermeßliche ökologische Schäden anrichten würde. Daß der voraussehbare Einsatz verheerender Chemiewaffen durch den Irak ausgerechnet durch Exporte aus unserem Land möglich gemacht wurde, erfüllt uns Deutsche mit Scham.

Wir verurteilen auf das entschiedenste Aggression und Bruch des internationalen Rechts durch das irakische Regime. Aber dessen Verbrechen dürfen nicht durch einen Krieg, der in seinen Ausmaßen ein Verbrechen von vielfacher Größenordnung wäre, beantwortet werden.

In dieser Situation appellieren wir eindringlich an Sie, gemeinsam mit den Vereinten Nationen statt einer militärischen unbeirrt eine politische Lösung am Golf anzustreben, die zugleich den Friedensprozeß in der gesamten Mittelostregion fördern würde. Die Weltmacht USA sollte baldmöglichst die Initiative für eine Mittelost-Friedenskonferenz ergreifen.

Für eine friedliche Regelung erscheint es uns notwendig, daß der Rückzug des Irak aus Kuwait auf der anderen Seite durch einen sofort beginnenden Abzug derjenigen Truppen erleichtert wird, die für die Angriffsoption vorgesehen sind.

Verhindern Sie unter allen Umständen die Katastrophe eines Krieges, der – abgesehen von den horrenden materiellen Folgen –

einen Rückfall in jenes militaristische Machtdenken bedeuten würde, das bisher die Menschheit der Energien und der Moral zur gemeinsamen Bekämpfung ihres Massenelends und der tödlichen Umweltgefahren beraubt hat.

Während Andreas Flitner und ich den Appell am 22. Dezember 1990 persönlich im State Department und im Kongreß übergaben, leiteten Andreas Buro und Karl Bonhoeffer am selben Tage in Bonn eine sehr gut besuchte Pressekonferenz, wo sich zahlreiche Journalisten den Text geben und erläutern ließen. Erfolg: Nur eine einzige der größeren Zeitungen berichtete wenigstens über die Aktion. Aber *keine einzige* veröffentlichte den Text. Warum wohl? Zu heikel, gestand der Mitarbeiter eines überregionalen Blattes vertraulich.

Dafür publizierte die »Washington Post« den Appell anstandslos und garnierte ihn sogar mit einer passenden Karikatur, auf der zwei ratlosen GIs zweifelhafte Kriegsgründe erläutert wurden, z. B. Schutz des American way of life, Rettung der Wirtschaft, Herstellung der »neuen Weltordnung«. Und keiner der Gesprächspartner im State Department, im Repräsentantenhaus und im Senat, denen Andreas Flitner und ich unsere Aktion erklärten, empfand den Text als unfreundlich, gar als antiamerikanisch. Einige stimmten unseren Argumenten sogar ausdrücklich zu. Noch nach Ende des Golfkrieges bedankte sich Dante Fascell, Vorsitzender des Ausschusses für Auswärtige Angelegenheiten im Kongreß, in einem persönlichen Brief ausdrücklich für unsere Initiative, deren Hoffnung er ursprünglich geteilt habe.

In diesem wie in zahlreichen anderen Fällen bestätigten die deutschen Medien das alte Tabu: Es gehörte sich nicht, den amerikanischen Präsidenten zu irritieren, mochte damals auch sogar – Umfragen bewiesen es – die Mehrheit der Deutschen die Angst der Friedensbewegung teilen. Man durfte sich sorgen, aber man sollte damit gefälligst nicht den großen Freund und Beschützer behelligen. Daß einige dieses Gebot mißachteten, war peinlich genug und nach Möglichkeit den Landsleuten zu verheimlichen, damit solche Unbotmäßigkeiten nicht noch Schule machten.

Wird dieses Tabu diskutiert, was ohnehin nicht leicht gelingt, wird es stets mit der Rücksicht auf die Empfindlichkeit der Amerikaner begründet, als ob man in diesem offenen Land Gehorsam mit Anstand und Loyalität verwechsle. Nein, diese Autoritätsangst ist hausgemacht. Sie beruht im Kern auch weniger auf echter Sorge, die Amerikaner ernstlich zu verstimmen, vielmehr auf jener erörterten nationalen Identitätsunsicherheit. Da bildet das Weiße Haus noch immer eine Art von geheimem kollektivem Über-Ich. Dies bietet inneren Halt und darf um Himmels willen nicht verletzt werden. Auch und gerade im Zweifel überwindet man sich zum Gehorsam. Das Projektionsbild eines sakrosankten Vaters der westlichen Wertegemeinschaft verklärt den jeweiligen Herrn im Weißen Haus, mag er Jimmy Carter, Ronald Reagan oder George Bush heißen. Deshalb haftet der Friedensbewegung seit ihren Protesten gegen die Nachrüstung ewig ein übler Geruch von Unanständigkeit und Sündhaftigkeit an. Daher auch die heilige Empörung Helmut Kohls, als 1985 die Friedensbewegung der Ärzte (IPPNW) gar den Friedensnobelpreis erhielt.

Nun warnte ebendiese Organisation vor dem Golfkrieg nicht *trotz*, sondern insbesondere auch gerade *wegen* der Gefährdung Israels. Dies übrigens im Einklang mit vielen israelischen Intellektuellen und der israelischen Sektion der IPPNW. Diese hatte kurz vor dem Krieg an den Generalsekretär der UNO, an zahlreiche Regierungen, an die Abgeordneten der Knesseth und an das Volk Israels einen Aufruf gerichtet, in dem es hieß:

»Hören Sie auf die Stimme der Vernunft und helfen Sie, die regionalen Probleme in einem Geist der Versöhnung und des gegenseitigen Verständnisses zu lösen. Die einzige Alternative zu einer friedlichen Lösung der Krise ist eine Zerstörung von Menschenleben von katastrophalem Ausmaß. Stoppen Sie die Eskalation der Krise! ... Lösen Sie die Krise durch diplomatischen Dialog! Beugen Sie einem katastrophalen Blutvergießen vor!«

Aber der Krieg brach aus: Mitterrand und Gorbatschow (der noch am 15. Januar 1990 an seine Vermeidung glaubte, wie ich von ihm an diesem Tag persönlich im Kreml erfuhr) hatten ihn nicht verhindern können. Zwar entfachte er gewaltige neue Angst vor seinen Folgen, wie in den vergangenen Kapiteln an Beispielen geschildert. Aber nun hieß Protest gegen den Krieg erst recht Herausforderung der Amerikaner, die den Entschluß zum Losschlagen gefaßt hatten und sich auf der Stelle – amerikanischem Usus folgend – geschlossen um ihren Präsidenten scharten.

Rasch wandelte sich das Szenario der Diskussion auch in Deutschland: Wer gegen den Krieg war, war gegen Amerika, gegen Israel – das mit Scuds beschossen wurde – und wurde zum Sympathisanten Saddam Husseins erklärt. Da mochte die Friedensbewegung mit 250 000 Frauen, Männern und Jugendlichen, mit Juden, Arabern und Kurden in Bonn demonstrieren und in allen Reden und auf sämtlichen Transparenten kundtun, daß man den furchtbaren Krieg, aber nicht Amerika verurteilte, daß Saddam Hussein Kuwait räumen müsse und daß seine Beschießung Israels ein neues unerträgliches Verbrechen sei. Es nutzte nichts. Das offizielle, von der großen Mehrheit der Medien abgesegnete Urteil war fertig: Der Krieg ist gerecht und richtig; wer ihn stoppen will, nimmt den irakischen Aggressor in Schutz und billigt die Zerstörung Israels.

Genau in dieses Horn stieß Wolf Biermann in der »Zeit«: Die meisten deutschen Friedenskämpfer setzten jetzt nur führerlos und naiv ein Tänzchen fort, das sie einst einäugig als Tanzbären an der Kette kommunistischer Agenten begonnen hätten. Heilfroh sei er über den Krieg, was die Amerikaner auch immer in ihn hineingetrieben habe. Israel brauche ihn.

Noch mehr Öl in dieses fatale Feuer goß wenige Tage später H. M. Enzensberger, den »Der Spiegel« in großer Aufmachung mit der These herausbrachte: Saddam Hussein sei mitnichten ein gewöhnlicher Despot oder Diktator, vielmehr ein Menschheitsfeind vom Range Hitlers, an nichts anderem interessiert, als seine ungeheure Aggression im Bunde mit dem Todestrieb seines Volkes auszuleben. Deshalb gebe es mit ihm überhaupt keine denkbare Politik.

Als Margarete Mitscherlich, vom selben »Spiegel« zu einer Stellungnahme aufgefordert, Enzensbergers fatalistische anthropologische These zurückweisen und die Friedensbewegung rechtfertigen wollte, erhielt sie das Manuskript postwendend zurück.*

Es gehörte sich jetzt eben nicht mehr, Angst vor den unermeßlichen Zerstörungen des Krieges, sondern nur noch vor dem Oberteufel Saddam Hussein – allenfalls vor der Friedensbewegung – zu bekunden, die sich der moralischen Heiligung des Bomben- und Raketen-Infernos widersetzte. In der Tat war schwer erträglich, Israel unter Saddams Scuds leiden zu sehen. Aber nur die unangreifbare Gräfin Dönhoff konnte sich in der »Zeit« die ketzerische Frage leisten: »Ist es womöglich..., daß nur, weil jetzt Krieg gegen den Irak geführt wird, Saddam Israel mit Raketen beschießen kann?« (Die Zeit, 15. 2. 1991)

38 dieser Raketen schlugen in Tel Aviv ein, töteten drei Menschen und richteten beträchtliche Schäden an. Es ging das Gerücht um, ausgerechnet deutsche Techniker hätten die Reichweite der sowjetischen Scuds so weit verlängert, daß diese Tel Aviv erreichen konnten. Ein grausiger Gedanke.** Nur, war es nicht gerade die Friedensbewegung gewesen, die unaufhörlich die unverantwortlichen deutschen Exporte von Waffen und militärischer Technologie gebrandmarkt hatte? Hatte nicht speziell diese Bewegung mit Heinrich Böll, Helmut Gollwitzer, Walter Jens, Heinrich Albertz, Günther Anders, Norbert Greinacher, Klaus Vack, Andreas Buro usw. stets die Erinnerung an den

---

* Es ist dann in »Emma«, Heft Nr. 4, April 1991, erschienen.
** Im Herbst 1991 haben UN-Inspektoren das Gerücht bestätigt. Obwohl die Bonner Regierung die UN-Recherchen zur Geheimsache erklärt hat, konnte »Der Spiegel« in seiner Nummer vom 18. 11. 1991 enthüllen, daß tatsächlich deutsche Spitzentechnik, von mittelständischen und Großunternehmen geliefert, der alten sowjetischen Scud-B-Rakete zu einer Verdopplung ihrer Reichweite auf 600 Kilometer verholfen hat.

Holocaust als ihre und die gemeinsame deutsche Verpflichtung zu einem unbeirrbaren Friedensengagement angegeben?

Nur die Leser der »tageszeitung« erfuhren am 12. Februar 1991 in Deutschland, daß auch in Israel der Widerstand gegen den Krieg nach dessen Ausbruch nicht aufhörte. 130 israelische Intellektuelle veröffentlichten einen leidenschaftlichen Aufruf, in dem es u. a. hieß: »Als Bürger von Israel sind wir Opfer irakischer Raketenangriffe und verurteilen diejenigen, die diese Raketen abschießen. Wir verurteilen auch die Besetzung Kuwaits und verlangen seine Unabhängigkeit. Gleichzeitig sind wir gegen den Golfkrieg ... Der furchtbare Preis des Krieges wird von den einfachen Menschen gezahlt: Irakern, Amerikanern, Kuwaitis, Briten, Palästinensern und natürlich auch Israelis. Wir Israelis haben unseren Teil bezahlt. Je länger der Krieg dauert, desto höher wird der in Blut zu zahlende Preis. Wir glauben, daß dieser Wahnsinn gestoppt werden kann und gestoppt werden sollte.«

Wer aber in diesen Wochen in Deutschland das gleiche sagte, wurde von Politikern, die jahrelang zu den verhängnisvollen deutschen Rüstungsexporten geschwiegen hatten, ebenso wie von jüdischen Intellektuellen wie Henryk M. Broder und Micha Brumlik als antiisraelisch angeschuldigt. Übrigens: Auf einer Pressekonferenz in Tel Aviv, kurz nach dem Golfkrieg, mußte sich später eine Delegation der deutschen IPPNW-Ärzte, der ich angehörte, nur einer einzigen als höfliche Frage verkleideten Kritik beugen: Ob wir wohl glaubten, wir hätten gegen die deutschen Irak-Rüstungsgeschäfte genügend wirkungsvoll protestiert? Das konnte man auch so lesen: Warum haben eure Regierung und eure Wirtschaft nicht mehr auf eure Friedensbewegung gehört? Natürlich gab es wiederum keine deutsche Zeitung, die über diese Pressekonferenz zu berichten gewagt hätte.

Statt dessen überboten sich die heimischen Medien darin, unsere Friedensbewegung und speziell auch die Ärzte der IPPNW bis hin zu grotesken Verleumdungen anzuschwärzen. Was ich weder in Washington noch in Tel Aviv zu hören bekam – hier wurde es uns, gegen besseres Wissen, unterstellt: Einst Kommunistenfreunde, seien wir jetzt Parteigänger Saddam Husseins, zumindest Amerikahasser, vielleicht gar verkappte Antisemiten. Unverfroren nähmen wir den Enzensbergerschen Menschenfeind in Schutz. Der Vergleich mit den Biermannschen törichten Tanzbären war noch die mildeste Schmähung.

Es war ein Musterfall jener sozialpsychologischen Dynamik, deren Regeln im Kapitel über Verfolgungsangst bereits erörtert wurden. Schon die mittelbare Verwicklung in einen Krieg sorgt für die epidemische Ausbreitung einer echten *Verfolgungsmentalität*. Die Umkehrung des 5. Gebots, die Rechtfertigung des organisierten massenhaften Tötens, macht es zumal im zivilisierten Westen notwendig, den Gegner zu einem verfolgenden überdimensionalen Dämon zu stempeln und seine Bekämpfung als heilige Menschheitspflicht erscheinen zu lassen. Für Gott – gegen den Teufel, so muß das Szenario dargestellt werden, um die kulturell eingeübte Kontrolle und Ächtung von blutiger Gewalt außer Kraft zu setzen. Die Folge ist eine Regression auf die Stufe archaisch-primitiver Symbolbildungen, für deren propagandistisch-wirksame Ausgestaltung sich stets willige Helfer in Scharen anbieten. Zur Entfachung des verordneten Feindeshasses muß man den Anschein erwecken, als richteten sich Hunderttausende von Raketen und Bomben einzig auf die Person des deklarierten Menschheitsfeindes – und nicht etwa gegen ihre taktischen Ziele, nämlich gegen das unterdrückte Volk des Diktators und gegen die Versorgungseinrichtungen für Millionen Unschuldige. Aber mehr noch als die Bedrohung durch den äußeren Feind übt die Gefahr der Verfemung und Isolierung durch die eigenen Autoritäten einen enormen Druck zur Gleichschaltung aus, der in Amerika die große Opposition unmittelbar nach dem 16. Januar 1991 verstummen ließ und auch viele zunächst kritische Deutsche einschüchterte.

So standen in unserem Land nun ausgerechnet diejenigen am Pranger, die Saddam Hussein schon als Giftgasmörder an den Iranern und an den Kurden öffentlich beschuldigt und längst die

Unterbindung der schrecklichen deutschen Rüstungsexporte verlangt hatten, anstelle derjenigen, die sich an der Aufrüstung des Diktators von Bagdad eifrig beteiligt oder zumindest vor diesen Geschäften die Augen verschlossen hatten.* Natürlich hatten die planmäßigen oder fahrlässigen Rüstungshelfer Saddams nun um so mehr Grund, unangenehme Selbstzweifel mit Hilfe einer Sündenbock-Projektion an der Friedensbewegung abzureagieren. Jedenfalls hatte jetzt im Lande jene andere offizielle Angst die Regie übernommen: *die Angst vor Illoyalität gegenüber dem großen Vater*, Anführer des vermeintlich unbezweifelbar gerechten Krieges. Die Sorge, diesen höchsten Beschützer, zugleich Helfer gegen deutsche Identitätsunsicherheit, zu verstimmen, wurde obendrein durch die von der Verfassung aufgezwungene militärische Abstinenz geschürt. Die Friedensbewegung konnte den Anschein nähren, als *wollten* die Deutschen nicht, was sie von der Verfassung her nicht *durften*. Es gab ja sogar Soldaten, die ganz offen im Fernsehen kundtaten, daß sie Angst hätten und auch dann nicht mitkämpfen wollten, sollten sie durch eine Verwicklung des NATO-Partners Türkei selbst in den Krieg hineingezogen werden.

Eine Provokation ohnegleichen. Ein Gewitter von Beschimpfungen ergoß sich über diese Bekenner. In Ansprachen vor der Truppe mahnte Admiral Wellershoff, seinerzeit Generalinspekteur der Bundeswehr, die Soldaten sollten gefälligst von der Couch aufstehen. Der Bundeskanzler hieß sie, sich gar nicht erst auf die Couch zu legen. Gemeint war offenbar, die zugestandene Angst der Soldaten zu pathologisieren, wenngleich Kohl und Wellershoff sich auch hätten daran erinnern können, daß die Psychoanalyse des erklärten Pazifisten Freud psychische Gesundheit in der Tat nicht mit Kriegstüchtigkeit gleichsetzt.

---

* Bei meinem Besuch in Washington wurde mir von offizieller Seite bestätigt, daß Bonn, über heimliche deutsche Rüstungslieferungen frühzeitig informiert, sich lange nicht gerührt habe.

Jedenfalls fielen in jenen Wochen fast täglich von offizieller Seite die Schreckensworte: Feigheit, Drückebergerei, Abseitsstehen, die Freunde im Stich, allein im Regen stehen lassen, sich aus der Verantwortung stehlen. Schon die bloße Frage nach dem Sinn oder Unsinn des Krieges galt als ungehörig, da es doch anscheinend nur noch darauf ankam, das eigene Versäumnis des Nicht-Mitschießens am Golf außer durch alle erdenklichen materiellen Ersatzleistungen* zusätzlich durch laufende Treueschwüre und Besserungsgelöbnisse einigermaßen wettzumachen: Baldmöglichst werde man die vorläufigen Mängel in der Verfassung beheben und im nächsten Ernstfall bestimmt nicht wieder beiseite stehen.

Bezeichnend, daß den deutschen Regierenden beim Nachdenken über die in der Tat erweiterte Verantwortung des vereinigten Landes spontan nichts anderes einfiel, als das – angebliche – Defizit der Bundeswehr-Einsatzbereitschaft beheben zu wollen. Selbst die SPD als größte Oppositionspartei stritt sich auf ihrem bald folgenden Parteitag vorrangig über dieses Thema zu Lasten anderer weit wichtigerer. Die rein defensive Sorge, sich nicht noch einmal vorwerfen – oder vorwerfen lassen – zu müssen, Amerika militärisch zuwenig zu entlasten, bestimmte die Definition von Verantwortung, obwohl es doch nahelag und -liegt, primär offensiv und konstruktiv über jenen *Sinn von Verantwortung* nachzudenken, den Hans Jonas in seinem preisgekrönten Werk »Prinzip Verantwortung« erläutert hat. Nämlich die Kräfte bannen zu helfen, die auf eine rücksichtslose Zerstörung der Lebensgrundlagen auf der Erde hinzielen. In dieser Sicht wäre dann deutsche Feigheit und Drückebergerei ganz anders auszulegen, nämlich sich aus Anpassungsangst vor einer mutigen Initiative für eine internationale Politik der Entmilitari-

* Deutschland lieferte immerhin u. a. 60 Spürpanzer, 80 Kampfpanzer, 50 000 Panzer- und Artilleriegranaten, 120 Tieflader für Panzertransporter, übernahm viele Transportleistungen und gab insgesamt für den Golfkrieg 17,2 Milliarden Mark (!) aus (nach M. Inacker: Unter Ausschluß der Öffentlichkeit? Die Deutschen in der Golfallianz, Bonn 1991).

sierung, des Abbaus des Nord-Süd-Gegensatzes und eines glaubwürdigen globalen Umweltschutzes zu scheuen.

Vorüber sind die überschäumenden Siegesfeiern nach einem Krieg, der sich im nachhinein als schlichte *Exekution* herausgestellt hat. Denn wie anders kann man eine Aktion bezeichnen, die bei 335 eigenen Toten (von denen jeder zehnte durch Waffen der eigenen Seite umkam) nach Schätzungen 100 000 bis 150 000 Opfer auf der Gegenseite – Soldaten, Frauen und Kinder – gefordert hat? Kleinlaut hat man dem angeblichen Weltfeind, zu dessen Vernichtung das ganze abgefeuerte Raketen- und Bombenarsenal bestimmt schien, die Macht belassen, die zunächst gegen ihn aufgehetzten Kurden und Schiiten erneut zu unterdrücken. Ohne Scham setzte man erneut auf seine Führungskraft, um den Irak als Bollwerk gegen die Expansionsdrohung des Ayatollah-Staates zu erhalten. Einer verdummten Weltöffentlichkeit, der die zensierten Medien das wahre Bild des Krieges verheimlichen mußten, half man zu verdrängen, daß diese Aktion »Wüstensturm« – abgesehen von der Stabilisierung amerikanischen und britischen Selbstgefühls und der eroberten Kontrolle der Ölquellen – *kein einziges* Problem gelöst, aber genau das von der Friedensbewegung vorausgesagte Elend angerichtet hatte.

Die Angst der als defätistisch verdammten Pazifisten hat in trauriger Weise recht behalten. Im »Spiegel« ließ Herausgeber Augstein nunmehr den satanischen Menschheitsfeind (Enzensberger) zu einem Mohren schrumpfen, der in der Nachfolge Chomeinis seine Rolle als Haßobjekt habe spielen müssen. Angesichts der unvorstellbaren Schäden, die der Krieg des George Bush angerichtet habe, dürfe man sich nicht mit dem Spruch beruhigen: »C'est la guerre!« Vielmehr sei jetzt »Unruhe die erste Bürgerpflicht«.

Eine internationale Ärztegruppe, die den Irak bereiste, widerlegte die Propagandaversion des »chirurgischen Krieges«, der die Zivilbevölkerung geschont habe. »Die Wahrheit ist vollkommen anders«, berichtete Prof. U. Gottstein, Mitglied der Delegation.

»Tatsächlich führten die Bombardements zur völligen Vernichtung der zivilen Infrastruktur im Irak, zur Zerstörung aller Wasser- und Elektrizitätswerke, der Kläranlagen sowie der Kommunikationszentren. Ferner wurden Tausende von Wohnungen zerstört, und es kamen etwa 70 000 irakische Zivilisten ums Leben.«

Durch den Zusammenbruch der Elektrizitätsversorgung gab es in den folgenden Monaten kaum sauberes Trinkwasser. Alle temperaturempfindlichen Medikamente, Blut- und Plasmakonserven verdarben. Epidemische Durchfallerkrankungen führten zu einem Massensterben von Säuglingen und Kleinkindern. Im Mai griffen Typhus und Cholera um sich. Eine Studie von Ärzten der Harvard-Universität errechnete, daß allein 1991 etwa 170 000 irakische Kinder an den Spätfolgen des Krieges gestorben sein müssen.

Saddam Hussein, der deklarierte Feind, überlebte und setzte – gemeinsam mit den Türken – die Verfolgung der Kurden fort. Anstelle des Irak deckte sich nun Syrien mit Scud-Raketen ein, und der Israel-Erzfeind Iran, Bundesgenosse im Golfkrieg, forcierte – wie inzwischen bekannt – seine Nuklearrüstung. In Kuwait festigten die zurückgekehrten Machthaber ungeniert mit Folter und brutaler Unterdrückung der Opposition ihre autoritäre Herrschaft. Die Nahost-Friedenskonferenz, die schließlich am 31. Oktober 1991 in Madrid begann, hätte man – wie es Präsident Mitterrand gewollt hatte – vor dem Krieg und zu dessen möglicher Verhinderung beschließen sollen. Erreicht hatte man, ein ganzes Volk unter verheerenden zivilen Opfern zurück ins Mittelalter zu bomben und ökologische Schäden mit unübersehbaren medizinischen Spätfolgen anzurichten.

Und die Deutschen? Ihre Regierenden schämten sich dafür, sich *nur* mit 17 Milliarden (Geld + Sachleistungen) an dem gigantischen Zerstörungswerk beteiligt, und nicht etwa dafür, Mitterrand, Gorbatschow und viele bedeutende kritische Amerikaner in ihren Anstrengungen zur Kriegsverhinderung im Stich gelassen zu haben. Und die deutschen Medien? Abgesehen von den Feuerwehraktionen an den Ölbränden unterschlugen sie – wie zur Zeit des Krieges – die Bilder der Verwüstungen im Irak, etwa des Elends in den übriggebliebenen überfüllten Krankenhäusern ohne Strom, Trinkwasser und Infusionsmittel, die Bilder des Massensterbens an den unbehandelbaren Seuchen. Nur mit Mühe konnten wir Ärzte der Friedensorganisation IPPNW einige spärliche Informationen über die wahren Leiden der Zivilbevölkerung verbreiten, erzeugt unter eklatanter Verletzung der Genfer Konventionen des Roten Kreuzes und ihrer Zusatzprotokolle.

Nur einzelne der bekannten deutschen Journalisten hatten den Mut, kritisch Bilanz zu ziehen und, anstatt die rasch einsetzende allgemeine Verdrängung zu fördern, »Unruhe als erste Bürgerpflicht« anzumahnen und daran zu erinnern, daß sich die Menschheit angesichts der weltweiten Bedrohung ihrer Lebensgrundlagen unsinnige Abenteuer von der Art des Golfkrieges nicht noch einmal leisten darf. Nach Rudolf Augstein, einem dieser klarblickenden Kritiker, »wird das neue, mit mehr Verantwortung beladene Deutschland den nächsten Sheriff-Krieg nicht nur daraufhin zu prüfen haben, ob er die eigene Ölversorgung sichert oder die Bündnistreue in Frage stellt. Vielmehr: *ob er die Menschheit ihrem Ende ein Stück näher bringt.*«

Dazu gehört zunächst einmal aber der Mut einzusehen, daß dieses vereinigte Deutschland endlich lernen muß, sich selbst zu definieren, anstatt Washington auf alle Zeit für sich denken zu lassen. Wir sind nicht mehr Blockstaat, gefährdeter NATO-Vorposten, auf Gedeih und Verderb vom großen Beschützer abhängig. Loyal in den großen internationalen Organisationen mitzuwirken verlangt künftig mehr als die gefällige Anpassung, wie sie der Kanzler, entsprechend der Voraussage seines Vorgängers, bisher getreulich geübt hat. Eigenes kritisches Nachdenken ist gefordert darüber, in welchem Sinn diese Rolle konstruktiv auszufüllen sein wird.

Ist es da etwa nötig, sich der hiesigen pazifistischen Strömung zu schämen und Amerikaner und Briten darum zu beneiden, daß sie immer noch Kriege, wenn sie darin nur siegen, als großartige

Proben zur Selbstbestätigung nötig haben? Ist nicht gerade der Golfkrieg mit seinen Hunderttausenden von Opfern, den gewaltigen Umweltzerstörungen und den verschwendeten Milliarden – bei höchst zweifelhaftem politischem Gewinn – ein Lehrbeispiel dafür, daß derartige militärische Abenteuer in Zeiten der Massenvernichtungswaffen obsolet geworden sind?

Vergessen wir nicht, daß auch viele kritische und sehr gescheite Amerikaner die Golfaktion im nachhinein nicht als Heilung des Vietnam-Traumas, sondern als fragwürdigen Versuch zur Ablenkung von ungelösten innenpolitischen sozialen und ökonomischen Schwierigkeiten begreifen, als Flucht in siegreiche Aggression vor einer latenten Depression. Manche dieser Amerikaner hörte ich sagen: *Ihr Deutschen könnt froh sein, daß ihr durch das Fiasko eurer militaristischen Größenwahnpolitik früher als andere gezwungen worden seid, das Siegenwollen als Politikziel aufzugeben. Unser Trauma sind unsere Siege, weil sie unseren Irrglauben an die Chance militärischer Machtpolitik zu unserem und der Welt Schaden noch nicht zerstört haben.* Freilich sitzen diese kritischen Amerikaner nicht im Weißen Haus und herrschen auch nicht im Kongreß. Aber die größere Vernunft ist eben oft nicht auf seiten der Herrschenden.

31. Kapitel

UMGANG MIT KINDLICHER ZUKUNFTSANGST

Eine mir gut bekannte Ärztin schildert, was sie gerade mit ihrem siebeneinhalbjährigen Sohn Georg erlebt hat:

»Der Junge schläft zur Zeit nicht gut. Eines Abends geht er ins Gästezimmer, um sich bei dem Onkel, der zur Zeit dort wohnt, über die Uhrzeit zu informieren. Er gibt an, daß er traurig sei. Offensichtlich hat er geweint. Auf Nachfrage des Onkels sagt er nur lapidar: Privatsache. – Nachdem das über mehrere Tage und Nächte so geht, er nicht mehr fröhlich ist wie sonst, frage ich ihn, ob ich ihm helfen kann. Erst auf mehrere Angebote, ob er sich nicht vielleicht erleichtern wolle, erzählt er unter Tränen vom Ozonloch. Er mache sich so große Sorgen um die Erde. Er will wissen, ob das so stimmt. Ob man die Erde vielleicht retten kann? Da ich ihn darüber nicht absolut beruhigen kann (meine Vorschläge, daß wir uns alle weiter für den Umweltschutz engagieren müssen, reichen ihm nicht), fühle ich mich ein wenig hilflos. Erst weitere Gespräche darüber, daß sich auch viele Große dazu Gedanken machen und sich darum praktisch kümmern, bringen ihm einige Erleichterung.«

Seit Ende der siebziger Jahre häufen sich Untersuchungen, die bei Kindern und Jugendlichen ein beunruhigendes Maß von Zukunftsängsten feststellen. Bei einer repräsentativen Jugendlichen-Befragung in Niedersachsen, veranlaßt vom niedersächsischen Kultusminister, äußerten 1985 77 Prozent der Jugendlichen Angst vor Umweltzerstörung. Fast das gleiche Ergebnis erbrachte die

Shell-Jugendstudie von 1985, repräsentativ für die Bundesrepublik. 74 Prozent der Jugendlichen hielten es für sicher oder wahrscheinlich, daß Technik und Chemie die Umwelt zerstören würden. Seit Mitte der achtziger Jahre überwiegen in allen mir bekannten kinder- und jugendpsychologischen Studien die ökologischen Befürchtungen die Sorgen vor einem Atomkrieg, während Gefahren der Kernenergie vor allem im Jahr nach Tschernobyl eine große Rolle spielten.

1989 hatte die IG Metall einen Schreibwettbewerb für Kinder zwischen neun und vierzehn Jahren zum Thema »Meine Zukunft« ausgeschrieben. Als einzige Erläuterung bekamen die Kinder die Vorgabe: »Wie werdet ihr in einigen Jahren leben? Wie wird es aussehen in unserer Welt? Was wird besser, was schlechter sein? Freut ihr euch auf die Zeit, die jetzt noch so fern scheint, oder habt ihr Angst vor der Zukunft?« Erlaubt war alles zwischen Bericht und Gedicht. Viele Kinder legten auch Zeichnungen bei. 550 Briefe gingen bei der Redaktion ein. Nur wenige davon stellten eine gesunde, freundliche Welt dar. Die meisten enthielten Schreckensbilder einer düster ausgemalten zerstörten Natur. Es überwogen Vorstellungen phantasie- und liebloser Lebensformen in einer kalten, computerisierten Gesellschaft. Das Thema Umweltzerstörung überwog indessen bei weitem alle anderen Zukunftsaspekte.

Im Herbst 1989 veranstaltete die Zeitschrift »Eltern« eine Umfrage unter 2430 Schülerinnen und Schülern zwischen acht und sechzehn Jahren: »Was ist dein größter und wichtigster Weihnachtswunsch in diesem Jahr?« Genannt wurden nach Rangfolge der Häufigkeiten

1. besserer Umweltschutz, vor allem Maßnahmen gegen das Ozonloch, die Luft- und Wasservergiftung, das Tiersterben;
2. Friede und Abrüstung;
3. Gesundheit für die ganze Familie;
4. politischer Fortschritt im Osten (das war noch vor dem Mauerdurchbruch);
5. Kampf gegen den Hunger in der Welt;

6. gute Schulleistungen;
7. Harmonie zwischen Mutter und Vater.

1991 erschien ein Forschungsbericht der Pädagogin U. Unterbrunner über Zukunftsvorstellungen österreichischer Jugendlicher aus der Gegend Salzburg. Sie hatte 302 Schülerinnen und Schüler zu einer »Phantasiereise« in die Zukunft angeregt. Die Jugendlichen malten und erläuterten, wie die Welt nach ihrer Phantasie in zwanzig Jahren aussehen würde. Ihre auf Tonband aufgenommenen Erzählungen wurden von drei Personen ausgewertet. »Erstaunlich war nun«, faßt die Autorin zusammen, »daß mehr als die Hälfte der Jugendlichen, nämlich 55 Prozent, eine Welt gesehen hatten, die sie pessimistisch stimmte. Lediglich ein Viertel äußerte optimistische Zukunftsvisionen. 80 Prozent – Mädchen gleichermaßen wie Burschen – bezogen Natur und Umwelt in ihre Zukunftsvisionen ein. Knapp 60 Prozent sahen diese gestört und zerstört, wobei besonders Luft- und Wasserverschmutzung und Landschaftszerstörung eine Rolle spielten; ein Viertel der Jugendlichen zeichnete ein ›heiles‹ Bild der Natur, bei den restlichen 17 Prozent waren wiederum beide Aspekte vorhanden.«

Daß bei Kindern und Jugendlichen inzwischen die sogenannten politischen Ängste die privaten in den Hintergrund drängen, ist ein übereinstimmender Befund verschiedener internationaler Studien. In der Bewertung dieser Ergebnisse kommt es zu zwei unterschiedlichen Interpretationen. Die einen sagen: Man muß das nicht so ernst nehmen. Die Kinder wiederholen nur, was Eltern und vielleicht auch Lehrer ihnen eingetrichtert haben. Es sind flüchtige Vorstellungen, die sich auch schnell wieder ändern können. Das geht bei den Kindern nicht tief. Man muß in der Erziehung nur mehr Wert darauf legen, ihnen Optimismus und Zuversicht beizubringen.

Die anderen sagen: Natürlich haben die Kinder solche pessimistischen Visionen nicht aus sich selbst heraus produziert. Das stammt aus der Verarbeitung vieler Informationen aus Gesprächen und aus den Medien. Aber da sie durchlässiger und weniger verdrängungsfähig sind als Erwachsene, prägen sich ihnen Berichte und Bilder von versteppten Elendsgebieten, vom Sterben der Fische in verdreckten Flüssen, vom Vogeltod durch Ölpest, von kranken Wäldern usw. besonders tief und nachhaltig ein. Die Gefahren für ihre Zukunft, die sie spüren, sind real. Man darf ihre Sorgen also nicht als Hirngespinste abtun, sondern muß sie ernst nehmen.

Gegen die Annahme, daß Kinder bei solchen Befragungen nur die Indoktrination durch Erwachsene widerspiegeln, spricht der in mehreren Untersuchungen wiederholte Befund, daß Kinder und Jugendliche im Durchschnitt die Zukunft pessimistischer beurteilen und die Umweltzerstörungen wesentlich ernster nehmen als der Durchschnitt der Erwachsenen. Nach der Shell-Studie 1985 erwarten in der Bundesrepublik 74 Prozent der Jugendlichen, aber nur 55 Prozent der Erwachsenen als wahrscheinlich oder sicher, daß Technik und Chemie die Umwelt zerstören werden. Die allgemeine Zukunftseinschätzung fällt bei 46 Prozent der Jugendlichen, aber nur bei 29 Prozent der Erwachsenen düster aus. Das spricht gegen die Theorie einer einfachen oberflächlichen Infektion der Jungen und Mädchen mit pessimistischen Erwartungen ihrer Eltern und Lehrer.

Allerdings kann man sich eine indirekte, unbewußte Einflußform vorstellen. Es gehört zu meinen wichtigsten Erfahrungen in der Kinder- und Familientherapie, daß Kinder oft auch sehr deutlich spüren, was im Unbewußten ihrer Eltern vor sich geht. So merken sie vielfach, was die Eltern an Ängsten, Zweifeln und Pessimismus verdrängt haben. Oft spüren Kinder z. B. sehr früh Ehekonflikte ihrer Eltern, die diese noch kaum nach außen sichtbar machen. So ist ohne weiteres denkbar, daß Eltern gar nicht wahrnehmen, was sie an unterdrückten und bagatellisierten ökologischen und sonstigen Zukunftsbefürchtungen ihren Kindern vermitteln. Erwachsene sind ja im Durchschnitt viel besser darauf trainiert, um der Anpassung im Alltagsstreß willen Unangenehmes zu verdrängen oder – wie wir modernerweise zu sagen pflegen – wegzustecken. Die Abspaltung der Emotionalität vom sachlichen Denken ist ja sogar ein allgemeines Wunschziel zur Erhaltung von Fitneß und Stabilität. Dagegen schlagen massive Eindrücke bei Kindern und Jugendlichen noch wesentlich stärker ins Gefühls- und Phantasieleben durch und haften viel nachhaltiger.

Lassen Sie mich noch einmal auf den Kinder-Schreibwettbewerb der IG Metall zurückkommen. Ich gehörte zu der Jury, die aus den 550 Einsendungen dreißig mit Preisen auszuzeichnen hatte. Da uns – wie gesagt – überwiegend pessimistische Zukunftsschilderungen vorlagen, konnten wir fast nur solche prämieren. Wir bewerteten in der Hauptsache die Originalität, die Klarheit und Farbigkeit der Darstellung. Vor einem Empfang der Preisträger durch den Bundespräsidenten konnte ich mich mit diesen dreißig Kindern ausgiebig unterhalten. Ich fragte gezielt nach einer etwaigen Übereinstimmung ihrer kritisch pessimistischen Texte mit der Meinung ihrer Eltern. Zu meinem Erstaunen bekam ich immer wieder zu hören, daß die Kinder die Gedanken- und Sorglosigkeit ihrer Eltern in Umweltfragen heftig anprangerten. Da hieß es zum Beispiel:

»Die kommen abends müde von der Arbeit nach Hause. Die denken gar nicht daran, mit dem Wasser und der Energie zu sparen. Ich muß der Mutter beibringen, daß sie ein unschädliches Waschmittel und daß sie Papiertüten zum Einkauf nimmt. Hätte ich nicht dafür gesorgt, würde sie immer noch gebleichte Kaffeefilter statt Umweltpapierfilter benutzen. Meinen Eltern ist es egal, was sie essen und ob darin irgendwelche Schadstoffe oder Chemikalien sind.«

In den Briefen[*], wimmelt es an Vorwürfen gegen Erwachsene. Eine Zwölfjährige schreibt: »Ich kleines Mädchen denke darüber nach und tue auch meinen Anteil zum Umweltschutz. Und die Großen, die am Hebel sitzen, die tun nichts. Ich freue mich, daß auch mal jemand uns Kindern zuhört.«

---

[*] Eine Auswahl hat R. Rusch unter dem Titel: »So soll die Welt nicht werden!« im Anrich-Verlag herausgegeben (1989).

Eine Elfjährige schimpft, daß man den Weltraum erforsche, aber die Natur verschmutze und vergifte. »Aber wer will das schon von uns Kindern wissen? Uns wird gesagt: ›Was wißt ihr schon davon? Verstand kommt mit dem Alter.‹ Wir müssen den Erwachsenen auf den Wecker fallen, bis sie begreifen, daß wir keine schmutzige, kranke Welt wollen.«

Einige der eindrucksvollen Kinderbriefe drücken mehr Ohnmacht und Resignation aus. In anderen steckt Trotz und Widerstandsbereitschaft, so etwa das Schreiben einer 14jährigen: »Es ist unsere Zukunft, die heute entschieden wird. Die Erwachsenen sollen uns deshalb anhören. Vielleicht verstehen wir mehr davon, als ihr glaubt!« Und sie fährt fort: »Weil ich möchte, daß auch meine Kinder hier noch leben können, unternehme ich schon jetzt, was ich kann: Ich überzeuge meine Mutter, keine Getränkebüchsen, Einwegflaschen, aufwendigen Verpackungen, Plastiktüten zu benutzen. In der Schule habe ich meine Bücher mit Packpapier eingeschlagen statt mit Folie. Außerdem benutze ich nur Umweltschutzpapier, keine Kugelschreiber oder Tintentod. Nächstes Jahr möchte ich gern in unsere Öko-AG eintreten (das ist leider die einzige Gruppe für Umweltschutz in unserer Gegend). Weil ich versuche, auch andere Leute vom Umweltschutz zu überzeugen, habe ich bei einigen schon den Zusatznamen: die mit dem Ökotick. Darüber rege ich mich aber nicht auf. Im Gegenteil. Später möchte ich einmal einen Beruf ergreifen, in dem ich der Umwelt helfen kann. Was genau, weiß ich noch nicht. Ich muß mich aber bald entscheiden. Ich glaube, nur so ein Beruf kann mich ausfüllen. Ich muß das Gefühl haben, wirklich etwas getan zu haben. Denn was für einen Zweck hat es, im Beruf viel Geld zu verdienen, wenn man nicht mit sich selbst zufrieden ist.«

In der Familientherapie staunen wir Therapeuten häufig, wie wenig Eltern darüber Bescheid wissen, was in ihren Kindern vorgeht. Sie projizieren ihre eigene Kindheit auf ihren Nachwuchs und können sich nicht vorstellen, daß z. B. heutige Zwölfjährige durch die biologische Akzeleration, durch die Veränderung der Lebenswelt und vor allem durch das Fernsehen schon viel weiter in die Erwachsenenwelt eingedrungen sind als Zwölfjährige vor dreißig, vierzig Jahren. Es wird in den Familien auch immer weniger geredet, was dazu beiträgt, daß Teile des kindlichen Innenlebens sprachlos und den Eltern verschlossen bleiben. Hinzu kommt, daß viele Eltern von Kindern gar nicht hören *wollen,* woran sie selbst nicht gern erinnert werden möchten. Sie projizieren auf die Kinder das Bild einer unbefangenen Lebensfreude, die nur durch den Schulstreß getrübt werde. Wir wollen ihnen ihr kindliches Glück erhalten, lautet die Begründung vieler Eltern, während sie sich gegen kindliche Fragen abschirmen, die ihre eigenen Verdrängungen bedrohen.

Es läßt sich nur schwer empirisch-statistisch untersuchen, inwieweit sich unterdrückte Zukunftsängste sensibler Kinder psychosomatisch auswirken. Noch schlechter als Erwachsene können Kinder durchschauen, wo ihr Körper als Mitteilungsorgan für seelische Befindlichkeit bzw. speziell für seelische Belastungen reagiert. Im Verlauf von Psychotherapien kommt gelegentlich die Phantasie zum Vorschein: »Wenn ich groß bin, wird die Welt ja ohnehin bald kaputtgehen. Irgendwann wird es eine große Atomkatastrophe geben, oder die Luft und das Wasser werden ganz vergiftet sein. Vielleicht ist schon alles aus, wenn ich mal dreißig oder vierzig bin.«

Kaum vorstellbar, daß sich solche bedrückenden Vorstellungen nicht psychosomatisch auswirken sollten. Es läßt sich schwer klären, wieviel Lustlosigkeit, Mattigkeit, Apathie, Konzentrationsschwäche, Anfälligkeit für Alkohol, Kettenrauchen und Drogen mit jenen ökologischen Schreckbildern zusammenhängen, die in den zitierten Äußerungen enthalten sind. Wir kennen nur absolute Häufigkeitsangaben von mehrdeutigen vegetativen Beschwerden. Bei der Erprobung ihres Beschwerdebogens hat Brähler mit einer Forschungsgruppe unseres Zentrums 303 Schulkinder zwischen acht und fünfzehn Jahren befragt. Die Untersucher waren überrascht über die Zahl der Beschwerden, die als gelegentlich bis häufig angekreuzt wurden. Magenbeschwerden, Kopfschmerzen, Mattigkeit wurden von mehr als der Hälfte der

Kinder angegeben. In der Brählerschen Stichprobe ergab sich für Schulkinder durchschnittlich eine erheblich höhere Zahl von vegetativen Beschwerden, als sie von Erwachsenen bekannt sind.

In der Literatur scheint Übereinstimmung darüber zu herrschen, daß Erkrankungen, bei denen psychosoziale Konflikte als wesentliche Ursache angenommen werden, im Jugendalter zunehmen. Engel und Hurrelmann haben in Nordrhein-Westfalen 1450 Schülerinnen und Schüler der 7. bis 9. Klasse untersucht. Psychosomatische Symptome, die sie in den Rahmen eines allgemeinen vegetativen Syndroms einordneten, fanden sie besonders stark gehäuft in Ballungszentren. Im Ausmaß überwogen Kopfschmerzen, Nervosität, Unruhe, Schwindelgefühle, Schlafstörungen, Magenbeschwerden, Konzentrationsschwierigkeiten.

Diese beiden sorgfältigen empirischen Studien geben nur Aufschluß über die beunruhigende *Verbreitung* von psychovegetativen Beschwerden. Inwieweit darin neben Schulbelastung, familiären Schwierigkeiten und persönlichen Konflikten auch die genannten politisch-ökologischen Ängste eine Rolle spielen, ist, wie gesagt, zahlenmäßig schwer zu erfassen.* Dafür sind solche Zusammenhänge in gründlich analysierten Einzelfällen durchaus aufweisbar.

Wichtig für die Einschätzung realistischer Zukunftsängste ist aber nicht nur, wie diese sich etwa psychosomatisch auswirken, sondern vor allem auch, wie die Kinder und Jugendlichen darauf in ihrem Verhalten reagieren. Anhand des IG-Metall-Schreibwettbewerbs habe ich bereits zwei unterschiedliche Reaktionstypen skizziert. Die gleichen pessimistischen Zukunftsvorstellungen können im einen Fall in Ohnmachts- und Resignationsgefühle münden. Im anderen können sie Widerstandsenergien mobilisieren wie bei dem zuletzt zitierten 14jährigen Mädchen. Es ist also durchaus nicht von vornherein ausgemacht, daß eine sorgenvolle Beurteilung der gesellschaftlichen Entwicklung nur einschüch-

---

* Dieser Frage geht eine Untersuchung nach, die wir gerade in Gießen beginnen.

ternd und deprimierend wirkt. Die Autoren der Shell-Studie haben diesen Zusammenhang genauer erforscht. Sie haben Jugendliche mit optimistischen und solche mit pessimistischen Zukunftserwartungen daraufhin verglichen, wie sich beide Gruppen im übrigen sozial verhalten.

Dabei sind sie zu sehr bemerkenswerten Resultaten gelangt, die indessen weder von der Öffentlichkeit noch etwa gar von den Politikern bisher gewürdigt worden sind. Gezeigt hat sich, daß die Optimisten sich vergleichsweise eher als apolitisch beschreiben. Sie interessieren sich weniger für neue Formen der Energie und des Umweltschutzes. Sie lesen weniger und schreiben seltener Tagebuch. Im ganzen erscheint ihre Lebensweise oberflächlicher, ärmer an sozialen Interessen. Umgekehrt beschäftigen sich die Pessimisten deutlich mehr mit gesellschaftlichen und ökologischen Fragen. Themen wie Ökologie und Frieden interessieren sie nicht nur intensiver theoretisch, sondern man findet sie auch häufiger in den Gruppen der entsprechenden Bewegungen.

Die Autoren fassen zusammen: »Hier gibt es einen engen Zusammenhang von düsteren Zukunftsvorstellungen und Bereitschaft zur Kritik, zu Engagement, zum Widerstand; gibt es einen praktischen Optimismus angesichts einer allgemein für aussichtslos gehaltenen gesellschaftlichen Situation.« Die daraus abgeleitete Folgerung lautet: »Als Hoffnungsträger für eine erfolgreiche Gestaltung der Zukunft erscheinen uns – entgegen dem oberflächlichen denunziatorischen ›No-future‹-Gerede in der Öffentlichkeit – eher die Pessimisten.«

Diese empirisch sorgfältig belegte These klingt überraschend, weil sie den üblichen Vorurteilen widerspricht. Ich möchte sie hier aber, wenn auch mit einer gewissen Differenzierung, entschieden verteidigen. Zweifellos erzeugen negative Zukunftserwartungen stets einen mehr oder minder großen Leidensdruck. Aber wir Ärzte wissen, daß Leidensdruck oft eine fruchtbare Wirkung entfaltet, indem er den Heilungswillen bzw. Selbstheilungskräfte mobilisiert. Angst ist nur dann ein schlechter Ratgeber, wenn sie zu Verzagen und Fluchtmechanismen führt. Ebensosehr kann sie dazu bewegen, sich aufzuraffen, um die Ursache einer Bedrohung abzuwenden. In jenem Schreibwettbewerb etwa haben wir bei zahlreichen Kindern mit bedrückenden politisch-ökologischen Zukunftsvorstellungen gefunden, daß sie später persönlich etwas machen wollen, um gegen das Unheil anzukämpfen. Sie wollen Umweltschützer werden, zu Greenpeace gehen oder als Tierärzte gegen das Aussterben von Tierarten ankämpfen. Sie wollen ihre Umgebung aufrütteln und mit ihrem ökologischen Verhalten ein Beispiel liefern. Oder sie wollen in der Dritten Welt helfen.

Man kann also dem eigenen theoretischen Pessimismus durch optimistische Praxis widersprechen, wie dies bereits Max Horkheimer in seiner berühmten Rede über Pessimismus in Frankfurt 1971 gesagt hat. Nun möchte man fragen, von welchem Alter ab man Kindern und Jugendlichen eine solche konstruktive Beantwortung von theoretischem Pessimismus zutrauen kann. Aber man sollte wohl vorher überlegen: Wie können wir Erwachsenen überhaupt Kinder so weit psychisch stärken, daß sie irgendwann den beunruhigenden Zustand unserer Risikogesellschaft wahrnehmen und ertragen können, ohne in Verdrängung und Resignation zu verfallen? Wie können wir ihnen den Glauben vermitteln, daß sie selbst etwas tun können, um das erwartete Unheil abzuwenden?

Voraussetzung für solche Bemühungen ist natürlich, daß zwischen Eltern und Kindern kontinuierliche Gespräche üblich sind, die über die Alltäglichkeiten hinausreichen. Daß Eltern sich um ein tieferes Einfühlen in ihre Kinder bemühen und daß diese sich anzuvertrauen gewöhnt sind. Das ist heute keinesfalls mehr die Regel. Die geistige Kluft zwischen den Generationen, die Edward Shorter beschrieben hat, entwickelt sich oft schon sehr früh. Wichtig ist, daß Kinder klare Antworten bekommen, wenn die entsprechenden Fragen in ihnen auftauchen. Natürlich hat es keinen Sinn, ihnen Probleme aufzudrängen, mit denen sie sich innerlich noch gar nicht beschäftigen. Aber aufgrund der geschilderten Erfahrungen ist eher damit zu rechnen, daß Eltern zu spät statt zu früh reagieren. Auch in der Schule pflegt man den geeigneten Zeitpunkt für die Behandlung dieser Themen, sofern man sie gründlich berücksichtigt, eher zu verpassen.

Es gab da ein instruktives Experiment in einer Montessori-Schule in Bonn. Mit Genehmigung der Schulleitung haben drei Lehrerinnen mit den Schülerinnen und Schülern einer 5. Klasse drei Monate lang Aspekte des Problems Tschernobyl als Projekt bearbeitet. Die vorher befragten Eltern der Kinder waren einverstanden. Es beteiligten sich die Lehrerinnen für Deutsch, Kunst und Erdkunde. Die Kinder orientierten sich über die Radioaktivität und ihre möglichen biologischen Wirkungen, über Kernenergie und alternative Energieformen. Man machte ihnen verständlich, wie sich Tschernobyl ausgewirkt hat und wie man solchen Gefahren begegnen kann. Von den Lehrerinnen ermutigt, suchten die Kinder in Gruppen zuständige Dienststellen in der Stadt auf, um sich über behördliche Schutz- und Vorsichtsmaßnahmen zu unterrichten. Im Kunstunterricht malten sie, was sie zu Tschernobyl phantasierten: Da tauchte immer wieder der Tod in Landschaften voller Verbotsschilder auf – Spielplätze, die man nicht betreten, Milch, die man nicht trinken, und Gemüse und Früchte, die man nicht essen durfte. Kreuz und quer liefen durch die Bilder Worte der Angst und der Warnung. Aber gegenüber den Schreckensphantasien waren auch Hoffnungen und Wünsche erkennbar. Oft waren auf ein und demselben Blatt heile und zerstörte Umwelt, gesunde und kranke Bäume, Liebe und Gewalt einander gegenübergestellt.

Am Ende der drei Monate veranstaltete die Schule einen Diskussionsabend mit den Eltern und den Lehrerinnen. Die Frage war, wie sich das Projekt denn auf die Elf- und Zwölfjährigen ausgewirkt habe. Ich war anwesend und bekam zu hören: Den Kindern habe diese Arbeit außerordentlich gutgetan. Viel hätten sie daraus gewonnen, daß man sie bei diesen Problemen, die anscheinend alle innerlich beschäftigten, so ernst genommen habe. Auch die Ermutigung, sich auf den Behörden selbständig

Auskünfte zu verschaffen und dort kritische Fragen zu stellen, habe Positives bewirkt. Die Kinder hätten dabei Zutrauen gefaßt, daß sie auch selber etwas tun könnten. Manche Eltern beteuerten, daß ihnen die Gespräche dieser drei Monate gleichfalls sehr gutgetan hätten. Manche redeten überhaupt nur noch über sich, über den eigenen Umgang mit der Angst.

Eine Mutter fragte: Verdecken wir Erwachsenen mit unserer Frage nach der Belastungsfähigkeit der Kinder nicht die Sorge um die eigene Belastungsfähigkeit? Wir wollen die Kinder ermutigen, daß sie solchen Umweltrisiken ins Auge blicken können. Aber haben wir denn selbst genügend Mut dazu?

Die drei Lehrerinnen waren sich einig: »In dieser Weise müßte der Unterricht viel mehr auf die großen aktuellen Probleme der Gesellschaft eingehen. Dann wären wir in unserer Arbeit auch viel engagierter.« Aber im allgemeinen liefen die Lehrpläne daran vorbei, womit sich Kinder innerlich beschäftigen und oft auch abquälten. Zu bedenken ist, daß dieses Projekt in einer Montessori-Schule möglich war, zu deren Reformunterricht besonders interessierte Eltern ihre Kinder schicken.*

Dieses Beispiel lehrt zweierlei: Es zeigt erstens, daß man schon Elf-, Zwölfjährigen hilfreich sein kann, wenn man mit ihnen anhand von aktuellen Ereignissen offen über Atom- und Ökologieprobleme spricht. Dabei geht es nicht um die Vermittlung komplizierter physikalischer oder chemischer Sachverhalte. Vielmehr stärkt es bereits die Kinder, wenn sie die in ihrem Innern wuchernden Phantasien ausdrücken, ihre diffusen Vorstellungen ein Stück weit klären und sich in informativen Gesprächen entlasten können.

Aber dabei werden wir Erwachsenen, wenn wir ehrlich sind, auf keine leichte Probe gestellt. Denn wir müssen den Kindern hier einen Aspekt unserer Realität vermitteln, der die meisten von uns ebenfalls beunruhigt. Können wir unsere Kinder wirk-

---

* Das Projekt wurde in einem Film von M. Schmidt am 26. 4. 1987 im Dritten Fernsehprogramm des WDR vorgestellt.

lich glauben machen, daß wir alles täten, um ihnen später einmal günstige Lebensbedingungen zu sichern? Wir können privat alle mögliche Vorsorge treffen, zum Vorteil unseres Nachwuchses sparen, Versicherungen abschließen, ihnen so viele Bildungshilfen wie möglich zukommen lassen. Wir können sie gut ernähren, sie anspornen, ihnen vielerlei Anregungen bieten. Aber wie sollen wir ihnen plausibel machen, daß für jeden Erdenbürger, also auch jedes Kind, heute umgerechnet mehrere Tonnen Dynamit in Form von Waffen gestapelt sind? Daß pro Woche etwa 250 000 Kinder in den armen Ländern an Hunger, mangelhafter Hygiene und ungenügender medizinischer Hilfe sterben? Daß überall für die Rüstung ein Vielfaches von dem ausgegeben wird, was man in den Umweltschutz investiert? Stehen wir persönlich vor unseren Kindern glaubhaft da, indem wir uns nämlich selbst kritisch mit Entwicklungen der Politik, der Wirtschaft und der Rüstung auseinandersetzen, aus denen die Zukunftsbedrohungen hervorgehen?

Wir Ärzte befinden uns da in einem speziellen beruflichen Zwiespalt. Wir sind von der Gesellschaft beauftragt, das gesundheitliche Wohlbefinden der Menschen zu fördern bzw. zu erhalten. Im engeren Sinne läßt sich das so verstehen, daß wir Ängste und Verstimmungen direkt zu bekämpfen haben. Sind das aber zugleich Symptome für die Wahrnehmung realer wachsender Bedrohungen – dürfen oder müssen wir dann zu diesen Ursachen schweigen?

Aber hier geht es nicht um ein Entweder-Oder. Die Förderung psychosomatischer Stabilität und Widerstandsfähigkeit muß das Ziel jeder individuellen Therapie bleiben. Daß Stabilität aber nicht gleichbedeutend ist mit massiver Verdrängung und oberflächlichem Optimismus, ist die aus der Shell-Studie zu ziehende Lehre. Strittig bleibt am Ende die Frage, ob Ärzte neben ihrem therapeutischen Wirken den Mund aufmachen sollen, wenn sie, wie heute, eine zunehmende gesundheitliche Gefährdung der Menschheit durch politische, technische, wirtschaftliche und militärische Entwicklungen wahrnehmen.

Hier erblicken viele eine Warntafel: Achtung! Stopp! Hier beginnt die Zone unzulässiger Politisierung. Wer weitergehen will, mag es tun. Aber dann nur noch als politisierter Bürger, nicht mehr als Arzt.

Wer diese Begrenzung des Gesichtsfeldes vertritt, kann dafür durchaus plausibel erscheinende Argumente anführen. Etwa dieses, daß Ärzten für einen solchen Anspruch die sozialwissenschaftliche und ökologische Kompetenz fehle, wogegen man freilich gleich einwenden könnte, daß eine bessere Grundausbildung oder Fortbildung dem abhelfen könnte. Oder man verweist auf den beschränkten Anwendungsbereich des therapeutischen Inventariums, mit dem der Arzt immer nur Individuen, allenfalls Familien oder kleine Gruppen beeinflussen könne. Wer darüber hinaus wirken wolle, besitze dafür keine fachlichen Mittel und verrate überdies – Argument Nummer drei – selber einen Defekt im Sinne eines Größenwahns und eines unkontrollierten Agierdranges.

Nichtsdestoweniger schließen sich zur Zeit immer mehr Ärztinnen und Ärzte der IPPNW und dem Ökologischen Ärztebund an. Sie bilden sich nicht ein, durch ihr Wirken die Gesellschaft kurieren zu können. Die meisten wollen zunächst überhaupt nur einen Rahmen finden, in dem sie leichter über sich selbst und über ihre ärztlichen Aufgaben neu nachdenken und reden können. Das Gespräch in solchen Gruppen kann helfen, kritische Fragen auszuhalten und sich vor den diversen Fluchtmechanismen zu bewahren, die eine Verleugnung der Gefahren unserer Risikogesellschaft vorläufig noch möglich machen. Standhalten versus Flüchten ist heute noch schwerer als zu der Zeit, da ich jenes so betitelte Buch geschrieben habe. Ich sehe in dieser Bewegung auch mehr und mehr Kinderärzte. Sie machen sich Gedanken darüber: Wie kann der großen Zahl sensibler Kinder geholfen werden, möglichst viel von ihrer kritischen Hellsichtigkeit ins Jugend- und Erwachsenenalter hinüberzuretten? Denn von dieser Generation wird es einmal abhängen, ob unsere Gesellschaft aus der »organisierten Unverantwortlichkeit«, wie der Soziologe Ulrich Beck sie nennt, rechtzeitig herausfindet.

Die Dringlichkeit einer Umkehr der nachwachsenden Generation mit unserer Hilfe hat kurz vor seinem Tod der Psychiater Hoimar von Ditfurth in »Innenansichten eines Artgenossen« prägnant formuliert: »Schon in wenigen Jahrzehnten wird es nicht mehr um Luxus und Bequemlichkeit gehen. Dann geht es bloß noch um das nackte Überleben in einer Welt, deren lebenserhaltende Potenzen wir, den Blick unbeirrt auf Wirtschaftswachstumsraten, Exportquoten und Bundesbanküberschüsse gerichtet, schlicht verpaßt haben.«

Deutlicher als allen anderen muß uns Ärzten heute bewußt sein, daß die Völker in allen Teilen der Welt in ihrer Gesundheit immer stärker voneinander abhängen. Medizinische Prävention ist, wo auch immer, aufs engste mit der Herbeiführung einer globalen Ökologie- und Friedenspolitik verbunden. Diese wiederum wird sich nicht einstellen durch Perfektionierung der künstlichen Computerintelligenz, sondern, wenn überhaupt, durch eine große moralische Erneuerungsbewegung in den Völkern. Es war ein großer Arzt, der die Prinzipien einer hierfür notwendigen Ethik formuliert hat, nämlich Albert Schweitzer mit seiner berühmten, aber oft schon wieder fast vergessenen »Ethik der Ehrfurcht vor dem Leben«. Man sagt, das Hoffen auf den Einfluß einer solchen Ethik sei eine schöne, aber unrealistische Utopie. Dem halte ich entgegen: Es ist vielmehr eine Utopie zu glauben, daß es ein längerfristiges Überleben gibt, wenn wir einfach nur so weitermachen wie bisher.

32. Kapitel

Weltangst

> Auf die Frage, ob ich pessimistisch oder optimistisch sei, antworte ich, daß mein Erkennen pessimistisch und mein Wollen und Hoffen optimistisch ist.
>
> Albert Schweitzer

Weltuntergangsstimmung hat es in der Geschichte mehr als einmal gegeben. Aber zum erstenmal haben es jetzt Menschen in der Hand, das eigene Geschlecht mitsamt den meisten Tier- und Pflanzenarten aktiv auszulöschen. Daß es so geschehen kann und daß zuwenig unternommen wird, um diese Gefahr zu bannen, ist eine nicht nur von Kindern und Jugendlichen immer schwerer zu unterdrückende Sorge. Heute entfällt ein tröstendes Argument gegen die indivuelle Todesangst, das Schopenhauer einst in seiner Preisschrift über »Die Grundlagen der Moral« so formuliert hatte: Wer lerne, als einzelner in allen anderen, schließlich in allem, was Leben hat, sein eigenes Wesen zu erblicken, der wisse, daß er in der Gesamtheit der anderen fortlebe. Diese Einheit mit sämtlichem sonstigen Leben könne jeder erfahren, der sich nicht egoistisch abschließe, sondern sich mit allen übrigen ihrem Wohl und Wehe verbunden fühle. Er verliere demnach durch seinen individuellen Tod nur einen kleinen Teil seines Daseins, da er jedoch in der lebendigen Welt erhalten bleibe, die eben mit ihm nicht untergehe, vielmehr unvergänglich sei.

Aber ebendiese Sicherheit gibt es nicht mehr. Wer heute mit dieser Offenheit und universellen Anteilnahme lebt, hat nicht nur die Angst vor dem eigenen Tod zu bestehen, sondern muß den Gedanken aushalten, daß zumindest ein Großteil des Erdenlebens, in dem er aufgehen und aufgehoben bleiben könnte, von Zerstörung bedroht ist. Diese Vorstellung kann nur ertragen, wer fähig ist, die unvermeidlich daran hängende Angst auszuhalten. Sonst ist die Zuflucht in Verdrängung unausbleiblich.

Wer dieser höchst realistischen Gefahr ins Auge sieht, der allein ist fähig, sie abzuwenden. Folglich muß er sich von ihr ängstigen lassen, das heißt die Kraft zu dieser Angst aufbringen. In diesem Sinne mahnt H. Jonas in »Das Prinzip Verantwortung«: »In einer solchen Lage, die uns die heutige zu sein scheint, wird also die bewußte Anstrengung zu selbstloser Furcht, in der mit dem Übel das zuvor zu rettende Gute sichtbar wird, mit dem Unheil das nicht illusionär überforderte Heil – wird also das Fürchten selbst zur ersten präliminaren Pflicht einer Ethik geschichtlicher Verantwortung werden. Wem diese Quelle dafür, ›Furcht und Zittern‹ – nie natürlich die einzige, aber manchmal angemessen die dominante –, nicht vornehm genug für den Status des Menschen dünkt, dem ist unser Schicksal nicht anzuvertrauen. Wir unsererseits fürchten nicht den Vorwurf der Kleinmütigkeit oder Negativität, wenn wir derart Furcht zur Pflicht erklären, die sie natürlich nur mit Hoffnung (nämlich der Abwendung) sein kann: begründete Furcht, nicht Zaghaftigkeit; vielleicht gar Angst, doch nicht Ängstlichkeit; und in keinem Falle Furcht oder Angst um sich selbst. Der Angst aus dem Wege zu gehen, wo sie sich ziemt, wäre in der Tat Ängstlichkeit.«

Aber es geht ja wohl nicht in erster Linie darum, ob so begründete Furcht oder Angst nicht vornehm genug wäre, sondern zunächst um die Kraft, die Anstrengung zu dieser Angst aufzubringen und auszuhalten, damit sie nicht zur Zaghaftigkeit wird und die Hoffnung auslöscht.

Der Ethiker kann diese Haltung anmahnen. Der Psychologe kann untersuchen, wie eine solche heilvolle Angst zustande kommen kann, mit welchen anderen psychologischen Merkmalen sie verkoppelt sein müßte und was für Menschen es sind, die zu einer derartigen Einstellung am ehesten befähigt scheinen.

Freud gab einen Hinweis, mit welcher Kraft sich Angst verbinden müßte, um die Hoffnung auf Rettung zu erhalten und auf diese praktisch hinzuwirken. In »Das Unbehagen in der Kultur«

findet sich die Bemerkung: »Die Menschen haben es jetzt in der Beherrschung der Naturkräfte so weit gebracht, daß sie es mit deren Hilfe leicht haben, einander bis auf den letzten Mann auszurotten. Sie wissen das, daher ein gut Stück ihrer gegenwärtigen Unruhe, ihres Unglücks, ihrer Angststimmung. Und nun ist zu erwarten, daß die andere der beiden ›himmlischen Mächte‹, der ewige Eros, eine Anstrengung machen wird, um sich im Kampf mit seinem ebenso unsterblichen Gegner zu behaupten.«

Kerngedanke der mythischen Umschreibung ist: Es sei Aufgabe der Liebe, um den Erhalt des Lebens zu kämpfen. Günther Anders spricht in diesem Zusammenhang von der Notwendigkeit einer *liebenden Angst*, »die sich um die Welt ängstigen soll, nicht nur vor dem, was uns zustoßen könnte«.

Man erinnert sich an die liebende Angst, aus der heraus eine Mutter um ihr Kind kämpft, um es aus einer Gefahr zu erretten. Psychologisch genauer betrachtet, ist es ein Gefühl unmittelbarer Verbundenheit, eine Identifizierung mit anderem gefährdetem oder leidendem Leben, die unmittelbar zu helfendem Handeln aufruft. Es ist ein komplexes Phänomen, das Schopenhauer unter einer weiten Fassung des Begriffes Mitleid untersucht und zum Grundpfeiler seiner Ethik gemacht hat.

Heute ist zu erkennen, daß man zu Unrecht die Mitleidsethik dieses größten Psychologen unter den Philosophen der ersten Hälfte des 19. Jahrhunderts unterbewertet hat. Im Kontrast zu der abstrakten Pflichtethik Kants, der Gefühle als moralische Antriebe nicht gelten lassen wollte, sah Schopenhauer wie später Freud ein, daß sich in allem menschlichen Handeln *emotionale* Antriebskräfte auswirken. Und so suchte er nach derjenigen emotionalen Quelle, die als moralische Gegenkraft Egoismus und Aggressivität in Schach halten könne. Er fand sie im Mitleid. Dieses beschrieb er als instinkthaftes, spontanes Anteilnehmen an anderem Leben, unmittelbar mit dem Antrieb verbunden, gegen fremde dringende Not mit aller Energie und Opferbereitschaft anzugehen. In dieser allgemein menschlichen Anlage erblickte er ein Mysterium, das ihm sogar als Stütze für seine Metaphysik eines alles Leben verbindenden »Weltwillens« diente.

Bezeichnenderweise hat die gefühlsverdrängende Ellbogengesellschaft den Mitleidsbegriff inzwischen in Verruf gebracht. Er taucht neuerdings in engster Nähe zu verächtlicher Sentimentalität oder Larmoyanz auf – etwa im »Triefen von Mitleid«. Man denkt an ein sich huldvolles Niederbeugen, das den Bemitleideten eher in seinem Stolz verletzt. Verwischt hat sich die Grenze zu bloßem Bedauern, so daß dieses inzwischen mit jenem oft gleichgesetzt wird; etwa auch im Verständnis von Selbstmitleid, was ja nichts anderes als Sich-selbst-Bedauern heißt. Eher als achtenswert gilt heute oft, wer in Not und Schmerz Mitleid von sich weist, als wäre dies ein Ausweis von Stärke und Würde. Schließlich ist es seit Nietzsche üblich, Mitleid prinzipiell der Heuchelei zu verdächtigen: Ist es nicht etwa nur Ressentiment, von Schwachen aus Neid zur Tugend hochgelobt?

Der Zeitgeist der Ellbogenmentalität formt das Sprachverständnis so um, daß Worte, die ihm nicht mehr passen, ganz verschwinden oder so verschoben werden, daß man sich an ihnen nicht mehr stößt. Aber wenn es darum geht, jene von H. Jonas und Günther Anders geforderte heilvolle Angst gegen den Zeitgeist zu rehabilitieren, dann sollte man das von Schopenhauer als »moralisches Urphänomen« bezeichnete, »jedem Menschen angeborene und unvertilgbare natürliche Mitleid« in seinem ursprünglichen Sinn doch genauer untersuchen.

Eine erste Bedingung ist soziale Offenheit, waches Interesse für die Umwelt. Hinzu kommt die Bereitschaft, sich einzufühlen und leidend mitzufühlen. Ohne eigene Leidensfähigkeit ist auch fremde Not nicht mitzutragen. Es geht im doppelten Sinne darum, sich bewegen zu lassen, einerseits im Sinne von Erschüttertwerden, andererseits sich zu hilfreichem Tätigwerden anstiften zu lassen. Fehlt die Möglichkeit, den Hilfeimpuls auf irgendeine Weise auszudrücken, meldet sich – im Normalfall – ein Gefühl von Schuldangst. Ein Beispiel lieferte jenes zitierte elfjährige Mädchen aus der 5. Klasse, die zum Sterben von Frauen, Kindern und Tieren im Golfkrieg sagte: »Ich fühle mich immer mitschuldig, daß ich da nichts machen kann irgendwie« – ein Beleg zugleich für den allumfassenden Verantwortungssinn, der ursprünglich im Mitleid angelegt ist. Ganz deutlich ist hier auch, daß es nicht um unverbindliches Bedauern, vielmehr um einen unmittelbaren Zusammenhang von Betroffenheit und Eingreifen-Wollen geht. Man will das Bedrohliche, das Schädliche abwenden, die Sorge in Beschützen und Für-Sorgen verwandeln. Also ist es eine zu rettendem Handeln nötigende liebende Angst.

Nun mag man sagen, dies sei vielleicht eine ganz interessante allgemeine psychologische Beschreibung, wie jene Furcht oder Angst, von Jonas in der heutigen Weltlage zur ethischen Pflicht erklärt, sich Hoffnung erhalten könnte, eben durch die Verknüpfung von passivem Betroffensein mit tätigem beschützendem Engagement. Aber die Frage ist doch, gibt es in der Gesellschaft Kräfte, in denen diese psychologischen Voraussetzungen bereitliegen? Sollten sie vorhanden sein – warum können sie sich dann bislang offenbar nicht durchsetzen?

Um sich einer Beantwortung anzunähern, seien im folgenden einige bemerkenswerte Befunde betrachtet, gewonnen aus einer sozialpsychologischen Studie, die von unserem Gießener Psychosomatischen Zentrum 1989 mit Hilfe des Meinungsforschungsinstituts GETAS durchgeführt worden ist (Brähler u. Verf.). In einer repräsentativen Erhebung haben wir die erwachsenen Bundesdeutschen nach ihren sozialen und ökologischen Zukunftserwartungen gefragt. Zugleich haben wir sie gebeten, sich mit Hilfe eines Persönlichkeitstests zu beschreiben. Dazu haben wir den inzwischen in über zwanzig Ländern gebräuchlichen Gießen-Test benutzt.*

Hinsichtlich der Zukunftserwartungen gruppierten sich die Antworten (durch Faktorenanalyse) um zwei Themenkomplexe:

---

* Die folgenden statistischen Auswertungen hat Roland Schürhoff am Gießener Zentrum für Psychosomatische Medizin vorgenommen.

1. Sorge vor sozialen Spannungen, Ellbogengesellschaft, Erweiterung der Kluft zwischen Arm und Reich, soziale Risiken des technischen Fortschritts;
2. Sorge vor Umweltzerstörung und Atomkrieg.

Mit Hilfe eines statistischen Verfahrens (Cluster-Analyse) untersuchten wir nun, wie sich die Menschen psychologisch einschätzen, die zu dem Gesamt dieser beiden Themenkomplexe entweder durch positive oder negative Erwartungen statistisch auffallen. Das heißt: Wie sehen sich die Deutschen, die in besonderem Maße sowohl soziale wie ökologische und Kriegsgefahren ernst nehmen, und wie porträtieren sich im Gegensatz dazu diejenigen, die solche Bedrohungen eher geringschätzen oder verneinen?

Die ersten seien »*die Besorgten*«, die zweiten »*die Unbesorgten*« genannt. Diese Bezeichnungen werden den Begriffen Pessimisten und Optimisten, wie sie die Shell-Studie verwendet, vorgezogen, da sich zeigen wird, daß mit der jeweiligen Zukunftserwartung ganz unmittelbar gegensätzliche psychosoziale Einstellungen zusammenhängen. Voraus bemerkt sei noch: Die nachfolgend geschilderten Charakteristika der beiden Gruppen heben sich jeweils aus dem Durchschnitt der Gesamtbevölkerung statistisch signifikant heraus.

Demnach sehen sich die *Besorgten* als geduldige, aber empfindsame Menschen. Sie verspüren innerlich intensiv, was von außen auf sie einwirkt. Aber zugleich kümmern sie sich aktiv um das Leben außerhalb. Häufiger als der Durchschnitt machen sie sich Sorgen um andere Menschen. Sie sind also sowohl in passiver wie in aktiver Weise sozial aufgeschlossen oder – anders ausgedrückt – besonders wenig selbstbezogen abgekapselt. Wichtig ist ihnen aber auch ihre Innenwelt. Sie sind es gewöhnt, sich über ihre inneren Probleme Gedanken zu machen, und dies in Bereitschaft zu Selbstkritik. Denn im Vergleich zur Gesamtbevölkerung muten sie sich eher häufiger Selbstvorwürfe zu, ohne dadurch allerdings in Minderwertigkeitsgefühle zu versinken. Sie verkriechen sich nicht, sondern zeigen sich gern, legen

Wert darauf, schön auszusehen. Sie betonen die Fähigkeit, Liebe schenken zu können. Etwas mehr als der Durchschnitt sind sie der Kirche zugeneigt.

Während sie einerseits besondere soziale, ökologische und Kriegsgefahren voraussehen, haben sie wenig Zutrauen zu den Politikern. Diese würden sich kaum darum kümmern, was die Bürger fühlen und denken. So muß es den Verdruß der Besorgten zusätzlich steigern, daß sie mit ihrer bedrückenden Sicht der Probleme nur schwer an diejenigen herankommen, die zu deren Lösung zuallererst zuständig wären. – Es verwundert nicht, daß unter diesen Besorgten *die Frauen* in der Mehrzahl sind.

Ganz anders sieht das Merkmalprofil *der Unbesorgten* aus. Hier überwiegen *die Männer*. Diese Gruppe weicht vom Gesamtdurchschnitt dadurch ab, daß ihre Mitglieder sich nur wenig von sozialen Einflüssen beeindrucken lassen. Angst und Depressivität sind ihnen – wie sie sagen – eher fremd. Selbstvorwürfe machen ihnen kaum zu schaffen. Sie können unbeirrt bei einer Sache bleiben, fühlen sich eher erfolgreich und können ihre Interessen im Lebenskampf gut durchsetzen, was ihrem eingestandenen Ehrgeiz entspricht, andere in der Konkurrenz übertreffen zu wollen. Dazu paßt, daß sie sich eher als dominante Persönlichkeiten erleben. Sie wollen lenken, statt gelenkt werden. Weniger als der Durchschnitt bezweifeln sie, von den Politikern ernst genommen zu werden.

Bei der Auswertung dieses interessanten Vergleichs sieht man auf den ersten Blick: Es sind gegensätzliche Menschentypen, die einerseits Weltangst, bezogen auf soziale, ökologische Probleme und die Atomkriegsgefahr, verraten und die andererseits diese Besorgnis nicht zulassen. Als übergreifendes Merkmal der Besorgten könnte man Offenheit nennen, während die Unbesorgten sich gegen alles abschirmen, was sie von außen oder innen irritieren könnte. Unschwer erkennt man in diesen den Typus, der die Merkmale der Ellbogengesellschaft prägt. Weder von sozialem Mitgefühl noch von Selbstzweifeln belastet, boxen sie sich energisch durch. Ihren Lebenserfolg unbeirrt egozentrisch erkämpfend, kümmern sie sich wenig um die Nöte anderer, noch lassen sie sich sonderlich durch die großen Menschheitsgefahren beschweren, ja nehmen diese gar nicht erst als realistische Probleme wahr.

Der Typus der Besorgten vereinigt in sich, im großen und ganzen, eine Reihe derjenigen Merkmale, die zu jener zuvor skizzierten heilvollen, liebevollen Angst befähigen sollten. Sie widerstehen dem populären Ego-Trip und Stärkekult. Sie sind sozial sensibel, das heißt: offen für die Not anderer, und schenken gern Liebe. Sie sind fähig, die politisch-ökologischen globalen Bedrohungen ungeschützt wahrzunehmen. Offensichtlich verhärtet dieser Schrecken sie nicht. Zwar fühlen sie sich mitunter auch deprimiert, aber büßen dadurch nicht die Kraft ein, am Leben um sie herum liebevoll Anteil zu nehmen, auch nicht den Mut, sich den eigenen inneren Problemen zu stellen. Wie es scheint, bewahren sie sich die Leidens- und Mitleidsfähigkeit, die das Wesen der Humanitas ausmacht. Aber gerade sie fühlen sich von den behandelnden Politikern abgehängt. Obendrein steht zwischen ihnen und der Politik, die zuwenig zur Abwendung der globalen Bedrohungen tut, die dominierende Gruppe der Unbesorgten.

Diese Befunde scheinen geeignet, unsere Gesellschaft differenzierter psychologisch einzuschätzen. Der Begriff Ellbogengesellschaft läßt die interne Spaltung außer acht. Er erfaßt nur die Einstellung und Lebensform eines Teils, der freilich nach außen am stärksten hervortritt und die politische Richtung bestimmt. Es ist die Gruppe, die sich, wie sie sagt, mit den Politikern weitgehend einig weiß. Daß sie im Streben nach oben und nach Dominanz erfolgreich sei, glaubt man gern, da sie sich weitgehend von hemmenden psychischen Belastungen wie Angst, Sorge, Depressivität und Skrupel freihalten könne. Genau diese Züge nimmt ihnen der Gegentyp ab, der seine Zukunftsangst, seine Anfälligkeit für Traurigkeit und Selbstvorwürfe eingesteht, der Liebe schenken will und an den Problemen anderer sorgend Anteil nimmt, das heißt eher Solidarität mit den Schwächeren verrät.

Unschwer erkennt man, daß diese Typen einander nicht ebenbürtig gegenüberstehen, daß vielmehr die Verdrängenden obenauf und bestimmend sind. Mit ihrer psychischen Verdrängung geht also eine *soziale* einher, nämlich mit einem Abdrängen der Besorgten nach unten. Die Struktur der Gesellschaft spiegelt demnach den nämlichen Abspaltungsprozeß wider, den der herrschende Typ der Unbesorgten im eigenen Inneren vornimmt. Die soziale Spaltung kann indessen nur so lange funktionieren, wie die Besorgten sich diese gefallen lassen. Denn es ist ja nicht ihr Schicksal, ihre kontrastierende soziale Sensibilität und ihre realistischen politisch-ökologischen Angstvorstellungen ewig in Abhängigkeit und politischer Ohnmacht aufzustauen. Sie können und müssen sich wehren, von der Einsicht genötigt, daß die Verdrängenden Jahr für Jahr die Gefahr irreversibler Zerstörung der Lebensbedingungen auf der Erde erhöhen.

Was die Autoren der Shell-Studie für die Jugendlichen ausgesagt haben, nämlich daß unter diesen die Pessimisten die eigentlichen »gesellschaftlichen Hoffnungsträger« seien, trifft demnach genauso für die Erwachsenen zu. Die nach unseren Befunden zahlenmäßig beträchtliche Gruppe der Besorgten hätte die Chance, eine Umkehr der destruktiven Entwicklung einzuleiten, in Beherzigung der von Jonas gemeinten Furcht als ethischer Pflicht – wenn sie sich energischer als bisher zu Wort melden würde.

Noch ist indessen die Vorherrschaft der Ellbogenmentalität im kleinen wie im großen gesellschaftlichen Maßstab ungebrochen. Wie erwähnt, hat sich dieses Denken in der Bundesrepublik in den letzten eineinhalb Jahrzehnten eher noch verstärkt, nachgewiesen durch unsere repräsentative Vergleichsstudie 1989 gegen 1975. Andererseits ist die Minderheit, die dem Typus der Besorgten zuzurechnen ist, in den letzten zehn Jahren – unter Schwankungen – im ganzen deutlich aktiver geworden.

Vor allem haben sich *die Frauen*, die ja auch unter den Besorgten überwiegen, engagierter hervorgetan. Ihnen besonders ist zuzutrauen, daß sie ihre Gegenwehr gegen die riskanten Strategien des

Stärkekults nicht nur durchhalten, sondern allmählich weiter verstärken. Wie verschiedentlich in den vorigen Abschnitten erwähnt, ist das weibliche Geschlecht dem männlichen von Kindheit auf in der psychosozialen Offenheit sowohl in mitfühlender Beeindruckbarkeit wie in der Bereitschaft zu fürsorglicher Aktivität voraus. Erinnert sei an die geschilderte unterschiedliche Verarbeitung des Golfkrieges bei den Kindergarten- und den Schulkindern; an die vorherrschende Neigung von Mädchen, sich mit den Opfern zu identifizieren, während den Jungen eher das Western-Szenario in den Sinn kommt und eine Angstunterdrückung mit Hilfe des Mechanismus »Identifizierung mit dem Aggressor« (A. Freud) näherliegt.

In der Shell-Jugendstudie '85 übertreffen die Mädchen deutlich die Jungen in ihren Sorgen über Umweltzerstörung und Atomkriegsgefahr. Ähnliche Unterschiede kommen bei unserer zitierten Vergleichsuntersuchung russischer und deutscher Studentinnen und Studenten heraus: Die Atomrüstung, Tschernobyl, aber auch soziale Ungerechtigkeiten bedrücken die jungen Frauen stärker. Auch im späteren Erwachsenenalter verwischen sich diese Differenzen kaum. In der Shell-Erwachsenenstudie '85, die Frauen und Männer im Alter zwischen 45 bis 54 Jahren erfaßt, zeigt sich zwar mit fortschreitendem Alter zwar ein mäßiger allgemeiner Rückgang von ökologischen und Atomkriegs-Befürchtungen, aber die Frauen bleiben in diesen Fragen skeptischer und kritischer als die Männer, wie sie auch die Zukunft der Gesellschaft insgesamt düsterer einschätzen.

Das neue ist nun, daß die Frauen sich nicht länger in der Gesellschaft mit ihrer erhöhten Sensibilität verstecken, als sei diese eher ein zur politischen Mitverantwortung disqualifizierendes Defizit. Vielmehr merken sie, daß diese wertvolle Anlage sie bevorzugt spüren läßt, mit welchen Gefahren sich die Gesellschaft selbst bedroht. Also stehen sie zu ihrer Empfindsamkeit als einer positiven Fähigkeit, die politisches Intervenieren sogar erforderlich macht. So besetzen sie von Jahr zu Jahr mehr einflußreiche Ämter und spielen in der Umwelt- wie der Friedensbewegung eine stetig wachsende Rolle. Hier sind sie es vor allem, die nach dem Abflauen akuter Katastrophenperioden – Tschernobyl und Golfkrieg z. B. – noch durchhalten, wenn sich wieder allgemeine Verdrängung breitmacht.

Zahlreiche Beobachtungen haben mich übrigens in dem Eindruck bestärkt, daß Frauen, nach ihren Zukunftsvorstellungen befragt, sehr viel häufiger unmittelbar die Generation der Kinder und Enkel mit bedenken, während Männer spontan eher nur die eigene Lebensstrecke anvisieren. So scheint es, daß die Frau als Gebärerin neuen Lebens in ihr Verantwortungsgefühl bereits instinktiv eher die Zeit mit einschließt, in der die bislang ungelösten globalen Überlebensprobleme unsere Nachfahren mit verheerender Wucht treffen werden, wenn nicht noch im letzten Augenblick eine radikale Umkehr gelingt.

Der Golfkrieg hat neue internationale Fraueninitiativen, so etwa die Kampagne von »Scheherazade«, entstehen lassen. In der Abwehr des sowjetischen Putsches haben tapfere Frauen Entscheidendes geleistet. Eine Mutter hat den Panzerführer Kolja aus Belgorod zum Helden gemacht, indem sie ihn als ersten bewog, seinen Panzer umzudrehen und den Präsidentenpalast zu schützen. Auf sechs Panzer kletterte die Technikerin Tatjana und bedrängte die Soldaten, sich dem demokratischen Widerstand anzuschließen. Zehntausende von Frauen führten im zerbrechenden Jugoslawien den Widerstand gegen den irrwitzigen Bürgerkrieg an.

Aber auch hinter vielen Männern der Friedensbewegung stehen Frauen, die ihnen den Rücken stärken: Auf einer deutschen Friedensveranstaltung erntet ein jüngerer ehemaliger Berufsoffizier Respekt, der, aus Gewissensgründen aus der Bundeswehr ausgeschieden, sich nun auf einen sozialen Beruf vorbereitet. Ob ihn denn andere unterstützt hätten, diese nicht einfache Entscheidung zu vollziehen, frage ich ihn. Nein, ganz allein habe er sich dazu durchgerungen. Der Ehering an seiner Hand läßt mich beharrlich bleiben: Was habe denn seine Frau zu seinem Entschluß gesagt? Ja, die habe ihn sogar dazu gedrängt.

Immer häufiger treten die Frauen indessen selbst aktiv hervor. Nicht länger sind sie bereit, der noch immer herrschenden Männerschicht die von dieser verdrängte Angst-, Leidens- und Mitleidensbereitschaft in einer Art emotionaler Entsorgungsrolle abzunehmen. Sie halten weniger still. Sie entdecken, daß Empfindsamkeit als »sensibilitas sthenica«, wie sie Kant als Vermögen und Stärke beschrieben hat, den Männern vielfach durch Verdrängung abhanden gekommen, ihnen selbst aber als große Chance geblieben ist, ein alternatives politisches Denken zu befördern – eine schwierige, immer wieder auch von Resignationsgefahr bedrohte, aber endlich unabweisbare Aufgabe.

Der Ausbruch der Besorgten – Frauen wie Männer – aus ihrer unterlegenen Position wäre um vieles einfacher, müßten sie nur gegen die Vorherrschaft einer unsensiblen, borniteren Schicht ankämpfen. Aber der Stärkekult als Lebensprinzip ist ja eben nicht nur die zufällige Errungenschaft einer beliebigen Gruppierung, sondern er spiegelt die noch immer wirksamen Leitvorstellungen unseres Zeitalters der technischen Revolution wider. Dieses bleibt vorläufig auf das Ziel fortschreitenden Siegens und Aufstiegs bis zu einer phantastischen Erhöhung der Stellung des Menschen in der Welt ausgerichtet. Zwar wird dieser kollektive Glaube jetzt brüchig, und daher die neueste Weltangst. Aber er ist noch immer die treibende Kraft des wissenschaftlich-technisch-ökonomischen Expansionismus der Industrieländer. Eine Physik, welche die Atomkraft manipulierbar macht, eine Technik, die den Weltraum erobert, eine Medizin, die kranke Organe ersetzt, eine Gentechnik, welche die Evolution in eigener Regie zu nehmen sich anschickt, sie alle wollen uns noch immer dazu überreden, daß es nur rasant weiter aufwärts gehe und daß Pannen und Katastrophen auf dieser Siegesstraße unzweifelhaft zu eliminieren seien – mit ebendiesen Mitteln, die sie erzeugen, nämlich mit noch potenterer Technik und Chemie und eines Tages mit einer endgültig perfekten künstlichen Computer-Intelligenz, die alle menschlichen Fehlbarkeiten ausschließe. Die aufbrechende Sorge, daß diesem Expansionismus das rechte Maß, die gebotene Vorsicht und der Respekt vor den natürlichen Lebenszusammenhängen verlorengegangen seien, kann sich deshalb nur ungenügend vernehmbar machen, weil die Antriebskräfte des industriellen Stärkekults schwer zu zügeln sind. Dies nicht nur aufgrund der in ihnen steckenden ökonomischen Sachzwänge, sondern zusätzlich und insbesondere wegen eines nicht sichtbaren, aber in der Tiefe wirksamen Komplexes, den ich in meinem titelgleichen Buch als »Gotteskomplex« zu beschreiben versucht habe.

Um diesen noch einmal kurz zu skizzieren, sei der Blick erneut auf die historische Bewußtseinskrise zu Beginn der Neuzeit gelenkt, als die mittelalterliche Gottesgewißheit schwand und zunächst eine Stimmung äußerster Beunruhigung und Unheimlichkeit hinterließ. Auch dies war eine Weltangst, ein Gefühl von Ohnmacht, Gnade- und Trostlosigkeit. In dieser Verwirrung, in der eine Weile das Heil in allen möglichen magisch-mystischen Kulten gesucht wurde, entstand schließlich die Phantasie von einer Rettung durch einen unerhörten Sprung nach vorn in eine Welt, die sich der Mensch mit seinem mathematisch-naturwissenschaftlichen Geist praktisch neu erschaffen wollte, indem er sich die Natur dienstbar, ihre Gefahren selbst berechnen und unschädlich machen würde, deren Abwendung er bisher als göttliche Gnade erfleht und erfahren hatte. Der entscheidende Sprung, den man psychoanalytisch als Abwehr von Ohnmacht durch eine überkompensierende Allmachtsidee beschreiben könnte, bereitete allmählich das Bewußtsein für die industrielle Revolution vor, die durch ihre großartigen Errungenschaften den Glauben an den möglichen Fortschritt zu menschlicher Allmacht zu bestätigen schien. Dieser Glaube hat uns bis in das Zeitalter des »Nuklearismus« geführt, wie es R. J. Lifton u. a. in seinem Buch »Der Verlust des Todes« charakterisiert hat: »Die letztendliche Deformation unserer Zeit ist ein Zustand, den wir als *Nuklearismus* bezeichnen können: Die leidenschaftliche Umarmung nuklearer Waffen als eine Antwort auf die Todesangst und einen Weg, das verlorene Gefühl der Unsterblichkeit zurückzugewinnen ... Der Nuklearismus ist eine allgemeine Machtkrankheit des 20. Jahrhunderts, ein Totalismus von Denken und Konsequenz, paradoxerweise besonders verführerisch für den zeitgenössischen Menschen als ein weiterer technologischer Ersatz für sein nachlassendes Gefühl von der Verläßlichkeit und Fortdauer des Lebens.«

Nach der Beherrschung des Atoms ist die der *Gene* die neueste Stufe dieser Machtkrankheit, scheinbar ein weiterer Beweis dafür, daß der gottverlassene Mensch seine sinnlichen, intellektuellen und praktischen Kräfte stetig weiter steigern, sich auch der letzten Naturgeheimnisse technisch bemächtigen und damit zu einer unendlichen Erweiterung der Grenzen des Menschenmöglichen aufsteigen könne, bis zum Ersatz des göttlichen Schöpfers durch die *eigene* gentechnische Schöpfermacht. Den durchaus erkennbaren Gefahren dieser kollektiven Megalomanie entschlossen zu begegnen fällt indessen deshalb so schwer, weil es bedeutet, auf den damit verbundenen Heilsglauben zu verzichten.

Also ist die Weltangst, die mit der Preisgabe dieser Illusion verbunden ist, eine mehrfache. *Es ist erstens die Angst vor der konkreten Bedrohung durch Umweltzerstörung und voraussehbare verheerende Kriege auf einer überbevölkerten Erde. Es ist die Angst vor Verlust aller Geborgenheit, Abkoppelung von einer heilen, versorgenden Natur – also Trennungsangst im weitesten Sinne. Es ist aber auch Gewissensangst im Bewußtsein, die katastrophalen Gefahren aus einem maßlosen kollektiven Egoismus heraus selbst zu produzieren*; so, als sei es das Ziel des gesamten Lebensprozesses über Milliarden Jahre gewesen, der gerade heute führenden Schicht der Industrieländer und vielleicht noch ihrer Nachfolgegeneration ein Maximum an Lebenskomfort – auf Kosten allen möglichen künftigen Lebens zu bereiten. Und mit dieser Angst verbindet sich in neuer Form *ein Gefühl von Sinn- und Heillosigkeit*, wie es herrschte, als die mittelalterliche Glaubenswelt unterging.

Diese komplexe Angst läßt sich abwehren durch Abstumpfung, durch angelernte oder chemisch erzeugte Anästhesie, wie es weithin geschieht. Für Millionen ist ein Leben ohne chemische »Angstlöser«, um deren Vervollkommnung Psychopharmakologen in aller Welt wetteifern, schon gar nicht mehr denkbar. Man kann der Angst aber auch entweichen durch Flucht in oberflächlich machbare Befriedigungsformen, in hektischen Konsum und ständig neu erfundene Sportarten, in denen man siegen und sich ewige Fitneß und Jugendlichkeit vormachen kann.

Einige Männer gibt es, die, da sie eine Selbstzerstörung der Menschheit für unabwendbar erachten, eine Art von heroischer Gefaßtheit entwickeln. Ist es nicht bloß Resignation, kann die Haltung *kontraphobische Züge* annehmen, wie sie im 16. Kapitel beschrieben wurden. Gelehrt wird, den unvermeidbaren Weg in den Abgrund als Herausforderung zu erkennen und bewußt zu bejahen: »Die Aussicht auf das Ende der Dinge kann eine große Erleichterung, eine mächtige Befreiung bewirken«, schreibt Ernst Jünger. »Es kommt darauf an, was der Mensch dem Untergang gegenüber in die Waagschale zu werfen hat. Das mindeste ist Unerschrockenheit.« Gedacht wird an eine Art von gemeinsamem Heldentod, an ein grandioses Opfer für die Natur, die erst nach Befreiung von menschlicher Destruktivität ihre Wiedergesundung finden könne. Allerdings gehört schon eine gehörige Portion narzißtischer Abgehobenheit und Verleugnungskunst dazu, das erwartete Massensterben durch Hunger, vergiftete Umwelt oder durch technische oder militärische Großkatastrophen als Chance zur Bewährung heroischer Unerschrockenheit zu bejahen.

Ein anderer Umgang mit Weltangst führt zur eifrigen Suche nach pragmatischen Lösungsstrategien für einzelne Problemfelder. Man arbeitet Hunderte von Programmen aus, hoffend, daß die Plausibilität der Vorschläge auch ihre Verwirklichung erzwingen werde. Aber es bleiben Zweifel, ob solch technokratischer Ökopragmatismus das Übel an der Wurzel zu fassen bekomme. Indessen, wo ist diese Wurzel? Der Soziologe U. Beck sieht sie in der »industriefeudalen« Organisation der Technik. Also will er die Technik von ihrer Beherrschung durch die Wirtschaft befreien, von den Zwängen ihrer ökonomischen Verwertbarkeit. Wie könnte es dazu kommen? Die Grundlage für den Wandel seien neue Verfahrensregeln, die erfunden und erstritten werden müßten. Der Gedanke ist so schlüssig wie der viel einfachere, daß z. B. eine kontrollierte Abschaffung der Massenvernichtungswaffen nottäte. Aber auch hier zeigt sich eben, daß die Schlüssigkeit nicht für die Realisierung garantiert, wenn nicht die Motive geweckt werden, die den Wandel fordern.

Kein noch so geniales Planspiel, das die *Machbarkeit* eines rettenden Auswegs vorzeichnet, befreit von einer Vorbedingung, nämlich der des *Wandels der fundamentalen Lebensanschauung, das heißt unseres kulturellen Allmachtswahns (»Gotteskomplex«). Ein erster entscheidender Schritt für ein neues Verhältnis zum Leben müßte eine Wiedergewinnung des verlorenen Todes sein*, so wie es R. Lifton ausdrückt: »Die Vorstellung vom Tod in seinen unterschiedlichen psychischen Manifestationen muß zugänglich sein, will man Vitalität und Vision aufrechterhalten. Die Schwierigkeit liegt für uns heute darin, daß wir in diese Vorstellung den Massentod und die Möglichkeit der totalen Auslöschung mit einbringen müssen.«

Das Steckenbleiben der verschiedensten revolutionären oder reformistischen Initiativen beim Versuch einer konstruktiven gesellschaftlichen Umstrukturierung bewog in letzter Zeit wachsende Gruppen, aus den bedrückenden Zwängen der materiellen Welt überhaupt aussteigen zu wollen und das Heil allein in einem neuen Bewußtsein zu suchen. Diesen Weg sind insbesondere viele Jüngere nach 1968 gegangen, als ihr politischer Kampf für eine neue Gesellschaft in einer deprimierenden Niederlage endete. Vergeblich schienen ihnen seitdem noch so sympathische Ansätze der Anti-Atom-, der Friedens-, der Umwelt- und der Dritte-Welt-Bewegung. Sie gingen den Weg *nach innen*.

Inzwischen hat sich aus früheren Ansätzen die Kultur des *New Age* weit ausgebreitet. Sie wird von einem mystischen Spiritualismus beherrscht. Die Hoffnung ist, daß der Mensch sich aus sich selbst heilen, aus seinem Bewußtsein die Welt verändern werde, wozu Formen der Meditation und diverse okkulte und magische Praktiken hilfreich sein sollen. Aus östlichen Religionen und indianischen Mythen werden Elemente entnommen. Theoretisch wurzeln die Heilvorstellungen des New Age in der Regel in einer ganzheitlichen, einfachen Welterklärung, die in Übungen und Ritualen erfahrbar gemacht werden soll. Über C. G. Jung und seine mythologische Psychologie eröffnen sich Übergänge zu der modernen Psychokultur.

In manchem erinnert die New-Age-Bewegung an jene magisch-mystische Heilsuche, wie sie dem untergehenden mittelalterlichen Lebensgefühl gefolgt war. Bediente man sich damals eher arabischer und jüdischer Vorlagen, so entfalten jetzt fernöstliche esoterische Traditionen die größte Anziehungskraft. Aber es erscheint bezeichnend, daß ähnliche okkultische, magische Rezepte wie aus jener Zeit lebendig werden, als das damalige Weltvertrauen unterging. Es ist, als bräche jene alte Wunde wieder auf, die vorläufig durch das Vertrauen in das moderne naturwissenschaftliche Weltbild zugedeckt war.

Zweifel sind indessen berechtigt, ob in dieser neuen Heilsgewißheit des New Age nicht nur eine Verlagerung der Allmachtsphantasie vom technischen Fortschrittsmythos zu einem spiritualistischen stattgefunden hat. Daran läßt der Glaube an die automatisch weltverändernde Kraft eines Bewußtseins denken, das sich auf die eine oder andere holistisch-monistische Theorie stützen soll.

Sicher bietet diese Bewegung für viele ihrer Mitglieder nicht nur einen willkommenen Angstschutz, vielmehr darüber hinaus eine innerlich zutiefst befriedigende Sinnerfahrung. Andererseits entzieht sie dem engagierten Widerstand gegen die politischen Kräfte des destruktiven Expansionismus und Militarismus ein beträchtliches Potential, da die meisten ihrer Gruppen einen heilvollen Wandel nicht über praktische politische Einmischung, sondern direkt aus der Kraft des gewandelten Bewußtseins erwarten. Sie erleben sich auf einer höheren Seinsstufe, und vielen scheint es, als habe sie die spiritualistische Erhebung auf die einzig wesentliche Existenzebene geführt, von der aus sie eher bedauernd auf die engagiert Besorgten blicken, die sich mit den politischen Kräften des Stärkekults wieder und wieder in strapaziöse Kämpfe einlassen.

Diese Kämpfe sind indessen unentbehrlich, und daher sind die Friedens-, die Menschenrechts-, die Umwelt- und die Dritte-Welt-Bewegung ebenso notwendig wie die Organisationen zum Schutz von Minderheiten und bedrohten Völkern. In allen früheren Perioden der Menschheitsgeschichte wußten introvertierte Humanisten, daß noch so gravierende Unvernunft der Herrschenden und selbst unsinnige Kriege zwar vorübergehend Chaos und Elend anrichten, aber nicht einen Großteil des Erdenlebens irreversibel vernichten könnten. Sie mußten nicht auf den Markt oder direkt zu den Mächtigen gehen, um ihren Einwänden auf der Stelle Gehör und Einfluß zu verschaffen. Aber ebendies ist jetzt nötig. Recht haben die vielen regionalen Basisinitiativen, die engagierten Ärzte, Lehrer, Naturwissenschaftler und Juristen, die Frauen- und Jugendlichengruppen, die insgesamt darauf bestehen, daß ihre Angst um das künftige Leben auf der Erde ernst genommen wird. Recht haben sie, daß ein neues Denken in Weltverantwortung nicht in esoterischen Sonderkulturen zu pflegen, sondern unmittelbar der realen Politik vorzuschreiben ist, was heißt, daß man einer destruktiven Risikopolitik unverzüglich praktisch in den Arm fällt.

Die repräsentativen Demokratien müssen sich dahin weiterentwickeln, daß die Abschirmung der Regierenden und der Parteizentralen, in denen die Rivalität um kurzfristige Machteroberung und Machterhaltung den Blick für die langfristigen Weltgefahren trübt, Zug um Zug zugunsten vermehrter plebiszitärer Einflußmöglichkeiten abgebaut wird. Denn die letzten Jahrzehnte haben eindeutig gelehrt: Alle großen konstruktiven Ansätze – ökologische Sensibilisierung, Vordringen der Frauen, Friedensbewegung, die Überwindung der europäischen Diktaturen bis hin zur jüngsten russischen Revolution, sind aus dem Volk gekommen.

Ein heilvoller Umgang mit der legitimen und höchst realistischen Weltangst unserer Tage erfordert einen anstrengenden Lernprozeß. Er verlangt zuallererst eine Rehabilitation der Sensibilität, die diese Angst zuläßt, und Entlarvung der Fatalität der konventionellen Verdrängung. Er verlangt, die narzißtische Kränkung auszuhalten, daß wir unserer kreatürlichen Endlichkeit nicht mit Hilfe des megalomanen Fortschrittsmythos entfliehen können. Er verlangt, die Angst vor der gewaltigen Schuld ernst zu nehmen, die es bedeutet, die Zukunft durch ausbeuterischen Egoismus der heutigen Privilegierten der Industrieländer zu bedrohen. Und er verlangt, sich den vergleichsweise kleineren Ängsten bei dem Gedanken auszusetzen, sich durch Engagement unbeliebt zu machen, durch unstandesgemäßes Verhalten Anstoß zu erregen und Autoritäten (als falsche Gewissens-Substitute) herauszufordern.

Ohne den Mut, sich aktiv mit den machttragenden Beschwichtigern, Verharmlosern, Verleugnern auseinanderzusetzen, verliert neues Denken bald die Kraft, sich außerhalb freundlicher Gemeinschaften Gleichgesinnter zu behaupten. Und ihre Repräsentanten werden dann leicht zu Sektierern, oder sie resignieren. Wer seine sensible, fürsorgende, liebende Angst nicht kraftvoll in Konflikten verteidigt, gerät irgendwann in die Gefahr, die Entwertung, Verspottung oder Pathologisierung durch die verdrängenden Angepaßten der unbesorgten Okay-Gesellschaft zu verinnerlichen.

Wir sollten uns gegenseitig darin unterstützen, unsere Feigheit vor der notwendigen heilvollen Angst zu überwinden, anstatt weiterhin blindlings oder gar mit offenen Augen denen nachzulaufen, die uns unkritische Zuversicht in eine Zukunft abfordern, deren Zerstörung sie selbst durch Festhalten an der Megalomanie eines unheilvollen Expansionismus unbeirrt vorbereiten.

LITERATUR

Abraham, K.: Psychoanalytische Studien zur Charakterbildung. Leipzig/Wien/Zürich (Internationaler Psychoanalytischer Verlag) 1925
Aly, G.: »Wir müssen schießen, schieß!« die tageszeitung, 10. 9. 1991
Anders, G.: Thesen zum Atomzeitalter. In: Die atomare Drohung. Radikale Überlegungen. München (Beck) 1986 – Beck'sche Reihe 238
Arendt, H.: Eichmann in Jerusalem. München (Piper) 1964
Ariès, Ph.: Geschichte des Todes. München (Deutscher Taschenbuch Verlag) 1982 – dtv wissenschaft 4407
Augstein, R.: Der verrottete Sieg. Der Spiegel, 15. 7. 1991
Balint, M.: Angstlust und Regression. Stuttgart (Klett) 1960
Barbusse, H.: Le Feu. Paris (Flammarion) 1917
Beck, U.: Gegengifte. Die organisierte Unverantwortlichkeit. Frankfurt a. M. (Suhrkamp) 1988
–: Die blaue Blume der Moderne. Der Spiegel, 12. 8. 1991
Biermann, W.: Kriegshetze Friedenshetze. Die Zeit, 1. 2. 1991
Bockel, J.: Herzneurotiker und Herzinfarkt – Patienten in testpsychologischem Vergleich. Diss., Gießen 1968
Bonatti, W.: Berge – meine Berge. Rüschlikon/Zürich (Müller) 1964
Bowlby, J.: Mütterliche Zuwendung und geistige Gesundheit. München (Kindler) 1973 – Geist und Psyche 2106
Brähler, E./Ernst, R./Hettich, W./Klein, H./Otten, A.: Körperbeschwerden von Kindern im Alter von 8–15 Jahren. In: Brähler, E. (Hg.): Körpererleben. Berlin/Heidelberg/New York (Springer) 1986

Brähler, E./Köhl, A./Kupfer, J.: Ergebnisse einer repräsentativen Befragung zur politischen und wirtschaftlichen Situation, über Zukunftserwartungen und zur Gewerkschaft 1992 (im Druck)
Brähler, E./Richter, H.-E.: Wie haben sich die Deutschen seit 1975 psychologisch verändert? Mehr Individualismus, mehr Ellbogen, stärkere Frauen. In: Richter, H.-E. (Hg.): Russen und Deutsche. Hamburg (Hoffmann und Campe) 1990
Bräutigam, W./Christian, P.: Psychosomatische Medizin. Stuttgart (Thieme) 1973
Burckhardt, J.: Die Kultur der Renaissance in Italien. Stuttgart (Kröner) 1988
Carus, C. G.: Psyche. Zur Entwicklungsgeschichte der Seele. Stuttgart (Scheitlin's Verlagsbuchhandlung) 1851
Caruso, I. A.: Die Trennung der Liebenden. Frankfurt a. M. (Fischer) 1983 – Geist und Psyche 42 141
Chamisso, A. von: Sonette und Terzien. Zit. nach Deutsches Wörterbuch von J. u. W. Grimm, Bd. 6, S. 6223. München (Deutscher Taschenbuch Verlag) 1984
Club of Rome: Bericht 1991: Die globale Revolution. Spiegel-Spezial 1991
Descartes, R.: Über die Leidenschaften der Seele. In: Werke, Bd. 2. Leipzig (Meiner) 1911
Ditfurth, H. v.: Innenansichten eines Artgenossen. Düsseldorf (Claassen) 1989
Dönhoff, M. Gräfin: Wirklich ein gerechter Krieg? Die Zeit, 15. 2. 1991
Dörner, K.: Tödliches Mitleid. Gütersloh (van Hoddis) 1988
Einstein, A.: Frieden. Bern (Lang) 1975
Eisenberg, G./Gronemeyer, M. (Hg.): Der Tod im Leben. Gießen (Focus) 1985
Eissler, K. R.: Freud und Wagner-Jauregg. Wien (Löcker) 1979
–: Todestrieb, Ambivalenz, Narzißmus. München (Kindler) 1980 – Geist und Psyche 2208
Elsässer, G.: Erfahrungen an 1400 Kriegsneurosen. In: Psychiatrie der Gegenwart, Bd. III. Berlin/Göttingen/Heidelberg (Springer) 1961
Eltern: Eltern-Umfrage. Nr. 12, S. 128, 1989
Engel, U./Hurrelmann, K.: Psychosoziale Belastung im Jugendalter. Berlin/New York (de Gruyter) 1989
Enzensberger, H. M.: Hitlers Wiedergänger. Der Spiegel, 4. 2. 1991

Epiktet: Handbüchlein der Moral. Leipzig (Reclam) o.J. – Reclams Universal-Bibliothek 2001

Erikson, E. H.: Wachstum und Krisen der gesunden Persönlichkeit. Stuttgart (Klett) 1953

Freud, S.: Gesammelte Werke. 18 Bde, London (Imago Publishing Co. Ltd.) 1941–1952

–: Über die Berechtigung, von der Neurasthenie einen bestimmten Symptomenkomplex als »Angstneurose« abzutrennen. In: Ges. Werke, Bd. I

–: Zur Kritik der »Angstneurose«. In: Ges. Werke, Bd. I

–: Mitteilung eines der psychoanalytischen Theorie widersprechenden Falles von Paranoia. In: Ges. Werke, Bd. X

–: Das Unheimliche. In. Ges. Werke, Bd. XII

–: Das Ich und das Es. In: Ges. Werke, Bd. XIII

–: Bemerkungen zur Theorie und Praxis der Traumdeutung. In: Ges. Werke, Bd. XIII

–: Das Unbehagen in der Kultur. In: Ges. Werke, Bd. XIV

–: »Selbstdarstellung«. In: Ges. Werke, Bd. XIV

–: Hemmung, Symptom und Angst. In: Ges. Werke, Bd. XIV

–: Neue Folge der Vorlesungen zur Einführung in die Psychoanalyse. Ges. Werke, Bd. XV

–: Abriß der Psychoanalyse. In: Ges. Werke, Bd. XVII

Fromm, E.: Die Furcht vor der Freiheit (1941). München (Deutscher Taschenbuch Verlag) 1990

Fürstenau, P./Mahler, E./Morgenstern, H./Müller-Braunschweig, H./Richter, H.-E.: Untersuchungen über Herzneurose. Psyche 18, 1964

Gottstein, U.: Der Irak nach dem Krieg: Ein zerschlagenes Land. In: Stein, G. (Hg.): Nachgedanken zum Golfkrieg. Heidelberg (Palmyra) 1991

Greenpeace: zit. nach »McDonald's der Umweltszene«. Der Spiegel, 16. 9. 1991

Härtling, P.: Vorwort zu St. Baum: Der verborgene Tod. Frankfurt a. M. (Fischer) 1976

Horkheimer, M.: Pessimismus heute (1971). In: Sozialphilosophische Studien. Frankfurt a. M. (Athenäum Fischer Taschenbuch) 1972

Hufeland, Ch. W.: Die Kunst, das menschliche Leben zu verlängern. Erster und Zweyter Teil. Wien (Schaumburg und Compagnie) 1798

Inacker, M.: Unter Ausschluß der Öffentlichkeit? Die Deutschen in der Golfallianz. Bonn (Bouvier) 1991
IPPNW: Höhere Kindersterblichkeit und Epidemien als Folgen des Krieges. Bericht auf dem Stockholmer IPPNW-Kongreß, Juni 1991. Hannoversche Allgemeine Zeitung, 28. 6. 1991
Jaspers, K.: Aspekte der Bundesrepublik. München (Piper) 1966
Jonas, H.: Das Prinzip Verantwortung. Frankfurt a. M. (Insel) 1979
Jones, E.: Das Leben und Werk von Sigmund Freud, Bd. 1. Bern/Stuttgart (Huber) 1960
Jugendwerk der Deutschen Shell (Hg.): Jugendliche und Erwachsene '85. Jugendwerk der Deutschen Shell, Überseering 35, 2000 Hamburg 60, Bd. 1, 1985
Jugendwerk der Deutschen Shell: Anders und doch gleich – Jugendliche im Prozeß der Vereinigung. Presseinformation 4. 10. 1990. Deutsche Shell AG., Überseering 35, 2000 Hamburg 60
Jung, C. G.: Die Bedeutung des Vaters für das Schicksal des Einzelnen. Zürich (Rascher) 1949
Jünger, E.: s. Müller, A.
Kant, I.: Der Streit der Fakultäten. In: Ges. Werke, Bd. 9. Darmstadt (Wissenschaftliche Buchgesellschaft, Sonderausgabe) 1983
–: Anthropologie in pragmatischer Hinsicht. In: Ges. Werke, Bd. 10. Darmstadt (Wissenschaftliche Buchgesellschaft, Sonderausgabe) 1983
Langbein, K./Martin, H. P./Sichrovsky, P./Weiss, H.: Bittere Pillen. Köln (Kiepenheuer & Witsch) 1983 (15. korrigierte Aufl.)
Lechner, A.: Rede nach der Hinrichtung der Kreszentia Lechner vom Kühbach gehalten auf dem Richtplatze bei Aichach am 12. Dezember 1835. In: Sendschreiben des Bischofes Karl August von Eichstätt an sämmtliche Gläubige der Diözese. Augsburg (Bruggen) 1838
Lifton, R. J.: Der Verlust des Todes. München (Hanser) 1986
Lilienthal, M.: Nützlicher Zeitvertreib auf dem Kranken- und Sterbebette. Königsberg (Zeisens Witwe und Hartungs Erben) ³1768
Link, J.: Wider die Logik des selektiven Universalismus. kultuRRevolution, Nr. 25, Juli 1991
Maaz, H. J.: Der Gefühlsstau. Berlin (Argon) 1990
March, H. (Hg.): Verfolgung und Angst in ihren leib-seelischen Auswirkungen. Stuttgart (Klett) 1960

Menninger, W. C.: A Psychiatrist for a Troubled World. New York (Viking Press) 1967
Milgram, St.: Das Milgram-Experiment. Reinbek (Rowohlt) 1974
Mitscherlich, A./Mitscherlich, M.: Die Unfähigkeit zu trauern. München (Piper) 1967
Mitscherlich, M.: Die Unfähigkeit zu kämpfen. Emma 6, Nr. 4, April 1991
Müller, A.: Vorm dunklen Tor. Besuche bei E. Jünger. Die Zeit, 6. 9. 1991
Münchner Studie: zit. aus U. Gräfen und J. Schmidt-Jansen: Angst. Sonderdruck der Ärzte-Zeitung, 1989
Nenning, G.: Der Ajatollah des Westens. Die Zeit, 15. 2. 1991
Niedersächsischer Kultusminister (Hg.): Lebensbedingungen von Jugendlichen und jungen Erwachsenen in Niedersachsen. Manuskript, Hannover, 1985
Nietzsche, F.: Zarathustras Vorrede. In: Also sprach Zarathustra. Friedrich Nietzsche, Bd. II. München (Hanser) 1966
–: Menschliches, Allzumenschliches. Friedrich Nietzsche: Werke, Bd. I. München (Hanser) 1966
Noack, H. J.: »Rossija ist auferstanden«. Der Spiegel, 26. 8. 1991
Noelle-Neumann, E./Köcher, R.: Die verletzte Nation. Stuttgart (Deutsche Verlags-Anstalt) 1987
Oelkers, J.: Stellvertreter. Frankfurter Allgemeine Zeitung, 20. 2. 1991
Oppolzer, J.: Krankheiten des Herzens. Erlangen (Enke) 1867
Parkes, C. M.: Vereinsamung. Reinbek (Rowohlt) 1974
Pascal, B.: Gedanken. Birsfelden/Basel (Schibli-Doppler) o.J. – Sammlung Dieterich
Petersen, A.: Ehre und Scham. Der Verhältnis der Geschlechter in der Türkei. Berlin (Express Edition) 1985
Petri, H./Boenke, K./Macpherson, M./Meador, M.: Bedrohtheit bei Jugendlichen. psychosozial 29, 1986
Platon: Timaios. In: Apelt, O. (Hg.): Timaios und Kritias. Leipzig (Meiner) 1922
Postman, N.: Wir amüsieren uns zu Tode. Frankfurt a. M. (Fischer) 1988
Rank, O.: Das Trauma der Geburt. Leipzig/Wien/Zürich (Internationaler Psychoanalytischer Verlag) 1924

Richter, H.-E.: Woher kommt die Angst? Frankfurt a. M. (Verlag Öffentliches Leben) 1954
–: Mörder aus Ordnungssinn. Die Zeit, 19. 7. 1963
–: Herz und Psyche. Hippokrates 35, 1964
–: Zur Psychoanalyse der Angst. In: Ditfurth, H. v. (Hg.): Aspekte der Angst. Stuttgart (Thieme) 1965
–: Die dialogische Funktion der Magersucht. In: Meyer, J. E./Feldmann, H. (Hg.): Anorexia nervosa. Stuttgart (Thieme) 1965
–: Patient Familie. Reinbek (Rowohlt) 1970
–: Flüchten oder Standhalten. Reinbek (Rowohlt) 1976
–: Der Gotteskomplex. Reinbek (Rowohlt) 1979
–: Alle redeten vom Frieden. Reinbek (Rowohlt) 1981
–: Zur Psychologie des Friedens. Reinbek (Rowohlt) 1982
–: Kann ich als Psychoanalytiker zur Arbeit für den Frieden beitragen? In: Passett, P./Modena, E. (Hg.): Krieg und Frieden aus psychoanalytischer Sicht. Frankfurt a. M. (Stroemfeld/Roter Stern) 1983
–: Sterbeangst und Destruktivität. Psyche 38, 1984
–: Als Psychoanalytiker in der Friedensbewegung. Psyche 39, 1985
–: Die Chance des Gewissens. Hamburg (Hoffmann und Campe) 1986
–: Der Krebs als psychisches Problem. In: Möhring, P. (Hg.): Mit Krebs leben. Berlin/Heidelberg/New York (Springer) 1988
–: Wie gehen wir mit unserer Angst um? In: Möhring, P. (Hg.): Mit Krebs leben. Berlin/Heidelberg/New York (Springer) 1988
–: Die hohe Kunst der Korruption. Hamburg (Hoffmann und Campe) 1989
– (Hg.): Russen und Deutsche. Hamburg (Hoffmann und Campe) 1990
–: Umgang mit kindlichen Zukunftsängsten. der kinderarzt 22, 1991
–/Beckmann, D.: Herzneurose. Stuttgart (Thieme) 1969, ^{3}1986
–: Gießen-Test, ein Test für Individual- und Gruppendiagnostik. Bern/Stuttgart/Wien (Huber) 1972, ^{2}1975; mit D. Beckmann und E. Brähler: überarbeitete Aufl. mit Neustandardisierung ^{3}1983, ^{4}1991
Richter, H.-E./Bock, M./Köhl, A./Reimitz, M./Schürhoff, R./Wirth, H. J.: Sozialpsychologische Aspekte von Aids unter besonderer Berücksichtigung von Diskriminierungs- und Stigmati-

sierungsprozessen. Forschungsbericht für das Bundesministerium für Jugend, Familie, Frauen und Gesundheit, 1991.
Richter, H.-E./Wirth, H. J.: Sieben Jahre Erfahrung mit der analytischen Zwei-Wochen-Paartherapie. Familiendynamik 3, 1978
Roth, K. H.: Die Ursprünge der Triage im Zweiten Weltkrieg; NS-Psychiater gegen Ausgebombte und Kriegsneurotiker. In: Tübinger Ärzteinitiative gegen den Krieg (Hg.): Unser Eid auf das Leben verpflichtet zum Widerstand. Eigenverlag der Tübinger Ärzteinitiative, Postfach 2360, 7400 Tübingen, 1984
Rusch, R. (Hg.): So soll die Welt nicht werden. Kevelaer (anrich) 1989
Salinger, P./Laurent, E.: Krieg am Golf – Das Geheimdossier. München/Wien (Hanser) 1991
Scheler, M.: Tod und Fortleben (1911, 1912). In: Schriften aus dem Nachlaß, Bd. 1. Bern (Francke) 1957
–: Der Formalismus in der Ethik und die materiale Wertethik (1916). Bern (Francke) [5]1966
Schopenhauer, A.: Über das Fundament der Moral (1840). In: Die beiden Grundprobleme der Ethik. Berlin (Deutsche Buch-Gemeinschaft) o.J.
Schulz, W.: Das Problem der Angst in der neueren Philosophie. In: Ditfurth, H. v. (Hg.): Aspekte der Angst. Stuttgart (Thieme) 1965
Seneca: Vom glückseligen Leben und anderen Schriften. Stuttgart (Reclam) 1977
Shorter, E.: Die Geburt der modernen Familie. Reinbek (Rowohlt) 1977
Stokes, W.: Die Krankheiten des Herzens und der Aorta. Würzburg (Stahel) 1855
Stoll, W. A.: Leukotomie-Erfahrungen der Psychiatrischen Universitätsklinik Zürich. Nervenarzt 25, 1954
Strecker, E. A.: Their Mothers' Sons. Philadephia/New York (Lippincott) 1946
Strian, F.: Angst. Grundlage und Klinik. Berlin/Heidelberg (Springer) 1983
Tausch, A. M: Gespräche gegen die Angst. Reinbek (Rowohlt) 1987
Tausch, R./Tausch, A. M.: Sanftes Sterben. Reinbek (Rowohlt) 1990
Thiele-Dohrmann, K.: Abschied vom Gewissen. Die allmähliche Auflösung unserer moralischen Instanz. Hamburg (Kabel) 1991

Unterbrunner, U.: Umweltangst – Umwelterziehung. Linz (Veritas) 1991

Valentin, R.: Die Krankenbataillone. Düsseldorf (Droste) 1981

Weber, M.: Politik als Beruf (1919). In: Ges. polit. Schriften. Tübingen (Mohr) ⁴1980

Winnicott, D. W.: Reifungsprozesse und fördernde Umwelt. München (Kindler) 1974

Wurmser, L.: Die Maske der Scham. Berlin/Heidelberg (Springer) 1990

Horst-Eberhard Richter

Die Chance des Gewissens
Erinnerungen und Assoziationen.
320 Seiten, gebunden.

Die hohe Kunst der Korruption
Erkenntnisse eines Politikberaters.
256 Seiten, gebunden.

Leben statt Machen
Einwände gegen das Verzagen.
334 Seiten, gebunden

Russen und Deutsche
Alte Feindbilder weichen neuen Hoffnungen.
Herausgegeben von Horst-Eberhard Richter
224 Seiten, broschiert.

Umgang mit Angst
320 Seiten, gebunden.

Wer nicht leiden will, muß hassen
Zur Epidemie der Gewalt.
224 Seiten, gebunden.

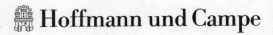 Hoffmann und Campe